法と心理の協働

法と心理の協働

――女性と家族をめぐる紛争解決へ向けて――

二宮周平
村本邦子 編

不磨書房

問題ごとの解説

はしがき

　本書は，女性と家族をめぐる紛争解決をめざした，法と心理の協働（コラボレーション）の必要性と，それを可能にする，法曹・臨床心理などの専門家，家庭裁判所・福祉機関，さまざまなNPOなどの連携やネットワークのあり方を検討したものである。

　上記の領域の紛争については，司法権による法的解決あるいは当事者による法規範に準拠した法的解決には限界がある。DV，セクシュアル・ハラスメント，児童虐待などにより心身に傷を受けた人，離婚など家族紛争の渦中で，自分の力で生きていく自信が揺らぎ，人間関係の構築に困難を抱える人，別居・離婚後の親子の交流あるいは再婚家庭と前婚家庭の親子の交流を円滑に進められない人など，法規範の解決基準では，一定の結論が出ても，それだけで，こうした人たちの今後の生活を支えることはできない。その人の生きる力，新たな環境の下で家族関係・人間関係を構築したり，修復する力が育って，初めて紛争あるいは葛藤は解決される。そのためには，臨床心理による当事者の内面的な支援が求められる。

　と同時に考えなければならないことは，これらの紛争の背景には，日本社会に根強いジェンダーに基づく社会構造・慣行・意識があることである。紛争の当事者がジェンダーの呪縛から解放され，対等な個人としての尊厳を回復しなければ，真の解決には至らない。法と心理の協働にとっても，専門家や各機関相互の連携に当たっても，ジェンダーの視点を踏まえる必要がある。

　私たち執筆者は，上記のような問題意識から，2005年2月，立命館大学法科大学院「地球市民法曹形成支援プログラム」の一環として，米国ワシントンD.C.，ボストンを訪問調査した。この調査は，立命館大学法科大学院で開設される「リーガル・クリニックⅡ女性と人権」の準備を兼ねており，立命館大学大学院応用人間科学科の臨床心理と連携した，当事者支援を可能とするリーガル・クリニックを目標としていることから，米国における女性と人権，家族にかかわるリーガル・クリニック，DVコート，関係のNPOを対

はしがき

象に調査を実施したのである。帰国後，この調査を踏まえて研究会を重ねてきた。本書はその成果の一つである。

　第Ⅰ部では，法と心理の協働の必要性と可能性について，問題提起をする。第Ⅱ部では，米国調査の内容を紹介し，協働を可能にする連携のあり方を考える。第Ⅲ部では，立命館大学法科大学院と立命館大学大学院応用人間科学科の共同開講科目である「司法臨床〜女性と人権」の授業実践から，協働の試みを紹介する。第Ⅳ部では，ケース研究として，児童虐待（ネグレクト），離婚と親子（面会交流，ステップファミリィ），DV（ドメスティック・バイオレンス），セクシュアル・ハラスメントを取り上げ，現行制度における解決の限界を示し，専門家と各機関の連携によって解決できること，あるいは法と心理の協働が可能になれば，解決できることなど，具体的な展望と課題をまとめた。

　日本ではまだまだ踏み込んだ研究の乏しい領域であり，私たちも手探りで共同研究を進めた。未熟なものではあるが，ジェンダーの視点を踏まえた，法と心理の協働，関連諸機関の連携を進める上で，一助となることができれば，これほど嬉しいことはない。

　最後に，米国訪問調査でお世話になった，アメリカン大学のグロスマン学長，ラバーズ教授，訪問調査に応じて下さった各リーガルクリニック，DVコート，各NPOの関係者の方々，通訳の労をとっていただいた方々，出版状況の厳しい中，本書の刊行をお引き受けいただいた信山社，不磨書房に対し，心から感謝の意を示したい。ありがとうございました。

　　　2006年10月23日

　　　　　　　　　　　　　　　　　　　　　　　　　　二宮周平

目　次

　はしがき

第 I 部　法と心理の協働の必要性

I-1　法的な紛争解決の限界 ………………………………………二宮周平… 2
　　は じ め に ………………………………………………………………… 2
　　1　紛争の発生 ……………………………………………………………… 3
　　2　法的手段の利用 ………………………………………………………… 4
　　3　現行制度の問題点 ……………………………………………………… 7
　　4　法学と臨床心理学の連携・協働の必要性・可能性 ………………… 10

I-2　心理的援助の可能性と限界 …………………………………村本邦子… 14
　　1　心理的援助の基本スタンス …………………………………………… 14
　　2　心理的問題解決に法的援助を求めた穂積純さんの事例 …………… 15
　　3　「心的現実」の不足と偽記憶（フォルス・メモリー）論争 ………… 17
　　4　心理的援助の限界 ……………………………………………………… 20
　　5　お わ り に ……………………………………………………………… 22

I-3　法と心理の交錯――民事法の観点から ……………………松本克美… 24
　　1　金銭賠償をめぐる法と心理 …………………………………………… 24
　　2　時の経過をめぐる法と心理 …………………………………………… 30
　　3　PTSD と損害賠償 ……………………………………………………… 35

第 II 部　米国調査に学ぶ法と心理の連携

II-1　米国リーガル・クリニックと法曹養成教育 ……………………………… 44
　　1　リーガル・クリニックとは …………………………………松村歌子… 44
　　2　ワシントン・カレッジ ………………………………………松本克美… 50
　　3　ジョージタウン・カレッジ …………………………………二宮周平… 54

目　次

　　　4　ボストン・カレッジ …………………………………… 立石直子 … 58
Ⅱ-2　裁判所における連携──DV コートを中心に ……… 桑田道子 … 68
　　　1　DV コート ……………………………………………………………… 68
　　　2　DV インテークセンター ……………………………………………… 71
　　　3　他機関との連携，協働の可能性 …………………………………… 74
　　　4　おわりに ……………………………………………………………… 75
Ⅱ-3　NPO/ 関連機関との連携 …………………………………… 杉山暁子 … 77
　　　1　D.C. コアリッション・アゲインスト・ドメスティックバイオレンス … 77
　　　2　コミュニティ・リーガル・サービス＆カウンセリング・センター … 80
　　　3　ケンブリッジ・ヘルス・アライアンスの暴力被害者プログラム …… 82
　　　4　まとめ ………………………………………………………………… 85
Ⅱ-4　米国調査に見る法と心理の協働 …………………………… 村本邦子 … 87
　　　1　ワシントン・カレッジ ……………………………………………… 87
　　　2　ジョージタウン・カレッジ ………………………………………… 92
　　　3　D.C. コアリッション・アゲインスト・ドメスティックバイオレンス … 94
　　　4　暴力被害者プログラム（VOV） …………………………………… 94
　　　5　コミュニティ・リーガル・サービス＆カウンセリング・センター … 96
　　　6　ボストン・カレッジ ………………………………………………… 97
　　　7　おわりに ……………………………………………………………… 100

第Ⅲ部　協働の試み
　　　──「司法臨床〜女性と人権」の授業実践

Ⅲ-1　法学から ……………………………………………………… 段林和江 … 104
　　　1　開講の経緯 …………………………………………………………… 104
　　　2　「司法臨床」の定義について ……………………………………… 105
　　　3　法と心理の交差と連携，協働の可能性 …………………………… 106
　　　4　法律相談における法と心理 ………………………………………… 114
　　　5　ドメスティック・バイオレンスにおける法と心理 ……………… 121

6　セクシュアル・ハラスメントの法と心理 ……………………………… *130*
Ⅲ-2　臨床心理学から ……………………………………… 村本邦子…*135*
　　　1　はじめに ……………………………………………………………… *135*
　　　2　「司法臨床〜臨床心理学から」の授業設定 ………………………… *136*
　　　3　「司法臨床」とは何か？ …………………………………………… *137*
　　　4　被害者の理解 ………………………………………………………… *139*
　　　5　援助者の自己理解（転移・逆転移と代償性トラウマ）…………… *160*
　　　6　他職種間の連携のために必要な自己理解 ………………………… *164*
　　　7　まとめと今後の課題 ………………………………………………… *166*

第Ⅳ部　ケースに見る法と心理の協働の可能性

Ⅳ-1　児童虐待 ……………………………………………… 杉山暁子…*174*
　　　1　ケース「ネグレクト傾向の世帯への支援」……………………… *174*
　　　2　法制度の対応「在宅と分離」について …………………………… *175*
　　　3　ネグレクト傾向のケースへの取り組み …………………………… *178*
　　　4　今後の課題 …………………………………………………………… *184*
Ⅳ-2　離婚と親子 …………………………………………… 桑田道子…*187*
　　　1　ケース 1 ……………………………………………………………… *187*
　　　2　ケース 2 ……………………………………………………………… *193*
　　　3　今後の課題 …………………………………………………………… *199*
Ⅳ-3　ドメスティック・バイオレンス ……………………… 松村歌子…*207*
　　　1　ケース ………………………………………………………………… *207*
　　　2　DVの定義とDV防止法 …………………………………………… *209*
　　　3　DVの被害者支援に対する取り組みと今後の課題 ……………… *216*
Ⅳ-4　セクシュアル・ハラスメント ………………………… 立石直子…*221*
　　　1　ケース ………………………………………………………………… *221*
　　　2　セクシュアル・ハラスメントとは ………………………………… *224*
　　　3　現状での対応 ………………………………………………………… *226*

目　　次

　　4　解決の限界と今後の課題 ……………………………………*230*

お わ り に …………………………………………………………*237*

事 項 索 引 ……………………………………………………………*239*

第Ⅰ部
法と心理の協働の必要性

Ⅰ-1　法的な紛争解決の限界　2
Ⅰ-2　心理的援助の可能性と限界　14
Ⅰ-3　法と心理の交錯——民事法の観点から　24

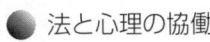
法と心理の協働

第Ⅰ部　法と心理の協働の必要性

Ⅰ-1　法的な紛争解決の限界

はじめに

　家族や女性の人権にかかわる紛争の場合，裁判や調停など法的な解決が示されても，当事者間の人間関係の修復や協力関係の再生がなされない，被害者の心理的な葛藤の克服や立ち直りが実現されない，加害者の問題性の認識が不十分で人権侵害を繰り返すなど，真の意味での紛争解決につながらないことがある。当事者が法的解決の意味や妥当性を理解するだけではなく，解決へ向けて自分の考え方や生き方，生活自体を変えていかなければならないこともある。

　これまでは司法は法的解決を示せばよく，それで現実に当該紛争が解決されるかどうかは，その後の当事者の努力に委ねられるものであり，法的解決の射程に入っていなかったように思われる。しかし，人は，法的解決が示されれば，法の支配の下，その解決に従う合理的理性の持ち主とは限らない。事案の解決に至るまでには，誰かが当事者に寄り添い，支援し，そして当事者自身が紛争を乗り越えていく力を回復する必要がある。そのためには，例えば，家庭裁判所の調停，審判，裁判などの司法過程において，家事調停委員，家庭裁判所調査官，弁護士，裁判官などが当事者に働きかけ，当事者間の人間関係を修復する試みがなされる必要がある。これらの専門家の中には，こうした問題意識を持って紛争解決へ向けて真摯に取り組んでいる人たちもいるが，その必要性はまだ十分に認識されてるとはいえない。

　これまでの司法的解決の限界から，事案解決の責任までを司法の範囲と考えられるような司法権論が求められ，司法制度改革による当事者参画型の司法手続きや，他方では，ADR（Alternative Dispute Resolution，裁判所に代わる紛争解決。2004年，裁判外紛争解決手続の利用の促進に関する法律が成立，2007年4月施行）の活用がメインステージに昇っている現在，家族や女性の人権に関する紛争についても，専門家や団体が，臨床心理学などの専門的技法を

修得して，あるいは臨床心理などの専門家と連携して，司法の場で，あるいは裁判外の場で当事者を支え励まし，当事者自身の解決力を回復する機会が不可欠である。本節では，父母の別居後に，父は子との面接交渉を強硬に要求し，母はこれを頑なに拒否している事例（大阪高裁平14〔2002〕・1・15決定・家庭裁判月報56巻2号142頁）を素材に[1]，法的な紛争解決の限界を明らかにし，当事者の解決力を回復するための連携の必要性を検証したい。

1　紛争の発生

　夫・甲野太郎と妻・甲野花子は，1986年10月に婚姻し，1992年11月に男子・一郎をもうけた。太郎は医師の資格を有し，現在は，△△課長として勤務し，兵庫県尼崎市に居住している。花子も医師の資格を有しており，94年9月頃から，兵庫県佐用郡○○町に亡父が開業した医院を継ぐことになったため，花子と太郎は別居を始めた。別居後は，太郎はほぼ毎週金曜日の夜に花子宅を訪ねて1泊し，翌土曜日に父・母・子の3人で太郎宅へ行って1泊し，翌日曜日に花子が一郎を連れて帰宅するという形で，夫婦および親子の交流を続けていた。

　しかし，太郎はもともとやや「うつ」（鬱）の傾向があったようで，仕事や母親の介護のことで悩んでおり，一人暮らしの淋しさも加わって，相当ストレスが蓄積していた。以前から患っていた糖尿病も，2000年6月頃から悪化し始め，うつ状態も増強して，精神的にもまとまった考えができない状態となり，年末まで生き長らえないと感じるようになって，内心では切羽詰まった状態となっていた。

　一方，花子は更年期に入っており，2000年11月頃から情緒不安定な言動が目立つようになっていた。同年12月頃からは，太郎が一郎と会う，父子の交流を泣いて拒んだり，太郎宅に「来たら警察を呼ぶ」などの内容のファックスを送りつけるなどした。

---

1)　二宮（2005）311頁以下で紹介，検討している。

2 法的手段の利用

（1） 家庭裁判所における調停

　2001年1月11日，花子は家庭裁判所に，一郎の監護者を花子と指定する申立てをし，15日には，離婚調停の申立てをした。約2カ月後の3月14日，一郎の監護および「面接交渉」につき調停が成立したが，離婚調停は不成立で終了した。

　上記の調停の主な内容は，次のとおりである。第1に　花子が当分の間，一郎を花子方で監護養育すること，第2に，太郎は，花子に無断で一郎を連れて帰ることなどしないこと，第3に，花子は，太郎と一郎が毎月少なくとも2回面接することを認めること，第4に，一郎がさらに太郎との面接を希望する場合などには，その意思を尊重し，当事者双方が協議の上，適宜，面接回数を増やすなどすること，である。

　具体的な面接方法は，太郎が，毎月第2土曜日，第4土曜日の午前9時頃から午前10時頃までの間に花子方において，花子から一郎を引き取り，花子は，翌日の日曜日の午後5時台の特急（スーパーはくと）に乗ることができるような時間帯に，太郎から一郎を引き取るというものである。なお父子の面接交渉につき，日時・場所・方法等で都合が悪い場合には，子の意思を尊重し，かつ，その福祉を慎重に配慮して，そのつど，当事者双方が事前に協議の上，日時等を変更することとしている。

（2） 調停後の経過

　調停合意に従い，2001年3月17日と31日に，一郎が太郎宅に1泊する形で父子の交流が実施された。しかし，17日に，太郎は自宅において，一郎にメモ用紙に花子宛の手紙として，「あまがさきでパパママサンド（この家族内では「同居」を意味する）をしますか」「ぼくはパパがかわいそうなのであまがさきのしょう学校へ行くかいかないか考えてください」と書かせ，翌日，これを花子に交付したりした。また太郎は頻繁に花子や一郎宛にファックスを

送りつけ，中には「4月になったら一郎を尼崎に連れて行く」というものもあり，花子は心理的に動揺していった。

　4月14日の3回目の太郎方への訪問直前に，一郎がこれを嫌がるようになり，当日，一郎が太郎に対し，一緒に行きたくないと拒んだので，同日以降，面接を実施していない。花子は5月に離婚訴訟を提起した。6月，太郎の母の告別式に，花子は一郎を連れて出席し，父子は会うことができた。8月25日，太郎が花子方を訪問したが，花子は警察官を呼ぶ騒ぎになった。この時以降，父子の面接は拒否されたままとなる。

(3)　家裁調査官による履行勧告

　太郎は11月2日，家庭裁判所に本件調停条項に基づく「面接」につき，履行勧告を申し出た。しかも同日，太郎は花子宛に「今後毎週土曜日に一郎を迎えに行きます。佐用の医院兼住居に誰もいない場合は，一郎の生存確認のため，警察官立ち会いの下に住居に入ります。家の者が居て一郎がいない場合は，誘拐されたとして警察に通報します」などの内容のファックスを送りつけた。

　家裁調査官は花子に対し履行勧告をしたが，花子は太郎が次々とファックスを送りつけてくるので，母子は怖くて気持ちが落ち着かず，一郎は太郎と会うのを嫌がっているから，当分の間そっとしておいてほしいとして，勧告に応じなかった。太郎は強制執行などを検討するという意向を示したので，履行勧告事件は，11月26日に終了したが，太郎は同日，再度，履行勧告を申し出た。しかし，花子の態度は変わらなかった。

(4)　強制執行

　太郎は，12月5日，家庭裁判所に対して，調停の面接条項に基づく間接強

---

2)　間接強制とは，裁判所が直接，物を確保して債権者に引き渡したり，債務者の財産を処分して債権者に金銭を支払ったりすることができない場合に，債務者に対して，一定期間内に債務を履行しないときには，一定の金銭を債権者に支払うよう命じて，債務の履行を確保することをいう。

制[2]を求める申立てをした。翌6日，太郎は一郎宛ての形で「一郎がママにやさしくしなさい。ママは病気のようです。そうしないとママの病気がわるくなります。ママが病気で入院したら，一郎はどうしますか？　よく考えておいてください。婚約不履行7年間に渡る同居義務違反　病気の配偶者の扶養義務　佐用○○町は尼崎より通勤可能です　有責配偶者からの訴訟　これから毎日のように一郎に連絡します」などの内容のファックスを3回送りつけたりした。

　この強制執行に関する裁判が全部で5つの裁判所で行われた[3]。3回目の神戸家裁平14〔2002〕・8・12決定（家庭裁判月報56巻2号147頁）では，調停条項記載のとおり，花子は毎月少なくとも2回父子を面接させなければならないとし，花子が開業医として相当額の収入を得ていることを考慮して，花子がこの義務を履行しないときは，花子は太郎に対し，不履行1回につき20万円の割合による金員を支払え，との決定を下した。花子はこれに不服であり，執行抗告をし，最終的には，5回目の最高裁平15〔2003〕・8・6決定（家庭裁判月報56巻2号160頁）で花子の不服申立てはすべて棄却された。

　以上のように，1年8カ月を経て，間接強制による強制執行が確定した。他方で，太郎と花子の婚姻は，離婚によって解消した。同居親の協力が欠かせない面接交渉において，不安定要素が加わっている。実際に執行されたのか，面接が実現したのかは不明だが，これだけの時間の経過の後で，父太郎と思春期に入りかけた子一郎の交流が，適切な専門家の仲介なくして，円滑に実現するかどうか疑問がある。

---

3) ①原審（神戸家裁龍野支部平13〔2001〕・12・7決定・家庭裁判月報56巻2号144頁），②執行抗告審（大阪高裁平14〔2002〕・1・15決定・同142頁），③受差戻審（神戸家裁決平14〔2002〕・8・12決定・同147頁），④再執行抗告審（大阪高裁平15〔2003〕・3・25同158頁），⑤許可抗告審（最高裁平15〔2003〕・8・6決定・同160頁）である。①では太郎の申立ては却下されたが，後はすべて太郎の主張が認められている。詳細は，二宮（2005）320頁以下参照。

3 現行制度の問題点

（1） 調停合意の形成段階

　父・太郎と母・花子はもともと別居して暮らしており，別居親と子の交流は経験ずみであり，調停委員も実現可能と考えたことであろう。しかし，夫婦関係が不和になり，妻から離婚の意思を知らされてからの面接交渉は初めての経験である。子は父母の不和に気がついていないとしても，親子3人の交流が父と2人だけで行われるという，子にとっては初めての経験である。こうした不安定な状況の下で，面接する親が子に対して，あるいは同居親に対してしてはならないことや，うまく交流が図れない場合の乗り越え方などを，事前に情報提供したり，学習してもらう必要がある。

　具体的には，試行的面接交渉を実施し，家裁調査官がこれを観察し，その状況を踏まえて，調停条項を練り上げることである。その際に，子の気持ちを反映させる必要がある。3回目の神戸家裁における家裁調査官が実施した心理テスト，観察および聴取によれば，一郎と太郎の父子関係が充分形成されていないため，一郎には，太郎と2人きりになると会話が弾まず，面接を負担に感じるという面も見られるが，他方で，太郎を拒否する，あるいは嫌悪するといった感情や，太郎に拒否されているという感情は有していない。かえって，太郎にもっと構ってほしいという気持ちを有していると分析されている。調査結果では，一郎の福祉のためには，太郎との適切な父子間の交流が，むしろ必要と認められている。裁判官は，一郎が3回目の面接交渉を拒んだのは，太郎と2人きりで会うことの負担感を訴えると同時に，花子に対しては3人で会いたいとのメッセージを発したものとして理解できるし，忠誠葛藤から花子の内心を気づかって，行きたくないという旨の行動に及んだものとして理解できるとしている。

　もし調停の段階で，こうした事情が花子に伝えられていれば，花子も，自分に気をつかっている一郎の内心を推し量ることができ，太郎への対応が柔軟になり，それに呼応して太郎も柔軟になる可能性があった。と同時に，父

子だけの交流に一郎が負担を感じていることを，父母がこの時点で気がついていれば，もっと違った，履行しやすい調停条項になったかもしれない。

　一郎は成績も良い利発な子である。父母の中がうまくいっていないことを伝え，その中でどのような親子の交流を希望するか，一郎の意向をきくことで，調停合意がうまくいくかどうかの最低限の確認がとれる。現行制度でも，調停の段階で家裁調査官に調査命令を出し，子の意向調査をしてもらうことが可能である（2005年の司法統計年報によれば，面接交渉事件では，70.5％で調査命令が出されている）。さらに子の事件本人としての当事者性を高める方法としては，調停に子を当事者として同席させること（同席調停），あるいは調査官が，子を父母と同じ席につかせて面接させること（合同面接）も可能である。つまり，家裁調査官がカウンセラー的な役割を果たして，当事者に働きかけることができるのである。

　しかし，これらの方法は，父母間の合意形成を促す手段として活用されているから，父母の間で面接交渉について合意されている以上，あえて調査命令を出したり，合同面接，同席調停などをする必要がない。その結果，前述のような調停条項や実際にうまくいくのかどうかの確認・検証がなされないまま，調停が成立し，終了してしまったのである。

（2）　調停合意の履行段階

　本件では，調停合意に基づき2回面接交渉が行われているが，父・太郎には一方的な気持ちの押しつけが見られ，それが母子の心理的な負担になりつつあったことがわかる。しかし，前述のように，子自身は，これまでと違う訪問・交流のあり方にとまどっているのであり，父を拒否しているわけではない。また母・花子も，第3回目の神戸家裁における家裁調査官調査によれば，調査官立会の面接であれば拒否しなかったと語っている。事態の推移に応じて，こうした当事者の気持ちをくみ取り，面接交渉の実現に生かす仕組みがないことに問題がある。

　一方，せっかく1泊して親子の交流をしているのに，父が子にプレッシャーを感じさせるような手紙を書かせるということは，してはならないこ

とである。子に負担感を与えるようなことをしては，別居後の交流はうまく進まない。それなのに，父は母子の気持ちを退かせるような行動をしてしまっている。しかし，これは太郎の個人的な責任とばかりはいえない。夫婦関係の不和から，被害感情が芽生えつつある太郎には，どういう行動をとるべきかについて，理性的な判断が難しかったように思われる。

　面接交渉が途絶えた後に，太郎は履行勧告を申し立てたが，この段階になると，会えないこと，体調の不良，心身の不安定などが重なり，太郎はますます攻撃的になり，ファックスの文面も情緒不安定を露呈するものとなっている。これにより，花子は太郎への拒絶感情がさらに強まっていく。太郎には上記のようなファックスを送ることが，母子にどんな影響を及ぼすか，逆効果になりはしないかなどと想像する力が働いていない。これを太郎の「特異な性格」と見るのではなく，それほど追いつめられていたと見るべきであろう。誰か話を親身に聞いてくれて，慰めてくれる人がいれば，ここまでの行動はしなかったのではないだろうか。孤独な太郎の姿が想像される。

　他方，花子の側にも問題がないわけではない。夫婦としては信頼が失われても，子のために別居親との交流を確保するための努力をする可能性は残されている。しかし，そのような冷静な判断は難しい。本件でも，花子は子の気持ちを確かめることもなく，自分の意向で，太郎宅と花子宅との往復を拒み始めている。親子の交流の当事者である子自身の気持ちや考えが優先的に考慮されていない。

　本件では子は当時，小学2年生である。乳児を除けば，3，4歳の子でも，父に会いたいかどうかの思いがある。しかし，夫婦の信頼関係が弱まりつつある時点で，子と同居する親の側の意向が事態をリードしてしまう。正直な子の思いが別居する親に伝えられない結果，別居する親の方は，なぜという思い，早く会いたいという焦りなどから，心身ともに不安な状態に陥ってしまう。それがさらに同居親の別居親に対する信頼喪失を加速させる。信頼関係を欠いた夫に会わせることの不安も募る。むしろ情緒不安定で，離婚に応じようとしない夫などいない方が，家族としてはるかに平穏で，精神的にも肉体的にも楽な生活ができるとなれば，あえてしんどい思いまでして，別居

親との交流を保障する必要性は感じられないだろう。同居親側が，自分自身の親や親族も含めて子を取り込んでしまう。間接強制の制裁金を支払う能力さえあれば，同居親側には何の支障もなく，かえって生活関係は安定する。

不履行が始まった時点で，例えば，本件では，家裁調査官が，太郎に対しては，ファックスなどの対応が母子の気持ちを後退させていることを理解させ，より穏やかな，子に心理的負担のかからない交流の仕方を考えさせ，花子に対しては面接交渉が子のために必要であると同時に，面接交渉に応じることが，子の監護教育にかかわる親の義務でもあることを認識させて，不安感を取り除き，対応を柔軟にさせるなどの働きかけをしたり，必要とあれば，太郎または花子に再度の調停申立てを促し，実現可能な調停条項の調整を図らせるべきである[4]。

しかし，調停成立によって事件は終了していることから，調査官が当事者の相談に乗ることはできない。相談が可能になるのは，当事者が履行勧告を申し立て，事件が再び家裁に係属してから以降である。それでも，カウンセリング的な技法に習熟した家裁調査官がそこまで踏み込み，関わる時間的余裕があるかどうかが問題となる。

4 法学と臨床心理学の連携・協働の必要性・可能性

法的解決は，権利義務関係を基礎とする。法規範，社会規範に依拠した解決であり，客観的で，公正・公平な解決を志向する。例えば，本件では，面

---

[4] 前注3）の一連の手続の対象は，間接強制の可否である。①がほぼ1日で結論を出しても審理不尽とはいえない。この審理の限界は，④再執行抗告審で端的に示されている。すなわち，④は，「Yは，上記義務（面接交渉をさせる義務〜引用者注）を履行しないことにつき正当な理由がある旨主張するが，同主張は請求異議の事由として主張し得るにとどまると解される。また，上記調停成立後の事情の変更により，相手方と未成年者の面接交渉が未成年者の福祉に反するに至ったと主張するならば，本件条項の取消しを求めるべき（調停ないし審判の申立て）である」とする。現行制度の下でできることは，太郎・花子双方を説得し，太郎には執行申立てを取り下げさせ，花子あるいは太郎に面接交渉の内容変更の申立てをさせて再度の調停に回すことしかない。これは，当事者が説得に応じてくれなければ，不可能なことであり，制度的保障はない。

接交渉に関する法規定がないため，判例による面接交渉の意義（面接交渉権の規範的内容），許否の基準，具体的な方法に準拠して，面接交渉の調停合意がなされ，その妥当性を根拠に，履行勧告や執行裁判が行われる。面接交渉の意義と，面接交渉を保障することが親の義務であることが父母双方に示される。しかし，それだけでは，父子間の交流は実現しなかった。

　家庭裁判所では，調停を利用する当事者に面接交渉の意義と必要性をやさしく解説するリーフレットや当事者教育用のDVDも作成されている[5]。これらを通じて当事者に面接交渉が子にとって重要な意味を持つことを理解してもらう試みが始まっている。しかし，それは入り口での一種のガイダンスである。本件でも明らかなように，別居後の面接交渉という初めての経験に，父も母も子もとまどい，ささいな言動からでも信頼感を損ない，協力意思を喪失させてしまう。だからこそ，とまどっている当事者を支え励ます必要がある。

　しかし，3で検討したように，現行制度には，当事者の気持ちや真意を探りながら，話し合いの場を設け，家裁調査官，裁判官などが当事者に働きかけて，紛争解決へ向けての協力関係を築き上げる仕組みが欠けている。第1に，当事者の合意形成過程において，確実な履行を検証するための専門家の関与が保障されていない。第2に，合意の履行の過程で生じた問題について相談し，アドバイスを受ける機会と機関が保障されていない。第3に，合意の不履行に対して法的手段をとる過程では，当事者に審尋を行い，必要な場合には，再度，調停に付し，当事者に話し合いの場を設けるという柔軟な仕組みが用意されていない。家事調停，履行勧告，執行裁判と，それぞれの段階で事件は終了し，法的には紛争は解決している。しかし，父と子の交流は実現せず，母と父の協力関係は築けないままであり，この家族の紛争は本当には解決はしていない。

　これを可能にするためには，上記の各段階で，法学と臨床心理学が連携する必要がある。家庭裁判所に事件が係属する限り，調停合意の形成，履行勧

---

5) その嚆矢となったのが，大阪家庭裁判所（2003）のビデオ作成である。

告，再調停の申立ての段階で，当該事件を担当した家裁調査官がフォローすることができる。臨床心理の技法を修得している調査官も多い。しかし，調査官が関与できるのは家庭裁判所に事件が係属している場合という限定がある。当事者が気軽に，かつ事件の推移に即して適宜，相談しアドバイスを得ることのできる機関が必要である。こうした機関であれば，家庭裁判所に申し立てる前の段階でも関与が可能になる。民間の相談機関，NPOなど裁判外の自主的紛争解決機関が，家族の紛争解決に向けて果たす役割は大きい。

しかし，現状では，社団法人家庭問題情報センター（FPIC）など，その数，規模，地域性などまだまだ不十分である。そのような中で，今春，特定非営利活動法人「FLC安心とつながりのコミュニティづくりネットワーク」は，「Vi-Project 子どものための面会・交流サポートプロジェクト」の試行を開始した。面会・交流の日時設定や内容の連絡調整，面会の付き添い，養育親・非養育親への面会・交流についてのガイダンスなどを内容とし，離婚後の夫婦，弁護士，家庭裁判所をサポートの対象とするものである[6]。各地にこうしたセンターやNPOが広がるまでは，自治体の女性センターが開催する相談業務の活用，元家裁調査官，弁護士，司法書士，学校の先生，保健士など身近な専門家が，気軽に相談できる場を組織的に設定し，家裁の行う当事者教育プログラムやリーフレットに情報提供しておくことが望まれる。

特に家裁は法的な紛争解決を示す最前線なのだから，センター的な役割を担い，他の行政機関や民間機関の行うサービス，相談活動などについて，積極的な情報提供さらには連携を試みる必要がある。民間機関などについては，外部評価を導入し，連携の認証をすればよく，「公平・中立性」を理由に紹介に消極的になるべきではない。さらに法科大学院が開設するリーガルクリニックも，こうした相談への対応，臨床心理との連携を通じて，紛争解決の一翼を担うことができる。その可能性を実現する努力が関係者に求められているように思われる。

---

6) FLC（2006）81頁以下。なお本活動の紹介として，朝日新聞2006年6月9日〔大阪版・朝刊〕，毎日新聞2006年9月4日〔大阪版・朝刊〕など参照。

● **参考文献**

大阪家庭裁判所（2003）「面接交渉等に関する父母教育プログラムの試み」家庭裁判月報55巻4号111頁以下

FLC（2006）特定非営利活動法人「FLC安心とつながりのコミュニティづくりネットワーク」『Vi-Project 子どものための面会・交流サポートプロジェクト』（NPO法人FLC安心とつながりのコミュニティづくりネットワーク）

二宮周平（2005）「面接交渉の義務性〜別居・離婚後の親子・家族の交流の保障」立命館法学298号309頁以下

（二宮周平）

第Ⅰ部　法と心理の協働の必要性

Ⅰ-2　心理的援助の可能性と限界

1　心理的援助の基本スタンス

　伝統的な心理療法は，問題を心の次元で解決しようとするものであり，たとえ，被害／加害を含むものであっても，心理療法家は，面接室の中で，クライエントの話に耳を傾け，受容・共感し，本人がその経験を過去のこととして整理していくことを助けるものである。本人の洞察を深め，苦悩を変容させていくためには，安易な解決を求めてはならず，現実面での行動化（アクティングアウト）は防がれる必要がある。

　法は社会的現実を重視し，心理は心的現実を重視するものであるが，このふたつの分裂は，心理療法の父であるフロイトに遡る。フロイトは，1895年，『ヒステリー研究』において，ヒステリーの原因を幼少期の性的虐待であると見なし，トラウマとなった出来事をそれに伴う感情とともに呼び起こし，言葉を与えることで治療し得ると考えた。被害は過去のことであり，しばしば，トラウマとなった記憶は抑圧され，本人の意識から排除されている。

　ところが，その後，フロイトは父親を亡くし，自ら神経症を患い，自己分析による治療プロセスにおいて，エディプス・コンプレックスを見出す。幼い男の子は，ある時期，母親と一緒になりたいと思い，邪魔な父親を亡き者にしたいという願望を持つというものである。ギリシア悲劇エディプス王の名に由来し，これは人類に普遍的なコンプレックスであるという。社会化によって，この願望はやがて抑圧されるが，あるまじき願望を抱いてしまったという罪悪感が強すぎると，神経症を形成することになる。

　したがって，ヒステリーの原因は，幼児期に実際，起こった性的虐待にあるのではなく，幼児期に異性の親と性関係を持つことを空想したことに対する罪悪感に起因するということになった。幼児期の性的虐待は現実に起こったことではなく，子どもの空想だというのである。ここから，精神分析がスタートする。以後，フロイトによるこの説から，数々の二次被害が生まれ

ことになるが，空想が，「心的現実」として，症状を形成し，現実に大きな影響を与えるほどの力を持ち得るとしたのは，たしかに，フロイトの功績であった。

　加えて，フロイトは，抑圧された内容が意識に上ろうとする時，これに抗争する力が働き，「抵抗」が生じると考えた。「抵抗」が強くなると，本質から目を逸らすために，エネルギーの転換が起こる。いささかカリカチュアライズされた言い方ではあるが，心の葛藤から目を逸らすために，訴訟などの行動化が起こる。抵抗に打ち勝ち，真実を救い出すためには，すべてのエネルギーを面接室という閉じられた神聖な空間に集中させる必要がある。無意識は真実を希求し，症状は真実の解放を求めているというのがフロイトの信念であった。

　実際，心理療法を行っていると，心の変化が現実にどれほど大きな力を持ち得るかを痛感する。心理療法の基本は，ただ耳を傾けることにあり，適切な聴き手を得たクライエントは，自分自身で話を整理し，問題の解決を見出していく。子どもの症状に悩んで相談に来た親の話を何度か聴いているだけで，子どもの症状が良くなることもしばしばである。心理療法という心の作業を通じて，その人のあり方が変化し，それによって，他者との関係の持ち方が変化し，結果，その人が関係する他者をも変化させていくのである。心の問題は，現実に大きな影響を及ぼす力を持っている。したがって，心に働きかけることによって，現実の問題を解決できる。これが心理的援助の基本である。

2　心理的問題解決に法的援助を求めた穂積純さんの事例

　1990年，大阪に，女性ライフサイクル研究所を設立し，おもに女性や子どもを対象とする開業の心理臨床を実践してきた。設立当初は，妊娠・出産・子育てのサポートを想定していたが，スタートさせた途端，直面したのは虐待の問題だった。とくに，子ども時代の性虐待は大きなテーマであった。当時，日本では，虐待やDVなど女性や子どもの被害は十分に認識されておら

ず，臨床心理士養成過程においても，トラウマについて学ぶ機会はなかった。今のようにインターネットも発達しておらず，海外の文献を入手するのも容易ではない状況で，ようやく手に入れたわずかな文献を手掛かりに援助を模索していた頃，出会ったのが，穂積純さんであった。

　穂積純さんは，子ども時代，数年にわたって，兄による性的虐待を受け，40代になってから，改氏名の申立てを行った女性である（詳しくは，本人による『甦る魂』を参照されたい）。彼女は，その申立理由を，性的虐待の事実を変えることはできなくても，せめてそれを過去のものとし，自己の尊厳を取り戻して，性的虐待の後遺症から回復したいからであるとしている。家族から性的虐待を受けた者は，たとえ関係を切ったとしても，加害者が家族であるがゆえに，同じ血が流れていると考えるだけで，繋がれた鎖の存在を感じてしまう。彼女にとって，姓名は「忌まわしい子ども時代」を象徴するものであり，古い姓名で呼ばれる限り，加害者からも，忌まわしい過去からも切り離されない。新しい氏名を認められれば，加害者から自分を切り離し，過去を過去にし，尊厳を取り戻して，社会の中に自分の居場所を獲得することができるというのだった。

　心理学的観点から言えば，名前を変えれば新しく生まれ変われるという発想は幻想にすぎず，時に，危険ですらあり得る。それは過去を切り捨てることを意味するからだ。人は過去を切り捨てては生きられない。フロイトの説に従えば，切り捨てたと思った過去は，いずれ，闇の中で大きく成長し，表向きの人格に破壊的影響を及ぼすようになるだろう。しかしながら，穂積純さんの話を聴いた私には，改氏名の申立てが，心理学的視点を越えた大きな意味を持っていると感じられた。それは，単に過去を切り捨てるというのでなく，むしろ，過去との直面作業を終わらせ，現在と未来へと第一歩を踏み出す，あるいは，心理的作業を終えた人が，社会へと第一歩を踏み出す通過儀礼のようにも思われた。

　虐待を理由に姓名を変える（しかも創作した姓名に）というのは，法的には不可能に近く，非常に困難な事例であるということで，1993年に弁護団が結成された。1997年，申立てが家庭裁判所に認められるまでの４年間，繰り

返し，ミーティングが重ねられた。メンバーは，本人，弁護士3人，心理職1人という構成だったが，私にとって，初めて，弁護士と協働する仕事であった。私の役割は，心理学的見地からの意見書の作成だった。

　私は，意見書の中に，改氏名の意味として，①改氏名というはっきりと目に見える形で，加害者や家族との境界を設けることは，加害者とのつながりを断ち切り，怒りを対象化し，否定的影響を及ぼし続ける家族から自分を切り離し，独立した自分として新しい出発をするという点で有効な手段になり得ること　②過去の自分を受け入れ，それと決別する決意に至るという治療上の大きな転換点において，死と再生を象徴的レベルで行うチャンスであること　③家族に裏切られてきた彼女にとって，社会とは正義のない信頼すべかざるものであるという思いから社会復帰できずにいるが，社会正義を象徴する裁判所によって，この申立てが受け入れられることは，インセストが子どもに及ぼす破壊的影響を理解し，被害者を援助しようとすることを意味し，今後，彼女が社会の一員として生きていこうとすることを後押しすることの3点を挙げた。

　家庭裁判所における専門家陳述のさい，調査官に，「裁判所は治療の場ではありません」と言われたことは印象に残っているが，心理療法家の立場から言えば，治療に結びつかない裁判は闘うべきではない。1997年，彼女の申立ては認められ，厳しい闘いの疲れから解放されるまでその後，数年を要したものの，穂積純さんは，現在，数々の症状から解放され，穏やかな生活を送っている（『解き放たれたる魂』『拡がりゆく魂』を参照のこと）。

3　「心的現実」の不足と偽記憶（フォルス・メモリー）論争

　数々の性的虐待被害者たちと出会ってきたが，彼女たちにとって，過去の虐待が「心的現実」として認められるだけでは不十分であり，客観的な現実として共有されることが決定的に重要であることを学んだ。穂積純さんの場合，加害者である兄は，過去の性的虐待の事実を認めていた。しかし，多くの事例において，虐待は加害者によって否認され，被害者による空想，もし

第Ⅰ部　法と心理の協働の必要性

くは妄想とされる。性的虐待の被害者は，繰り返される辛い体験を「解離」によってやり過ごす。これは，自分をその場から切り離し，それが，あたかも他者の身に起こっているかのように感じることで，自分を守ろうとする一種の防衛機制である。虐待場面を天井から見ていたなど，空中離脱体験が語られることさえある。

　しかも，虐待体験はなかったこととして日常生活が流れていくので，虐待体験は，被害を受けている子どもの日常の意識から切り離されたまま存在し続け，子どもは二重生活を生きることになる。穂積純さんは，「現実はリアリティを持たなかった」(『解き放たれる魂』283頁)と表現するが，重大な秘密を隠したままの現実社会はリアリティを持ちようがない。この重大な秘密が曝露され，社会に共有されて初めて，自己が公社会に根付くのである。90年代前半，性的虐待を告発する講演会，シンポジウムの場で，フロアの参加者たちが，「自分はサバイバーである」と，次々カミングアウトする場面に何度となく遭遇した。時代が子どもの性的虐待の事実を否認している限り，彼女たちがリアリティを持つ現実を獲得するために，それは本当にあったのだと第三者に認めてもらう必要があったのだ。

　面接室において，心理療法家がその第三者として認識されれば幸いである。しかし，時に，被害者は，それが客観的現実であったことを公的に確認したいと願う。当然ながら，これは大きな困難を伴う。多くの場合，密室での性的虐待は証拠も残らず，目撃者もないため，加害者がこれを認める可能性は低い。アメリカ精神医学会による診断マニュアルであるDSMは，PTSDの診断基準として，A項目と言われるトラウマとなる出来事の存在を必要条件としており（本書142頁参照のこと），外傷的出来事の有無を争う法廷に困難をもたらしている。さらにやっかいなものとして，偽記憶論争がある。私は論争の初期よりこの流れを追い続け，また，性的虐待の有無をめぐって偽記憶に関する意見書を書くこともあり，文献や資料を集めてきた。

　アメリカでは1970年代以降，虐待に関する情報が増え，訴訟に持ち込まれるケースが増えたが，アセスメントのガイドラインや子どものインタビューの基準がなかったため，被告側の弁護士がインタビューの手法と子どもの証

言能力についての疑念を表明し，子どもの発達，記憶と示唆性についての認知科学者（実験心理学）を引き合いに出すようになった。とくに，1994年，カリフォルニアで，精神科医と心理療法家が偽記憶を植え付けたとして損害賠償を命じられたケース以後，精神科医や心理療法家を訴える裁判が相次ぎ，被告の弁護士は常に「偽記憶」を持ち出すようになったのである。アメリカ始め，イギリス，カナダ，ニュージーランド，その他の国の精神医学会や心理学会の多くが，この事態を深刻に捉え，独自の調査委員会を結成し，報告書を作成している。

その結果はどれも似たようなものであり，記憶になかった事実が突然，意識に浮上し，思い出すということはあり得る一方，実際になかったストーリーを直接的，間接的暗示によって，あたかも事実のように思い込ませるということは可能であるというものである。各種学会は，したがって，過去の虐待に関する患者の記憶を安易に空想と扱ったり，逆に，患者が言い出しもしない虐待をあったのではないかと安易に決めつけたりすることのないよう戒めている。これは，まったくもっともな指摘である。

偽記憶症候群財団（False Memory Syndrome Foundation）は，1992年，フィラデルフィアに設立され，数多くの出版物を公刊しているが，虐待問題に取り組んできた運動家や専門家たちは，設立メンバーが成人した子どもから訴えられた社会的地位の高い親たちであることを指摘し，専門家をも巻き込んで展開した議論を，一種のバックラッシュと位置づけている（Herman & Harvey, 1993; Harvey, 1998）。少なくとも，「偽記憶症候群」とは公式の診断名として存在するものではない。この問題には政治的色彩が濃く，慎重に扱われなければならないが，昨今，日本において，目撃証言・供述の問題と同じ文脈で扱われていることに若干の危惧を感じている。わが身に起こった性的虐待の記憶は目撃証言と同じではなく，また，心理療法場面における記憶の再生は，警察所における取調べと同じではない。

第Ⅰ部　法と心理の協働の必要性

4　心理的援助の限界

　伝統的には，相談を心の問題にとどめていてよいのかどうか，心理療法家がいちばん迷うのは，自殺・他害のリスクがある場合であった。
　「死んでしまいたい」「殺してやりたい」といった言葉を聞く心理療法家の役割は，「死んでしまいたいと思うほどなんですね」「殺してやりたいとまで思うんですね」と，辛い気持ちを受けとめながら，暗に，それはあくまでも気持ちであり，実際の行動ではないことを確認し，保証していくことである。実際，ほとんどの場合，辛い気持ちが理解され，共感されることで，行動化は避けられ，心の次元で苦悩の変容が起こっていく。リスクを怖れた心理療法家が，即座に通報しているようでは，そもそもその役割を果たすことはできない。このような状況下で，心理療法家には，厳格なリスク・アセスメントと倫理的決断が迫られるが，時に，これは，苦渋に満ちた重い決断となる。
　昨今，虐待防止法やDV防止法などの制定により，相談室に持ち込まれるケースの範囲が大幅に拡大され，心の問題として扱っていればよいのかどうか，判断を迫られる機会が急激に増えた。筆者が経験してきたものでは，子ども時代の虐待による症状を自ら抱えながら子育てしており，わが子への虐待やニグレクトを伴うケース，夫による暴力，子どもへの虐待のなかで生活しているケース，セクハラやストーカー被害が現在も持続しているケース，また，被害による調停や裁判を抱えているケースなどである。現実に差し迫ったリスクが生じているような場合，当然ながら，心に焦点を当てた伝統的な心理療法だけでは不十分であるし，時には有害ですらある。心理療法においても危機介入の手法が求められるし，弁護士，警察，その他の機関に即刻，リファーしなければならないだろう。
　他方，被害が絡んでいても，心の次元で解決が図れるものもある。被害がすでに過去のものとなっており，現在の安全が保証されている場合である。典型的なパターンとしては，虐待の加害者である親がすでにこの世を去っている場合であり，親子関係は過去の記憶として，子どもの心の中に生きている。心の中に親が生きていて，今なお，子どもを苦しめているのである。こ

ういったケースの紛争解決は，イントラ・サイキックに（心の内部で）行われる。これは，一定の手順を踏めば，十分に可能である。つまり，埋もれた過去の記憶，とくに，それに纏わる感情をひとつひとつ拾い集め，大切なものとして扱うことを学ぶのである。隠されていた暗い感情が風に曝され，日の光を浴びることで，やがては，その強烈さが失われ，歪んだ世界が秩序を帯びてくる。何が起こっていたのか，物事を客観的に見ることが可能になる。ある程度，プロセスが進むと，良い記憶と感情も甦ってくるのが常である。こうして過去の再編成が行われ，心の中の紛争状態は収まっていく。今は亡き親との和解がなされることもある。過去に由来する紛争がある程度，解決していけば，新しい現在と未来を創り出していくことが可能になるだろう。

　複雑なのは，たとえば，葛藤の源となっている親と，現在も関わりがある場合である。現実から常に新たな火種が持ち込まれるため，イントラ・サイキックな紛争解決は，ほとんど不可能になる。そんな場合は，なるべく，親との接触を避けるよう勧める。親子の境界線ができていないケースがほとんどであるため，実は，これがもっとも困難な課題であるが，物理的距離を取ることで，新たな火種を入れないようにする。いわば，シェルター内部で心の問題として紛争解決を行い，親から離れた個を確立することを目指すのである。個が確立すれば，現実に親と接触があっても，いちいちそれに振り回されずにすむようになる。ここまでくれば，そして，それを望むなら，現実の親と直面することで，現実の紛争にも何らかの終止符を打つ可能性が出てくるだろう。親と直面する時，親がわかってくれることや謝罪してくれることを期待してはいけない。たとえ，わかってもらえなくても，自分の思いを表現することができれば，それで満足であるというところまで覚悟できなければ，心理学的には，やらない方がよいと助言するものである。

　現実の紛争解決には，双方がそれを望み，それに向けた努力を惜しまないということが不可欠である。解決のためには，双方の歩み寄りが必要である。片方のみが解決を望み，片方はただ自分の思い通りになることを望んでいるだけならば，紛争解決の努力は虚しいものになるだろう。それでもなお，紛争解決を求めなければならない場合，強制力を伴う法的手段に訴えることに

なる。心理的な意味での紛争解決では満足できない場合，法的支援が不可欠となる。

　しかしながら，虐待，DV など，本来，親密な関係のなかで起こった被害感情を法的に裁き，解決することは，非常に困難である。被害者は，復讐願望と加害者の絶対視という長期反復型トラウマの症状の，いわば囚われの身になっているからだ。被害者は，自分の苦しみを加害者がそのままに理解し，だからこそ，それ相応の償いを加害者が自発的に行うことを願う。その姿をこの世で見ることができれば，氷結した世界が緩み，春の息吹を予感することができると被害者は考えるが，これは，もっとも起こりにくい類の出来事である。被害／加害が絡むケースでは，他者のあり方と切り離すことができないために，1人の人の心の問題として割り切ることが非常に困難である。

　法的解決は，その妥当性はどうであれ，この泥沼に力づくで介入し得るものである。被害感情に収拾がつけられなくなった事例において，とりあえず法的解決を求め，それに沿わす形で，被害感情を収めようとする手法もあり得る。トラウマからの回復と法手続きとの関連については別箇所（本書150-152頁）に書いたが，私自身は，法的手段に訴えることで予測される心理的メリット，デメリットとともに，法的解決は解決を模索するための限定されたひとつの手段であり，たとえ裁判に勝ったとしても，それですべての問題が解決するわけではないこと，なされるべき心理的作業は残ることをインフォームド・コンセントする。逆に，たとえ裁判に負けたとしても，そのプロセスが回復を促すことがある。法的な勝ち負けと心理的な勝ち負けは，必ずしも一致しない。

5　おわりに

　法の世界と心理の世界は，ある意味で，水と油のような関係にある。これが，連携・協働の困難をもたらしているが，生身の人間は，法的理念だけでも，心理主義的世界だけでも生きられない。今後，互いにその価値と限界を理解したうえで，人間社会のさまざまな問題解決に向けて新たな方法論を築

いていけるといい。

● **参考文献**

穂積純（1994）『甦る魂』高文研

穂積純（1999）『解き放たれる魂』高文研

穂積純（2004）『拡がりゆく魂』高文研

フロイト（懸田克躬訳）（1974）「ヒステリー研究」『フロイト著作集7』人文書院

Harvey, M. R. (1998). Memory Research and Clinical Practice: A Critique of Three Paradigms and a Framework for psychotherapy with Trauma Survivors. Trauma Memory, Wiliams (ed.), pp. 19-29. Sage Publication. （「記憶の研究と臨床活動〜3つのパラダイムの分析とトラウマサヴァイヴァーへの精神療法の枠組み」『アディクションと家族』第16巻3号，325-336）

Herman, J. L. and Harvey, M. R. (1993). The False Memory Debate: Social Science or Social Backlash? The Harvard Mental Health Letter, Vol. 9, No. 10, April, 1993.

（村本邦子）

I-3 法と心理の交錯——民事法の観点から

　本節では，紛争解決との関係で法が持つ意義と限界を，とくに深刻な人格権侵害（生命，身体，健康や性的人格権など）をこうむった被害者の心理との関係で検討する。1つは，金銭賠償が有する意義，いま1つは，時の経過により権利の消滅をもたらす消滅時効・除斥期間の問題，最後に，PTSDと損害賠償にかかわる問題である。

1　金銭賠償をめぐる法と心理

（1）　被害者が求めるものは金銭か？

　筆者の専門は民法，とりわけ民事責任論，時効論であるが，その関係で，いくつかの戦後補償訴訟にも関与し，原告側の意見書を書いたり，学者証人として証言をしたりもしてきた。そのため，戦後補償訴訟関係で講演を頼まれることもある。そうした講演のひとつとして，台湾の元慰安婦を原告とした訴訟を支援する市民の会に依頼されて，その学習会で「戦後補償訴訟と時の壁」と題する講演をする機会を得た[1]。その場には，原告の1人である鄭陳桃さんが来日しており，私の講演の後で，原告からの発言ということで次のようなことを発言したのが印象的であった。

　「私はお金が欲しくて裁判をしているんではないんです。日本に，『おばあちゃん，ひどいことをして，悪かったね。赦してね。』と謝ってもらえばいいんです。」

　鄭さんのように，「お金がほしくて裁判をしているのではない。相手に

---

[1]　台湾の元「慰安婦」裁判を支援する会主催・「正義は時を超えないのか？」2004年12月3日（東京・豊島区男女平等センター・エポック10にて開催）。なおこの訴訟は，1審・東京地裁平14（2002）・10・15判決・判例タイムズ1162号154頁，2審・東京高裁平16（2004）・2・9判決，上告審・最高裁平17（2005）・2・25判決とも請求棄却で確定した。

謝ってほしいのだ」という言い方は，慰安婦訴訟だけでなく，多くの裁判でも聞かれる声である。生命や身体，健康などのいわゆる人身被害や，レイプ，セクシュアル・ハラスメントなどの性的被害をこうむった場合に，被害者がまず求めるのは，ⅰ）自分に加えられた加害行為の悪質性，被害の甚大性を加害者自らが深く自覚すること，ⅱ）そのような被害を与えてしまったことを心から謝罪すること，ⅲ）できる限りの被害の回復[2]を図ることであろう。

　もちろん，このような3つの基本的なことを，加害者が自ら進んで行えば，まだよいが，多くの場合はそうはならないで，加害者は，自ら悪いとは自覚せず，したがって謝罪もせず，それゆえ，被害の回復を図ることもしないということになる。そこで，被害者は加害者に法的責任を追及し，裁判所によって加害者の法的責任が認められることによって，加害者に自らなした行為の違法性を自覚させ，謝罪と被害の回復に目を向けさせようとすることになる。先に紹介した慰安婦訴訟もそのような訴訟のひとつである。

（2）　法的責任の追及と金銭賠償主義

　ところで被害者が加害者に対して法的責任を追及する仕方には，両者の間に契約ないし契約類似の関係が成立している場合には，契約に基づく債務の不履行責任を追及するという仕方と，そのような関係がない場合にも追及できる不法行為責任を追及するという2つの仕方がある。いずれにしても，被害の回復を図り加害者の法的責任を追及するためには，日本では金銭での賠償請求という方法になる（金銭賠償主義。民法417条，722条1項）。つまり，被害者が，お金を目的で訴訟をしたいわけではない場合でも，相手方加害者に自らの行為を自覚し，謝罪してほしいと思って法的責任を追及する場合には，「金銭でいくら支払え」という金銭賠償の形にならざるを得ないのである。

---

[2]　もちろん被った被害を元通り回復することは不可能ではあるが，可能な限りの原状回復が図られるべきであろう。法律で「被害の回復」の文言を明文化している例として，犯罪被害者等基本法2条「犯罪被害者等が，その受けた被害を回復し，又は軽減し，再び平穏な生活を営むことができるよう支援し……」。

第Ⅰ部　法と心理の協働の必要性

　このように被害者が，金銭を求めているわけではないのに，法的には金銭の賠償請求という形になることについては，被害者自らが違和感を感ずるとともに，まわりのものから，「あの人は金目当てで訴訟をしているのだ」という非難が被害者に寄せられるという深刻な問題も生じさせることがある。
　こうした非難は，言語を絶する性的被害にあい，個人の尊厳を傷つけられた元慰安婦や，セクシュアル・ハラスメントやレイプの被害者にさえ向けられることがある。まさに，二次被害である。被害者が求めているのは金銭ではない場合にも，なぜ，法は「いくらを支払え」という金銭賠償という形しか認めないのであろうか。

(3) 金銭賠償主義の意義と疑念

　この点について民法典の起草者の説明は，被害に対して原状回復を行うなどの特定の行為を請求したり，広く代替物の賠償を認めることになると，「却テ実際不便」である。これに対して「金銭ノ如ク最モ便利ナルモノ」が損害を測るのによいからこれを本則とすべきだとされている[3]。このような説明は，「商品社会においては，損害を測定するに金銭によることが最も便宜であるし，損害の具体的回復は被害者の選択に委ねることが合理的であるということからも正当視される[4]。」として，現在の学説からも支持を受けている。
　このように金銭賠償主義には一定の合理性があるとしても，前述したように，一般市民からは，金で物事を解決するのかというような疑念や嫌悪感がもたれている。そのような疑念や嫌悪感が生まれるのは，ⅰ）そもそも金を払えば解決になるのかということへの疑問，ⅱ）被害を金に換算できるのかということへの疑問が根底にあるものと思われる。
　阿部昌樹がこの問題について次のように指摘している点は示唆に富む。「普遍的な尺度によっては価値を量り得ない，掛け替えのないものが存在す

3）　法務大臣官房司法法制調査部（1984）80頁。
4）　澤井裕（2001）110頁。

るという認識が，価値の優劣を一刀両断的に判断せず，状況依存的な対応を繰り返していくことを尊ぶ思いやりの倫理と不可分なかたちで，我々の道徳的直感を規定しており，それゆえに，あらゆるものが貨幣タームに換算され，一元的な価値尺度のうえに載せられることに，我々は嫌悪感を覚えるのであると推論することが可能である[5]。」

そもそも生命や身体，健康，あるいは性的自由などに対する重大な被害が発生した場合，その法的責任の追及の方法としては，金銭での賠償しかないということを，法律家はあまりに当然視し過ぎているのかもしれない。「弁護士は，より多くの賠償金を取れば，それだけ被害者は満足するはずであるという，ステロタイプ的な被害者観を抱くことなく，被害者の声に謙虚に耳を傾けるよう努力しなければならない」「訴訟手続にしても，被害者が加害者に対して，自分自身の声で，自らの真に望むものは何かを表明し，その実現可能性について，両当事者が対等な立場で議論し得る場として，再構成していく必要があろう[6]。」という阿部の提言は貴重である。

さて，前述した講演会での台湾元慰安婦訴訟原告・鄭陳桃さんの発言は，この意味で現在の裁判のあり方を問うものとして，私にとっても衝撃であった。「わたしが被害者で，わたしが裁判を訴えているのに，1審でも，2審でも，その本人に一言もしゃべる機会が与えられなかった。一体，誰のための裁判なのか。」

（4） 正義の実現と慰謝料

さて日本の民法は他人の身体，自由，名誉など財産以外の損害についても賠償請求ができる旨を規定している（民法710条）。いわゆる慰謝料の問題である。

ところで，被害者が訴訟をしてまで訴えることの中には，自らが受けた被害を告発し，その回復を加害者に請求することはもとより，自分の被害を超

5） 阿部昌樹（1994）35-6頁
6） 阿部（1994）37頁。

えて，このような被害が二度と他人に起こらないように，加害者と加害行為を社会に告発し，同種の被害を未然に防止するという公益的目的を有する場合も多い。いわば個別的被害の回復を超えた社会正義の実現としての訴訟である。前述のように，金銭賠償主義に問題があるとしても，さしあたり金銭での賠償という形で法的責任を追及せざるを得ないという場合に，逆に，高額な金銭賠償を実現することによって，被害の深刻さを社会に明らかにし，また，加害行為を抑止することが求められることがある。

　このうち，加害行為の抑止を金銭賠償，とりわけ慰謝料によって実現しようとするのが，悪質な加害行為については，同種の行為を抑止するために通常の賠償額の何倍かの慰謝料を認容すべきだという制裁的慰謝料論に他ならない[7]。英米法では，懲罰的損害賠償（punitive damages）としてこのような賠償請求が認められているが，日本では判例上まだ認められておらず，学説からも，①民事責任と刑事責任の分化に反する，②逆に制裁金で被害者が利得するのは不当ではないか，③加害行為が犯罪を構成し刑罰を科される場合には，それに加えて制裁的慰謝料ということで二重の刑罰が課されるのと同じになるのではないかなどの批判も寄せられている[8]。

（5）損害賠償の関係調整的機能

　ところで，近時は制裁的慰謝料論の中に，加害者への単なる制裁という側面だけでなく，被害者と加害者との間に新たな関係を再構築する契機を見出そうとする見解が出され，注目される。和田仁孝は，「日常的交渉のなかでは『制裁』可能性は，しばしば関係再構築の手がかりとして機能したり，自発的義務負担によりポジティヴな方向で解消されたりし得る」ことを指摘し，「今一度，ネガティヴで硬直的な『制裁』をポジティヴで柔軟な『関係調整』へと，概念的に変容させつつ復権させ，システムのなかへ組入れていく方策を探っていくことが必要」だと提言している。和田にいわせれば，「『金銭』

7）　日本における代表的論者として，後藤孝典（1982）。
8）　斉藤修（1998）211頁以下。

はそこに様々な意味を含み得る柔軟なメディア」である。問題は，「金銭賠償主義」そのものにあるのではない。金銭賠償は「関係整序のシンボル」としても機能し得るというのである[9]。

また，滝川裕英は，「不法行為訴訟における金銭賠償は，単なる負担としての金銭ではなく，応答としての謝罪である」として，「訴訟当事者は，単に金銭を巡って争っているのではなく，コミュニケーションを巡って争っている。例えば，戦後補償訴訟などでしばしば聴かれる『わたしたちが求めているのはお金ではない』という言葉は，このように捉えて初めて理解可能になる。」とする。これも，金銭賠償を関係再構築の象徴としての側面で捉える見解として注目される[10]。

(6) 小　括

加害行為を告発し，被害を認定させ，その回復を図るために，加害者の法的責任を追及するという場合，民事裁判ではそれが金銭賠償請求という形になってしまう。被害者の心理としては必ずしも金銭を得るために，そうしているわけではないのに，市民から金で解決するのかという違和感を感じられてしまう側面がある。

法律家はともすれば，金銭賠償を当然の前提とし，訴訟の場で認容額がいくらになるのかに目が向いてしまうが，最も重要なことは，被害者の声に耳を傾けることである。そのためには，被害者が積極的主体的に裁判に関与できるような仕組みを担保しなければならない。本人不在の訴訟進行は問題である。また，金銭賠償請求を，蒙った損害の回復や相手への制裁という側面からだけでなく，今後の関係再構築の契機とするという面からも位置づけていくことが重要であろう。

なお，近時，国際的には，刑事司法の分野で，加害者と被害者の対話を通じて，加害者の責任の自覚と被害者の救済を図る修復的司法（restorative

---

9）　和田仁孝（1994）101頁以下。
10）　瀧川裕英（2003）206-7頁。

justice）の考え方が有力化してきている。その一環として，刑事罰において加害者が支払う罰金を被害者救済の基金として運用するアメリカなど諸外国の例が日本でも紹介され，有責者による償いと被害者の救済の観点から注目されている[11]。こうした修復的司法と民事の損害賠償の関連の検討も，今後深められるべき課題である[12]。

2　時の経過をめぐる法と心理

（1）　戦後補償訴訟における＜時の壁＞

さて前述した戦後補償訴訟をめぐっては，日本で現在100件以上の判決が出されているが，被害者である原告側が損害賠償請求訴訟で勝訴した判決は，わずか7件に過ぎない。原告にとって大きな壁として立ちはだかっているのが時効・除斥期間といういわゆる＜時の壁＞の問題である[13]。とりわけ不法行為責任を追及する場合に，原告にとってネックとなっているのが，不法行為の時から20年間で損害賠償請求権が消滅することを規定している民法724条後段の期間である。

判例は，この20年の期間は，「不法行為をめぐる法律関係の速やかな確定」を意図した規定であって，「被害者側の認識のいかんを問わず一定の時の経過によって法律関係を確定させるため請求権の存続期間を画一的に定めたもの」であり，除斥期間であるとした（最高裁平1［1989］・12・21判決・最高裁民事判例集43巻12号2209頁）。そして，「裁判所は，除斥期間の性質にかんがみ，本件請求権が除斥期間の経過により消滅した旨の主張がなくても，右期間の経過により本件請求権が消滅したものと判断すべき」として，時効であれば認められる時効の援用の信義則違反や権利濫用論による制限を認めない

---

11) この点に関する近時の論稿として，吉木栄（2004），藤本哲也（2004）。また矢野恵美（2005）134頁は，スウェーデンの例を紹介している。
12) そのような試みの1つとして小賀野昌一（2004）。矢野（2005）はスウェーデンの事例を参考に，DV被害者の支援活動にこのような基金を使うことを提案する（134頁）。
13) 戦後補償訴訟と時の壁の問題については，松本克美（2004a）（2004b）（2005）参照。

ことを表明したのである[14]。

　戦後補償訴訟では，戦時中に加害行為が行われた時点からすでに50年以上を経て提訴しているので，「不法行為の時から20年間」はすでに経過してしまっている。そこで，除斥期間により損害賠償請求権が消滅したとして原告敗訴となる判決が山のように積み上げられてきているのである。

（2）　時効・除斥期間の存在理由

　時がたつと権利があっても消滅してしまうという時効の存在理由は，ⅰ）立証・採証の困難の回避，ⅱ）法的安定性，ⅲ）権利の上に眠るものは保護しない（権利があっても，それを長年行使しないでいると，権利を失ってしまっても仕方がないという考え方）などとして説明される。除斥期間も，時効と違って当事者の援用（裁判所での主張）が必要でなく，裁判官が職権で判断する，時効と異なり中断や停止がないなどと説明されるが，その存在理由の本質は時効と同じものとして説明できよう。

　ところで，とりわけ，戦後補償訴訟のように，除斥期間の経過が問題となる事案では，従軍慰安婦や強制連行・強制労働，虐殺事件や人体実験事件など，どれも中心となる不法行為の存在自体を否定する判決はなく，加害行為と被害は認定されている。従って，立証・採証の困難という問題はない。また，これらの加害行為は人道に対する罪に当たる戦争犯罪行為であって，そのような被害が長年にわたり放置されたことを「法的安定性」のもとで合理化することは妥当ではあるまい。さらに，中国や韓国など外国に居住する被害者たちが，国境を越えて日本政府や日本企業を相手取って裁判を起こすことも国内外の情勢から実際に困難であったのであり，権利の上に眠るものと評価することはできない。しかもそのような提訴の困難は，外国人に対する戦争犯罪行為という加害行為の特殊性そのものにも起因するのである。戦後補償訴訟のような事件には，時効や除斥期間の存在理由が合致しないと言え

---

14)　筆者はこの判決の期間の性質論を時効説の立場から詳細に批判したので，参考文献等は松本（2006a）（2006b）を参照されたい。

よう。この点で，日本はいまだ批准していないが，国際刑事裁判所規定29条が，戦争犯罪行為につき消滅時効を適用しないとしている点も参照されるべきであろう[15)]。

（3） 時効・除斥期間の紛争解決阻害性

このように，除斥期間が問題となる事案では，被害者は長年にわたる被害の放置と加害者による謝罪もない状態で苦しみ続けてきたのである。しかも，その被害は人間の尊厳に反するような重大な人権侵害であり，他国政府や企業を相手取って訴訟をしなければならないという困難な状況におかれてきたのである。こうした被害者に対して，時の経過の一事によって，権利が消滅したとする時効や除斥期間を適用し，その結果，加害者を免責することは，果たして法的安定性をもたらすものなのであろうか。むしろ，あるべき紛争解決を阻害しているのではなかろうか[16)]。

そのような中で，加害行為の悪質性や悪質な証拠隠滅行為，原告の権利行使の困難，被告側の利得などの事情を総合考慮して，除斥期間を適用して加害者の責任を免れさせることが「正義・衡平の理念に著しく反する」として，その適用を制限する判決もいくつか現れているのは注目に値する（劉連仁訴訟1審・東京地裁平13（2001）・7・12判決・判例タイムズ1067号119頁，福岡中国人強制連行・強制労働・第一次訴訟・福岡地裁平14（2002）・4・26判決・判例タイムズ1098号267頁，中国毒ガス遺棄事件第一次訴訟・東京地裁平15（2003）9・29・判例タイムズ1140号300頁[17)]）。

---

15) 国際刑事裁判所については，アムネスティ・インターナショナル日本国際人権法チーム編（2002），戦争犯罪と国際刑事裁判所については，前田朗（2000）参照。
16) 時効・除斥期間の紛争解決阻害性については，松本（2000a）285頁以下。
17) なおこれらのうち，福岡強制連行訴訟控訴審・福岡高裁平16［2004］・5・24判決［判例時報1875号72頁］，劉連仁訴訟控訴審・東京高裁平17［2005］・6・23判決［判例時報1904号83頁］では，一審判決と反対に除斥期間を適用し，原告側逆転敗訴判決となった。条文上明文で規定されてもいない除斥期間への固執（立法者は時効として規定）は，根本的に批判される必要がある（この点につき，松本（2006）参照）。

（4） ドイツの強制連行被害者への補償基金

　この点で注目されるのが，2000年に成立した，第二次対戦中の強制連行・強制労働の被害者に対するドイツの「記憶，責任，未来」基金制度である[18]。この基金は，同基金創設のための法律（Gesetz zur Errichtung einer Stiftung "Erinnerung, Verantwortung und Zukunft"）によって設立されたもので，ドイツの連邦と州政府及び企業がそれぞれ50億マルク（当時の円換算で約300億円）ずつを出資し，基金をつくり，この基金から強制連行・強制労働被害者の団体を通じて，被害者個人に1人あたり上限1万5000マルク（約90万円）の限度で金銭給付がなされるというものである。

　この基金の法律の前文には，ナチス政府とナチスの不法（Unrecht）に関与した企業の歴史的責任（historische Verantwortung），道義的責任（moralische Verantwortung），政治的責任（politische Verantwortung）について明確に言及され，「なされた不法とそれによって加えられた人間の苦痛は財産的な給付によってもなお回復され得ないこと，この法律は，ナチス体制の犠牲者としてその生命を失い，或いはこの間死亡した者に対しては遅すぎることを認めて，ドイツ連邦議会は，ナチスの犠牲者に対する政治的及び道義的責任のあることを認め，彼らに加えられた不法への記憶を，将来の世代に対しても保持しようと思う。」とされている。

　筆者は，この補償基金が成立する直前にドイツに調査に行ったが，そこでこの法律制定に関与している財務省の役人から聞いた次の言葉は印象的であった。「われわれには法的責任はないが，道義的責任（moralische Verantwortung）はあるから，強制されなくても，基金をつくるのである。」日本では，「道義的責任はあるかもしれないが，法的責任はない」という具合に，道義的責任は，何かを履行しなくてもよい責任という風に捉えられる傾向があるのではないか。

18）　この基金についての紹介として，松本（2002b）。

（5） 日本の2つのできごと

　ドイツの上記基金と対照的であったのが，日本で1995年7月に設立された「女性のためのアジア平和国民基金」である[19]。これは，政府自身が自らの道義的，歴史的，政治的責任を認めたうえで，その責任を果たすために自ら出資した基金ではなく，「国民的な償い」を呼びかけて設立された民間基金であるという点で，ドイツの基金とは決定的に異なるのであった。この基金の設立を図り，またこの基金に出資した人たちがいかに善意であっても，このような責任の所在のあいまいな民間のお見舞金的なものによって，国家の責任をうやむやにするような基金からの金銭の受領は到底納得ができないと怒りをあらわに受け取りを拒否した元慰安婦たちが続出したのも無理はあるまい[20]。

　その後，慰安婦問題をめぐっては，NGO組織である「戦争と女性への暴力」ネットワーク（VAWNETジャパン）が中心になって，2000年に女性国際戦犯法廷が東京で開催され，アジア各地で被害にあった女性たちの証言や文献証拠も踏まえて，人道に対する罪についての昭和天皇の責任や日本国家の賠償責任等が認定された[21]。これは法的拘束力のない民衆法廷ではあるが，加害と被害の事実を歴史に刻みつけ，被害者の不名誉を回復し，また，国際世論を喚起して，国家による加害の不処罰と被害の放置を時を超えて断罪するものとして大きな意義があったといえよう[22]。

（6） 小　　括

　本稿では戦争犯罪の犠牲者のように，人間の尊厳に反するような重大な人権侵害を加えられながら，なんら加害者から謝罪もされず，長年にわたり被

---

19) この基金の設立趣旨や活動内容については，そのホームページを参照されたい（http://www.awf.or.jp/index.html）。
20) 戸塚悦朗（1999）は，この基金の成立過程を国連人権委員会との関連で批判的に検討している。
21) VAWW-NET-JAPANの活動は，そのHP参照（http://www1.jca.apc.org/vaww-net-japan/aboutus/index.html）。女性国際戦犯法廷の判決文は，松井やより他（2002）。
22) この点を指摘するものとして，前田朗（2003）144頁。

害が放置され，提訴も困難であった事件では，時の経過により権利を消滅させ，そのことによって，法的安定性を実現しようとする時効や除斥期間の制度の適用は，むしろ，被害者の被害感情を増幅させ，責任を認めない政府や企業を相手取っての更なる提訴を招くだけで紛争解決に少しもつながらないことを検討した。この点で，前述のドイツの基金は，関係修復の象徴としての金銭給付と，時の経過により消滅しない道義的・歴史的・政治的責任の承認を示す1つのあり方として示唆に富むものである。

3　PTSDと損害賠償

(1)　はじめに

　PTSD（Post Traumatic Stress Disorder）は，アメリカにおけるベトナム戦争帰還兵の戦闘体験や女性のレイプ被害などの暴力体験を通じて被害者が蒙った心的傷害の研究から発展してきた概念である。この概念については，本書別稿でも触れられるので，ここでは，PTSD概念がとくに損害賠償の領域でどのような独自の意義を持っているのかを概観する。

　日本でPTSD概念が訴訟の場で利用されるようになったのは，1990年代の後半になってからである。訴訟類型では交通事故訴訟が多く，ついで，性的被害の事件，暴行事件の順となっている[23]。

(2)　交通事故訴訟とPTSD[24]

　交通事故でPTSDが認められた嚆矢は横浜地裁の1998年の判決である（横浜地裁平10［1998］・6・8・判例タイムズ1002号221頁）。事案は，当時18歳の女子高生であった原告が交際していた被告男性が運転する車に同乗していたところ，口論となり，手をつかみ合うけんかとなり，そのことが原因で車が花壇に衝突し，回転し，腰椎脱臼骨折，左下肢知覚障害等の重傷を負ったが，

---

23)　以下で触れる判例分析の詳細は，松本（2003）を参照されたい。
24)　交通事故とPTSDの裁判動向については，前注・松本の他，黒木（2003），杉田（2001）など参照。

第Ⅰ部　法と心理の協働の必要性

事故後5年たって，不眠やイライラ，頭痛，嘔吐，自傷行為などが見られ，これは上記交通事故に起因するPTSDであるとして，被告を相手取り損害賠償を請求した事件である。判決は，原告の症状が，アメリカ精神医学会の心的外傷後ストレス障害の認定基準であるDSM-IVやICD-10の診断基準を充たし，原告の精神障害は重症の心的外傷後ストレス障害であるという鑑定結果は信用できるとして，PTSDを認め，請求を一部認容した（請求額の56%である5,185万円を認容）。

その後も，高速道路で夫の運転する乗用車の後部座席に長男（当時9か月）を抱いて座っていた原告が，被告運転の乗用車に追突され，自ら肩の骨が折れるなどの4か月の重傷を負った他，2日後に事故が原因で長男が死亡し，以後，原告は抑うつ状態に陥り，事故当時の様子をフラッシュバックでみる神経症状等が現れ，事故の翌年には夫と離婚したが，原告は，このような症状はPTSDによるものだとして，被告に5880万円を請求したという事案で，大阪地裁は，原告の症状はPTSDであり，それによって現在は日常生活を送るのが精一杯の状態であるとして，10年分の逸失利益を認めるとともに，PTSDの発症には原告の性格や心因反応しやすい素因も影響しているとして，賠償金の2割を減額し，大阪高裁もこれを維持した（大阪地裁平11［1999］・2・25判決・交通事故民事判例集32巻1号328頁，大阪高裁平13［2001］・3・27判決・自動車保険ジャーナル1370号）。

しかし，こうしたPTSD認定判決に対しては，PTSDの認定が安易すぎるという批判が精神医学者から寄せられるようになり，否定判決も出されるようになってきている。たとえば，原告が夕方自転車に乗って横断歩道を走行中に，被告運転の乗用車に右側面を衝突され，腰背部打撲，頭部打撲等の傷害を負い，整形外科的には1か月程度で治療を終了したが，その後，自動車を見たり，乗ったりすると呼吸困難感や動悸，めまい，過呼吸発作などを生じるようになるなどの精神症状を発症し，これは本件事故を原因とするPTSDによるものであり，これによる労働能力喪失割合は30%であるとして，慰謝料，通院慰謝料，弁護費費用等あわせて2,600万円の損害賠償を請求した事案で，宮崎地裁は，原告のPTSD罹患を否定し，自動車恐怖症であり，

36

またその発症と症状の継続には，原告の性格的要素も大きいとして5割の減額をしたうえで，約300万円のみの賠償請求を認めた（宮崎地裁平11 [1999] 9・7判決・判例タイムズ1027号215頁。その他PTSD否定例として，大阪地裁平12 [2000]・2・4判決・交通事故民事判例集33巻1号225頁，東京地裁平14 (2002)・7・17判決・判例時報1792号92頁など）。

交通事故訴訟におけるPTSD概念の独自の意義は，心的症状が加害行為によるPTSDであると認定されることによって，精神的苦痛に対する慰謝料という次元ではなく，治療費の算定や休業損害，労働能力の喪失などの独自の財産的損害項目を自立化させ得ることに求められる。その際，多くの裁判例で問題になってきているように，被害者個人の性格や環境的要因（離婚や近親者の自殺など）を賠償額にどのように反映させるのか，させないのかが今後検討課題となろう。

（3） 性的被害とPTSD

性的被害に関する訴訟でも，PTSD被害が認定されるようになってきている[25]。性的被害に関する日本の訴訟で，初めてPTSD被害にふれたのは，京大教授のセクシュアル・ハラスメントをめぐる訴訟においてであろう（京都地裁平9 [1997]・3・27判決・判例時報1634号110頁）。被害者である被告が事件直後に強姦被害を告発せずに，強要された性的関係を数カ月間継続したことについて，強姦被害者の心理的特徴という点から，被告側意見書としてフェミニストカウンセラーの井上摩耶子の意見書が出され，その中で強姦によるPTSD被害の特徴が言及されており，性的被害とPTSDについて注目させた点で意義がある。

その後，バトミントン協会の役員が実業団のバトミントン部の女性選手を強姦し，その後も性関係を強要したレイプ，セクシュアル・ハラスメント事件で，被害者たる原告の性的な自己決定権と人間としての尊厳を侵害した上，恋人を失わせ，ついにはバトミントン部を退部させて選手生命を奪い，退職

---

[25] 性暴力裁判とPTSDについては，川喜多好恵他（2003）参照。

を余儀なくさせ仕事を失わさせたとして，被告に500万円の慰謝料を請求した訴訟で，被告側が，原告が事件から3年もたってそのような請求をするのは不自然であるなどと主張して，加害行為の事実自体を争った事案で，熊本地裁は，性暴力被害によるPTSDに関する研究によれば，レイプ被害者は，「自分が恥ずかしいと感じる，自責の念が生ずる，無力感や卑小感が生じて自己評価が低下する，加害者に病的な憎悪を向ける，逆に加害者に愛情や感謝の念を抱く，自分が汚れてしまった感じを持つなどの症状があることを指摘していること」を強調し，「以上のとおりであり，他に原告の供述，すなわち，被告に強姦され，その後も性関係を強要された旨の供述に疑いを差し挟むべき事情は見受けられず，その信用性は高いといわなければならない。」として，原告の請求を一部認容した。

このように，性的被害においては，PTSD概念が，とくに，被害の認定にあたり，なぜ，被害者が被害にあいながら，早期に告発をしなかったのか，なぜ性的関係の継続を拒絶できずに継続していたのかなどの点で，性的被害におけるPTSDの特徴を明らかにして，被害＝加害を認定する上で，独自の役割を果たしていると言える。さらには，従来，精神的苦痛に対する慰謝料という側面が強かった性的被害に対する損害賠償請求において，交通事故の場合と同様，通院治療費や休業損害，逸失利益，退職による損害などの財産的損害を根拠付ける加害行為によってもたらされた独自の被害として認定する機能を果たしているといえる（セクシュアル・ハラスメントに起因してPTSDに罹患したことが原因で退職のやむなきにいたった事実を認定して150万円の慰謝料を認めた京都地裁平13（2001）・3・22判決・判例時報1754号125頁，ゼミ合宿中の教員のセクシュアル・ハラスメント行為によりPTSDに罹患したとして700万円の慰謝料を認めた東京地裁平13（2001）・11・30判決・判例時報1796号121頁など）。

（4）DV被害とPTSD

なおDV（Domestic Violence）のような継続的暴力を受け続けると，うつ状態や自傷行為，自殺念慮のような感情コントロールの障害，自分はだめな人間である，逃げられないという絶望的無力感，自己イメージの障害をきたし，

また，誰もわかってくれないという孤独感，逆に加害者を殺してやりたいという復讐心がもたらされたりすると言われている[26]。このような症状を，通常のPTSDと類型的に区別して，複雑性PTSDとする見解もある[27]。

　DVについては，別項でも触れられるので，ここでは，DVに起因して自殺した女性の遺族が，同棲していた加害男性に対して損害賠償を請求した訴訟を紹介しよう。この事件で熊本地裁は，被告が被害者に加えた一連の暴行は，無抵抗の被害者の全身を，一方的に，手拳や携帯電話で，長時間かつ多数回にわたり強く殴打するという凄惨なものであった上，被告は，被害者の自殺直前まで，被害者に対し，上記のような暴行を執拗に加え続けていたものであり，しかも，被害者が従前自殺未遂を図ったことや，現に「6階から飛び降りる」と言っていることを認識していたのであるから，被告が当時認識していた上記の各事情からすれば，被告には，被害者の自殺を予見することが可能であったとして不法行為責任を認めつつも，「もっとも，本件の場合，被害者の死の直接的な原因は，飛び降り自殺という被害者自身の行為にあること，被害者において，早い段階で，被告の暴行について警察に通報したり，被告との離別を自ら決断する等すれば，本件のような悲惨な結果に至ることは避けられたと思われる」として，賠償額を3割減額している（熊本地裁平16［2004］・2・5判決LEX/DB28090814）。しかし，DV被害者の自殺を，自殺は自分自身の行為，もっと早く警察に通報すべき，被告との離別を自ら決断すべきなどということを理由に賠償額を減額し，その結果，加害者の責任を減ずるような判断は，DVによる複雑性PTSDの特色を無視した判決として疑問である。

(5) 小　括

　ジュディス・ハーマンは，その著書の中で，児童虐待やDVによるPTSD

---

26) 井上麻耶子（2001）31頁以下。
27) 複雑性PTSD概念の提唱者として，ジュディス・ハーマン（2005）187頁以下。1回のみの行為ではなく継続的になされるセクシュアル・ハラスメントや従軍慰安婦被害なども複雑性PTSDを引き起こす。

被害から，いかに人は回復することができるのかを論じている。同様の被害を防止し，社会の安寧を実現するための社会的行動を起こすこと，加害者の責任を明確化し正義を追求すること，そして，生存者が完全には支配されなかったことを確認するために真実を語ることが回復にとって重要な要素であることを彼女は指摘する。生存者がその支援者とともに戦う法廷闘争の意義は，ハーマンによれば，「加害者が恐怖によって自分を支配することはできないということを思い知らせてやり，加害者の犯罪を他の人々の眼に晒すことである」という。生存者の回復は，「悪は完全に勝利を収めたのではないことを知り，そして世界にはまだ傷を癒してくれる愛がみいだせるであろうと希望することによって生まれる」[28]。

　冒頭でふれた台湾元慰安婦訴訟原告の鄭陳桃さんは，1審に続き2審の東京高裁でも敗訴判決となった後，次のように語ったという。「裁判に負けても，私たちの心は負けない。」

　法における正義の実現は，条文の中にだけではなく，法と心理の交錯の中にも見出されるべきなのであろう。

● 参考文献

阿部昌樹（1994）「法的思考様式と日常的道徳意識」棚瀬孝雄編『現代の不法行為法』（有斐閣）

アムネスティ・インターナショナル日本国際人権法チーム編（2002）『入門国際刑事裁判所　紛争下の暴力をどう裁くのか』（現代人文社）

井上麻耶子（2001）「フェミニストカウンセリングから見たDV」米田真澄監修 COSMO編『DVを理解するために』（解放出版社）

小賀野晶一（2004）「犯罪・非行に対する民事責任の意義と限界」法律時報76巻8号13頁以下

川喜多好恵他（2003）「性暴力裁判とPTSD ―法的・医学的・心理的サポートの現場から―」フェミニストカウンセリング研究2003年2号90頁以下

黒木宜夫（2003）『PTSD診断と賠償―臨床によるPTSD診断と賠償及び補償の留意点』（自動車保険ジャーナル）

---

[28] ハーマン（2005）334頁以下。

後藤孝典（1982）『現代損害賠償論』（日本評論社）
斎藤修（1998）「慰謝料に関する諸問題」山田卓生他『新・現代損害賠償法講座6』（日本評論社）
澤井裕（2001）『テキストブック・事務管理・不当利得・不法行為・第3版』（有斐閣）
杉田雅彦（2001）「裁判におけるPTSD（心的外傷後ストレス障害）—交通事故訴訟を中心として」日本職業・災害医学会会誌49巻5号439頁以下
瀧川裕英（2003）『責任の意味と制度　負担から応答へ』（勁草書房）
ハーマン，ジュディス（中井久夫訳）（2005）『心的外傷と回復＜増補版＞』（みすず書房）
藤本哲也編著（2004）『諸外国の修復的司法』（中央大学出版部）
法務大臣官房司法法制調査部監修（1984）『法典調査会民法議事速記録三』（復刻版，商事法務研究会）
前田朗（2000）『戦争犯罪論』（青木書店）
前田朗（2003）『民衆法廷の思想』（現代人文社）
松井やより他責任編集（2002）女性国際戦犯法廷の全記録　（緑風出版）
松本克美（2002a）『時効と正義—消滅時効・除斥期間論の新たな胎動』（日本評論社）
松本克美（2002b）「戦後補償の日独比較——法律学の視点から」ドイツ研究33・34号38頁以下
松本克美（2003）「PTSD被害と損害論・時効論」立命館法学288号32頁以下
松本克美（2004a）「時効・除斥期間論の現状と課題」法律時報76巻1号37頁以下
松本克美（2004b）「戦後補償訴訟と＜時の壁＞——正義は時を超えないのか」法律時報76巻11号1頁以下
松本克美（2005）「中国人・朝鮮人強制連行問題と時効問題」労働法律旬報1614号39頁以下
松本克美（2006a）「民法724条後段『除斥期間』説の終わりの始まり——除斥期間説に基づき判例を統一した最判89年の再検討——」立命館法学304号316頁以下
松本克美（2006b）「民法724条後段の『不法行為の時』と権利行使可能性——筑豊じん肺訴訟最高裁2004年判決の射程距離——」立命館法学307号48頁以下
矢野恵美（2005）「スウェーデンにおけるドメスティック・バイオレンス対策—

第Ⅰ部　法と心理の協働の必要性

　男女共同参画推進とDVに関する一考察」ジェンダーと法2号123頁以下
吉本栄（2004）「犯罪被害者救済に関する一考察——犯罪被害賠償基金設立への展望——」立命館法政論集2号110頁以下
和田仁孝（1994）「交渉的秩序と不法行為訴訟」棚瀬孝雄編『現代の不法行為法』（有斐閣）

（松本克美）

第Ⅱ部
米国調査に学ぶ法と心理の連携

Ⅱ-1 米国リーガル・クリニックと法曹養成教育　*44*
Ⅱ-2 裁判所における連携——DVコートを中心に　*68*
Ⅱ-3 NPO/関連機関との連携　*77*
Ⅱ-4 米国調査に見る法と心理の協働　*87*

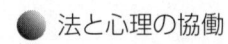

Ⅱ-1 米国リーガル・クリニックと法曹養成教育

1 リーガル・クリニックとは

（1） クリニックの定義

米国では，1960-70年代にかけて，臨床法学教育の一環として，低所得者層やマイノリティへの法律扶助として，リーガル・クリニック教育（Clinical Legal Education）が行われるようになった。

学生が法曹実務を学ぶ形式には，下記の3つのタイプがある。クリニック教育の定義については，弁護士教員や研究者教員の監督下で，学生が実際の事件に参加する訓練形態に限る（学生が弁護士の活動を見学するだけの形態は含まない）とするものから，実際の事件を担当しないシミュレーション形式のもの（弁護士教員が実際に取扱った事件を素材として，事件処理の手法を学ぶもの）まで含むとするものまでさまざまだが，前者の定義を前提とすると，クリニック教育に当てはまるのはエクスターンシップ型およびインハウス型である（園部（2005a）71頁）。

＜学生が法曹実務を学ぶ形式＞
① 弁護士活動観察型……提携法律事務所に派遣されて，弁護士活動を観察する。実際に事件を担当しない。
② エクスターンシップ型……提携法律事務所に派遣されて，弁護士の監督下において，実際の事件の法律相談や和解交渉，訴訟準備等を担当することもあれば，弁護士の手伝いに終わることもある。
③ インハウス型……ロースクールが設立した法律事務所（クリニック）において，弁護士教員の監督下で学生が事件を担当する。クリニックは，キャンパス内に併設されている場合と別個独立した場所に設置された場合とがある。

(2) クリニックの種類

これらのクリニックは，その目的や活動内容等からサービス提供型（Service Model）ないし法制度改革型（Law Reform Model）に分類される。サービス提供型は，売買，消費者問題，賃貸借，住居問題，労働契約の問題，保険，交通事故，離婚，養子縁組，相続，扶養，社会保障給付申請，DV保護命令の申立てなど多岐にわたった法律問題を取り扱う。法制度改革型は，社会正義の実現を目的としており，環境訴訟，公民権訴訟（civil rights act），貧困問題，消費者訴訟，移民問題等，特定の分野に焦点を当て，弁護士教員が学生の手伝いを得ながら活動を行い，たとえば，女性の地位向上のための裁判支援や，英語を母国語とする発展途上国における立法提案などが行われている。

実際上行われているクリニックは，一般的な民事事件を担当するクリニック（Civil Practice Clinic, Civil Litigation Clinic）や刑事法クリニック（Criminal Justice Clinic）のように基本的なものから，DVクリニック（Domestic Violence Clinic）・女性と法クリニック（Women and the Law Clinic）・ホームレスに関する問題を扱うクリニック（Homelessness Litigation Clinic）のように女性やホームレスの問題に特化したものや，家族の権利擁護クリニック（Family Advocacy Clinic）・子どもの権利擁護クリニック（Child Advocacy Clinic）・障害者の権利擁護クリニック（Disability Advocacy Clinic）・国際人権法クリニック（International Human Right Law Clinic）のように人権擁護型のものや，連邦税法クリニック（Federal Tax Clinic）・地域と経済開発法クリニック（Community and Economic Development Law Clinic）のように特許法・知的財産法関連・税法のほか，不動産関係・消費者法・労働法関連のものなどがある。

(3) クリニックの特徴
(a) 学生が法廷活動を行うための要件

米国ロースクールのリーガル・クリニックにおいて，もっとも特徴的なことは，学生が裁判所において実際にクライエントを代理して法廷活動を行うことにある。クライエントを代理して法廷活動を行うためには，弁護士資格

を有している必要があるが、多くの州では、ある要件を満たしている学生に対して、法律扶助を必要とする低所得者層を対象に法廷活動を行なう権限を特別に付与している。その要件とは、概ね、クリニック教育の一環として学生の法廷活動を可能にする法規則が各州で制定されていること、ロースクールの学長（Dean）が各学生の能力等について推薦する文書を裁判所（ないしは弁護士会）に提出し、認証・承認されること、学生が弁護士法に基づく規則を遵守すること（特に守秘義務）、クライエント自身が学生に代理されることに同意していることである[1]。

なお、クライエントの同意内容は、相談を聴き取った上で依頼を受任しない場合があること、学生が弁護活動を担当すること、教育目的のためにビデオ撮影をし、事後の研修に使う可能性があること、等についてであり、クライエントとの信頼関係構築のためには、学生が守秘義務を遵守することが大変重要となる。また、クライエントは、クリニック係属中、いつでも自ら依頼を取り下げることができる。

(b) **クリニックの履修要件**

多くのロースクールでは、クリニック教育の対象学生を2年次以上（刑事法クリニックについては3年次以上）に限定し、民事訴訟法・刑事訴訟法、証

ボストン・カレッジのインタビュールーム

拠法，法曹倫理[2]といった科目を履修済みであることを要件としている[3]（1年次からのクリニック教育の必要性を唱えるロースクールもある[4]）。その他の科目については，クリニックの特殊性により要件が異なるが，たとえば，DVクリニックではジェンダー法やDV法，子どもの権利擁護クリニックでは子どもの権利擁護に関する授業，障害者の権利擁護クリニックでは，障害者法の授業を履修済みであること（同時履修でも認められる場合がある）が求められる。このほかにも，クリニック履修要件ではないが，履修が推奨される授業もある。たとえば，子どもの権利擁護クリニックでは家族法，インタビューおよびカウンセリング法等の授業，障害者の権利擁護クリニックでは行政法の授業，税法クリニックでは税法の授業，調停クリニックではADR[5]，交渉術の授業といったようにクリニックに関連する授業である。

(c) クリニック教育の目的と効果

クリニックは，地域および社会貢献と学生に対する教育効果という目的から，低所得者層が多く，無料の法律扶助に対する需要の高い地域において活動していることが多い。学生に対する教育効果としては，豊かな教養，人間性，倫理観（人権感覚）および，バランスの取れた問題発見・解決能力，的

---

1) たとえば，マサチューセッツ州ではSupreme Judicial Court Rule，カリフォルニア州ではBar Association Rule，ワシントン州ではOfficial Admission Ruleに規定されている。
2) 法曹倫理では，守秘義務，弁護活動の熱心さ，相手方への公正な対応，裁判所に対する誠実さといったことを学ぶ。
3) たとえば，Boston College Law Schoolでは，民事事件については2年次以上，刑事事件については3年次以上の学生は，低所得者層の法律扶助に限り代理することができる（Supreme Judicial Court Rule ss. 301）。
4) たとえば，ヴァージニア州のWilliam & Mary大では，学生は理論だけでなくプロとしての自覚・倫理を早くから学ぶべきであるとして，ロースクールにおいて何が重要か，理論と実務との関連等を1年次から教えている。入学後すぐからシミュレーション教育等を通じて訴訟手続に触れさせることで，学生は，弁護士に就任したとき，実践面においても心理面においてもスムーズに弁護士としての活動ができるようになるという。
5) Alternative Dispute Resolution（ADR・裁判外紛争解決手続）とは，仲裁・調停・斡旋などの，裁判によらない紛争解決方法を広く指す。法務省司法法制部によれば，「訴訟手続によらず民事上の紛争を解決しようとする紛争の当事者のため，公正な第三者が関与してその解決を図る手続」と定義される。

確な法的・論理的・政策的分析力・思考力，交渉における説得・調整の能力，口頭や文書による伝達表現能力・コミュニケーション能力，公共奉仕の精神，高い倫理性などを備えた法曹の養成があげられる。米国では特にこの教育効果を重視しており，ケース受任の際には学生の教育目的に適うかどうかが選考基準の1つとなっている。すなわち，学生に対処しきれないような複雑な事案や，1セメスター以内に解決できず長期化しそうな事案については，最初から受任せず，そのような依頼に対しては他機関を紹介することが多い。

(i) ケースに対する準備と戦略

クリニックにおいて，学生は，まず，クリニックでの目標（agenda）を立てる。ケースに対しては入念な準備が必要であり，授業で学んだ法理論を実際のケースにどのように活用するのか，どのような方針を立てるのかを学生に考えさせ，選択肢の違いによって，結果がどう異なるのかを考えさせることが重要である。監督教員は，法的文書や申請書の作成の仕方やクライエントとの接し方，関係諸機関への連絡の取り方，訴訟準備，反対尋問のやり方，弁護士としての振る舞い方，正義実現の重要性などを学生に教え（ロイヤリング），さまざまな面で学生をサポートしている。

学生は，理論的なことは授業で学び，実務的なことはクライエントと接することで学んでいくことになる。理論を実際のケースに対応させることで，クライエントの話す事実関係を理解し，いかに法律構成するか，どのように法を適用していくのかを考察する力，新聞・ネットなどによる情報収集能力等を養い，理論を自分で構築することが必要なケースの存在について理解すること，クライエントにどのように質問したら自分の欲しい回答が返ってくるか，証人へのインタビューの方法や証拠開示のやり方等を学ぶことになる。割り当てられたケースをどのような方針で進めていくかについての主導権は学生側にある。

シミュレーション授業においては，与えられたケースに対して，学生が役割分担（弁護士役やクライエント役）して検討してきたものを，授業中に代表者にロールプレイさせることもあれば，授業外で学生がビデオ撮影してきたものを授業中に見ることもある。その後，教員がロールプレイでの個々人の

対応等について批評し，演じた学生本人や授業参加者達にも評価させる。クライエントへの質問の仕方に偏見が含まれていなかったか，質問すべきことを全て質問したかなどについて話し合われる。

(ii) **フィードバック**

学生は，ケース終了時，クライエントの価値判断についての考察や，ケースに対する自己評価を含めた報告書の作成が求められる。学生が実際のケースに対処するにあたって，最も役に立つのは学生本人の経験であると考えられている。自分自身の過去と向き合い，ケースにおける事実関係と類似した経験を自分の過去から引き出すことは，今後のケース解決に役立つこともある。

教員側も，学生がクライエントに対して取った法的対応等が適切なものであったか，他により良い手段はなかったか等の検討を行う。教員側もケースを担当する学生の監督を行うことで，学生にどう指導したらよいかを学んでいくことになり，クリニックの授業には，教員に対する教育効果もあるとされる。

(iii) **クライエントに最終決定権があること**

クライエントを代理するにあたって，学生は，どのような法的手続を進めるかについての最終決定権はクライエントにあることに留意する必要がある[6]。学生が良かれと思って取った方策であっても，クライエントにとってみれば，いわば"余計なお世話"ということもある。心理的な問題をも抱えているクライエントの場合，学生は，常にクライエントと密な相談をし，法的手続きを進めるべきかどうかを話し合った上で，クライエントの取り得る選択肢を提示するのみにとどまることになる。たとえば，クライエントがDV被害者である場合，自分にコントロール権があると認識してもらうこと

---

6) たとえば，アメリカン大学では，Client Centered Lawyeringの考え方が重視されており，学生がクライエントを代理する上で重要なことは，クライエントを中心に弁護活動を行なうことである。学生は，自己の価値判断に基づいて，後見的に法的手続きを進めるのではなく，クライエントの選択や希望に合わせた戦略を立てることが求められている。

が重要であるので、学生は、法的手続きだけが問題解決の唯一絶対の選択肢ではないこと、法的手続きがクライエントの抱えている問題の実際的な解決にならない可能性もあることをクライエントに伝えた上で、クライエントに最終決定権を委ねるのである。また、クライエントにはいつでも法的手続きをやめる権利があるということを、常日頃から伝えておくことも重要である。

(iv) クライエントに対する責任

クリニックにおいて、学生はクライエントに対して1対1ないし2対1で接することになる。クライエントに対する人数についてはロースクールによって考え方が異なるが、学生が1人でケースに取組むことでより高い責任感が芽生えるとする考えと、2人でペアになってクライエントに接することで、学生同士がケースについて相談し合うことで能力不足を補い、もってクライエントの利益に資するとする考えとがある。どちらにしろ、学生の能力不足等の理由により何か問題が発生すれば、監督教員が学生との面接の頻度を増やしてアドバイスを行う等の対処がなされている。

学生は、クライエントに対して責任を負い、最終的な責任はロースクールが負っている。学生がケースを担当するうえで生じた損害については、ロースクールが加入した責任保険等でカバーされる。クリニック自身が訴えられる可能性もあるので、ケース受任の際にクライエントとの間で綿密な契約書を交わし、責任の範囲を明確にしてあることが多い。被保険額は小さなケースであればカバーできる程度に設定されている。

(松村歌子)

2 ワシントン・カレッジ

(1) リーガル・クリニックの概要

アメリカン大学ロースクール（正式名称は、Washington College of Law。以下、WCLと略す）は、リーガル・クリニック教育に力を入れ、その点が全米でも高く評価されているロースクールである（この部門でのランキングは全米2位）。それと同時に、WCLはジェンダーの視点に敏感なロースクールとして

も有名である。そもそも WCL は，女性のメンタリティは法律に向かないとして，女性がロースクールへ入学することが拒否されていた100年以上前に，そのような現状を変えようということで 2 人の女性（Ellen Spencer Mussey と Emma M.Gillet）が世界で初めて女性の手によって1898年に設立したロースクールである。そのため女性と人権問題についても力を入れた教育をしてきており，そのことは，1984年に世界で初めて立ち上げた「女性と法プログラム」（Women& the Law Program。女性と法に関する研究や支援に寄与する，法システムや法制度が女性の生活や地位に与える影響に敏感になる，カリキュラムや授業のあらゆる側面で女性の経験を組み入れた法学教育を行うなどをめざしたプログラム）や，後述の特色あるクリニックにも反映されている。

　まず，リーガル・クリニックを担当する教授は12名おり，それ以外に，弁護士資格を有する実務家教員（practitioner-in-residence）が15名いる。他に，リーガル・クリニック専用の事務スタッフも 5 名そろっており，充実した教育・サポート体制がとられている。

　今回の調査では，リーガル・クリニック立ち上げの時期からの中核的教授であり，WCL の学長もつとめた Elliot S. Milstein 教授から，アメリカでのリーガル・クリニック教育の概要や特色の説明を受け，次いで，WCL での現

ワシントン・カレッジ

在のリーガル・クリニック部門の責任者である Susan Benett 教授から WCL のリーガル・クリニックの概要と特色について説明を受けた。前者の内容については，別稿に譲ることにして，ここでは WCL のリーガル・クリニックについて概要を述べておく。

　WCL には，現在，8つのリーガル・クリニックが設置されている。民事クリニック（Civil Practice Clinic），刑事クリニック（Criminal Justice Clinic），国際人権法クリニック（International Human Rights Law Clinic），連邦税法クリニック（Federal Tax Clinic），女性と人権クリニック（Women and the Law Clinic），ドメスティック・バイオレンス・クリニック（Domestic Violence Clinic），地域と経済開発クリニック（Community and Economic Development Law Clinic），知的財産権クリニック（Glushko-Samuelson Intellectual Property Law Clinic）である。今回の調査では，このうち，後者の4つのクリニック担当者からヒアリングをし，また，毎週月曜日の昼食時に定例で行われるクリニック担当教員によるランチ・ミーティングを傍聴し，また，女性と人権クリニックとドメスティック・バイオレンスの学生が受講するシュミレーション授業を見学することができた。

（2）　ジェンダーにかかわるクリニック

　本書のテーマとの関連で，女性と人権クリニック（責任者・Ann Shalleck 教授）と DV クリニック（責任者・Margaret Johnson 実務家教員）を取り上げてさらに紹介しよう。この両者のクリニックは，元来は，女性と人権クリニックだけであったものが，その後，DV 問題に特化した後者が，前者から枝分かれするような形で誕生したという。DV 問題では，民事的な問題と刑事的な問題の双方が扱われることになるということと，DV 事件の数が多いので，女性と人権クリニックのみでは対応が十分にできないというのが，その理由と言う。もっとも，両クリニックは，截然と二分されているわけではなく，女性と人権クリニックでも DV 事件を扱うことはあるし，また，両クリニックの担当教員が共同でセミナーやシュミレーション授業を行うなど，緊密な連携を保っている。

単位は 8 単位（通年）で，それぞれ10数名ずつの履修者がいる。実務家教員も合わせて 5 名配置されている。履修者は，女性に限らず，男性も登録している。これらのクリニックでは当然クライエントは，女性が中心となるが，その点で，男子学生がクリニックの担当をすることにより，クライエントに敬遠されるなどの問題や特別に配慮すべき問題はないかを尋ねてみたが，教員サイドからはとくに問題はないとの答えであった。そもそもアメリカは多様な人種，民族が集まっている国であり，相談者から見て相手が男性だから問題にするということをいうのなら，クライエントと学生の間の人種の相違や肌の色の違いなどで組み合わせを考えるのかということになってしまうが，そういう配慮はすべきでないし，実際に特に問題はないということであった。

両クリニックの学生は，クリニック履修にあたり，まず集中的に事前研修を受ける（7 日間）。その後，シュミレーション授業（13週間）などと平行してクリニック業務を行う。クリニックでは原則として毎週，担当教員に，自分が扱っている事案について報告をし，アドバイスを受ける。なお，WCL では，これらのクリニック以外に，ジェンダー関連の講義科目として，ドメスティック・バイオレンス法（Domestic Violence Law・2 単位），性的差別（Sex-Based Discrimination・3 単位），フェミニスト法学（Feminist Jurisprudence・3 単位），International Trafficking in Person（国際人身売買・2 単位），演習科目として，ジェンダー，文化的差異と国際人権（Gender,Cultural Difference, and International Human Rights・3 単位），性的志向と法（Sexual Orientation and the Law・3 単位）という具合にかなり充実している点も注目される。

法と心理の連携については，日常的な連携は行っていないということであった。ただ，今回たまたま見学したシュミレーション授業では，専門家証言として精神鑑定を行った精神医学者への証人尋問のシュミレーションが行われており，大変興味深かった（この点は，Ⅱ- 4 に譲る）。

(松本克美)

第Ⅱ部　米国調査に学ぶ法と心理の連携

3　ジョージタウン・カレッジ

(1)　リーガル・クリニックの概要

　ジョージタウン大学は，臨床法学のランキングでは全米1位の評価を受けており，女性と人権にかかわって，①DVクリニック，②ファミリー・アドボカシー（家族の権利擁護）・クリニック，③国際女性の人権クリニックの3つのクリニックを設けている。①・②は，サービス・モデルといわれるもので，①では，実際にDV保護命令の申立てをしたり，②では，教育に関する措置，養子縁組，社会保障給付，入院などの手続代行をする。③は，法制度改革モデルといわれるもので，女性の地位向上のために，実際に裁判の支援や立法の提案を行う。扱う事件や方法はクリニックによって異なるが，共通するのは，集中的なセミナーと実務実習という組み合わせであり，個別の事件を扱う場合には，計画を立て，相談事項を整理し，法的な論点に関する準備を行い，書面を作成し，申立てや手続代行，立法提案などを行う。

(2)　DVクリニック

　1985年に設立されたクリニックである。Deborah Epstein（デボラ・エプ

ジョージタウン・カレッジにて　Epstein氏（右）

シュタイン）教授が指導する。実際に被害者の代理人として，保護命令を得たり，DVコートにおけるさまざまな法的手続過程を支援する。受講生は，4週間の集中的なセミナーを受講した後で，事件を担当する。学生2人で1チームを編成し，2人の教授と卒業生の弁護士が，個々の学生チームを担当し，進行状況をチェックし，指導・監督する。セミナーおよび実務実習合わせて10単位であり，2005年前期の登録者は14人（女性11人）である。男性の受講者がいるが，クライエントの反応としては，学生の性差に違いはなく，信頼できる男性であれば，かえって話しやすいというクライエントもいる。男性が，性的暴行を受けた女性の相談に乗ることを躊躇するケースもあるが，よりよい法曹をめざすため，きちんと相談させている。

　クライエントの獲得は，学期の初めに教員が学生を連れてDVコートに行き，そこで保護命令を求めていそうな女性を見つけて，手伝いを申し出る形で行っている。またジョージタウン大学はDVコートと密接な関係にあるので，コートの側からクライエントの紹介があることもある。クライエントが得られれば，最初に25項目の質問シートを渡し，当事者の心理状態を把握した上で，上記のような作業に入る。一時，クライエントの獲得について広報したところ，1,500人くらいの問い合わせがあり，対応しきれなかった。1年に60件程度のクライエントが理想的な件数であるという。

　事件を担当する学生には，緊急時だけ連絡をしてくると信じられるクライエントには携帯番号を教えたらいいと指導しているが，多くの学生はもっとクライエントの力になりたいと考えて，便号を教えることがあり，結局，指導に当たるEpstein教授が学生から，明け方に緊急の電話相談を受けることもあるという。

　Epstein教授は，ワシントンでDVコートを立ち上げる際の議長を務めた人で，地域のＤＶ被害者保護やDV防止のための運動組織を指揮していた。彼女は，DVコートのインテークセンターのことを「マイベービー」と呼ぶほど，情熱と愛情を注いでいる。彼女のそうした人柄，人的ネットワークと信頼が，クリニックと地域，被害者をつないでいる。

(3) ファミリー・アドボカシー・クリニック

1992年に設立されたクリニックである。Laura Macklin（ローラ・マックリン）教授が指導する。教育，養子縁組，社会保障給付，入院などに関して，地域の子どもや保護者（父母）の手続を代行する。(2)同様，学生2人で1チームを編成し，教授と卒業生弁護士が指導・監督する。取得単位数は9単位，今期の登録者は12人（女性10人）である。

ここでは，リーガルサービス・オフィス，メディカル・センター，学校などから相談依頼があり，これに応ずる形で学生が事件を担当する。依頼をしてくるスタッフは，子どものために改善したいと思っている人であり，また親の方からアクセスすることもあり，子どもと接触することは少ない。クライエントは低所得層が多い。学生は，クライエントとの相談の仕方，計画を立て準備手続をし，事実を調査し，書面での申立てなども行うなかで，権利実現のプロセスを学んでいる。なお複雑な事案，例えば，子の監護権を争ったり，当事者に迷いがあるなどの事案は扱わない。

1990年代，米国では福祉に関する法整備が進まなかった。そこでMacklin教授がアドボカシーに関する委員会や地域の運動にかかわり，法整備に関わってきた。こうした過程のなかで，教授が人的ネットワークと信頼を築き，それが相談依頼につながっている。

(4) 国際女性の人権クリニック

1998年に設立されたクリニックである。Susan Deller Ross（スーザン・デラー・ロス）教授が指導する。主にアフリカの女性の権利向上のための立法提案や裁判支援を行う。取得単位数は10単位，2005年前期の登録者は8人（女性6人）である。

主にコモンローの諸国，特にジョージタウン大学の卒業生でウガンダ，ナイジェリア，タンザニア，ガーナなどのアフリカ諸国の法曹などから，支援や連携の相談が来るので，その中から，訴訟や立法の可能性のある地域を選び，法律案をその国の内閣（立法部局）に送ったり，国連に提案したり，実際の裁判の支援を行う。例えば，当クリニックとウガンダの女性弁護士の連

携により，ウガンダ憲法裁判所が女性に男性と同等の離婚請求権を認めるなどの成果を得ている。またタンザニアのイスラム系の女性の相続権の不平等をなくしたり，DV，マリタル・レイプ，陰核切除，夫婦財産制，女性の雇用の権利などについて，立法提案や人権擁護の活動もしている。学生は，外国の法律を学んだり，外国の法律家との連携の機会を得ることができ，人権に関する草案を作成したり，インタビューする能力，議論をして最終的な法案を作成する能力を養うことができるという。

ここでも，指導のRoss教授が国際人権・女性の地位向上運動に長年かかわってきており，70年代に米国で教授が行ってきた女性のエンパワメントをアフリカ諸国においても実現したいという思いで，取り組んでいる。卒業生も含めた幅広いネットワークと信頼が，相談依頼の基礎にある。

（5） 教育実習と地域貢献の両立

学生は実際の事件を担当することから，参加資格を取得しなければならず，前述のように短期集中で，専門科目，ケース研究，法曹倫理，インタビュー技術などを学習する。DVクリニック，ファミリー・アドボカシー・クリニックの場合，扱う事件は，セメスター内に終了するケースという時間的な限定を受けるが，適切なものを指導教授が選択している。複雑な事案は扱わない。しかし，それでも，DVや家族の権利擁護の事件を担当できる弁護士は少数であり，しかも無償で法的手続を進める専門家はさらに限られるため，クリニックは地域に貢献していると評価されている。さらにジェンダーの視点で法律問題を分析できる法曹を育成できるというメリットもある。国際女性の人権クリニックの場合は，学生が国際的な機関で働くケースは少ないが，前述のような能力を修得できること，アフリカ諸国との連携を図ることができることで，大きな貢献をしている。

最後に私見を。インタビューに応じて下さった各教授のフレンドリィな対応に感銘を受けた。それは，たゆまぬ実践的活動の中で修得されたものではないかと思った。大学や専門家としての権威よりも，いかにすれば，ジェンダーの視点で問題に取り組むことができるか，学生の力量向上に資すること

ができるか，地域との連携を図ることができるかを優先的に考えてきた成果のように思われた。

(二宮周平)

4　ボストン・カレッジ

　ボストン・カレッジ（Boston College Law School[7]，以下，BCと略す）のリーガル・クリニックには，①弁護士活動観察型[8]，②エクスターンシップ型[9]，③インハウス型，と3つのタイプのクリニックがそろっている。BCでは，個々のクリニックが独立して運営されており，7つあるインハウス型のクリニックのうち，ロースクール本校と別の場所に設置されたLegal Assistance Bureauには3つのクリニックが置かれている。

ボストン・カレッジ

---

7) BCには1学年約270人の学生が在籍し，司法試験の合格率は97％前後とのことである。
8) 2004−2005のCurriculum overviewによるとJudge and the Community Courts, Judicial Processの2つがある。
9) 2004−2005のCurriculum overviewによるとAttorney General Program, ICT: Theory and Practice, London Program, Semester in Practiceの4つがある。

> <Legal Assistance Bureau に置かれているクリニック>
> ● Civil Litigation Clinic
>   …民事における一般的な法的サービスの提供を行う。
>   春・秋両方のセミスターで開講。
>   幅広い領域でサービスを行うため学生に一番人気があるという。
> ● Homelessness Litigation Clinic
>   …住居問題等のホームレスに関するケースを担当する。
>   春セミスターのみで開講。
> ● Women & the Law Clinic
>   …家族法関係のケース，特にDV問題に関連する活動を行う。
>   春セミスターのみ開講。　　　　　　　　　　　　　　（2005年調査時）

（1）　民事訴訟クリニックの設立経緯

　民事訴訟クリニック（Civil Litigation Clinic）はLegal Assistance Bureau に置かれたクリニックの中で最も古いクリニックであり，公民権運動が盛んであった1968年，貧しい人，弱い人を助けたいという学生の意識から誕生した。この場所が選ばれたのは，この地域の住人に低所得者層が多かったことや，法律扶助のシステムがなく無料の弁護士サービスが必要であったなどの理由による。

　クリニック設立当初は弁護士が学生を手助けしていたが，監督なしに学生が弁護活動をすることを大学側が危惧して関与を始め，1980年にはクリニック教育の場として組織改革された。現在は数名のロースクールの教員が専任教員としてクリニックを監督している。このクリニックには，4人の弁護士資格を持つ教員と，1人のソーシャルワーカーの資格を持つ教員がいる。

（2）　クリニックの授業を履修するまで

　民事訴訟クリニックでは，4人の弁護士教員が6人ずつの学生を抱えるた

め，受講できる学生は24人に限られることになる。クリニックは必修ではなく，2年次，3年次の学生のみが選択で履修できる。各セメスターが始まる前にクリニック全体の説明会を行い，学生に各クリニックの説明や情報提供をするとともに，勧誘（リクルーティング）を行う。その後，学生は，申請書（application）に第3希望のクリニックまで記入し提出する。

クリニックの募集定員を超えた場合は，それぞれのクリニックで独自に選考が行われる。選考基準は，既に当該クリニックを履修したことがある者を除外する，高学年の者を優先して採用する，抽選で決定する等の方策が採られている。

民事訴訟クリニックでは，面接はせず，抽選で履修者が決定される（抽選のルールとして3年生を有利に扱っている）。抽選方式が採用されているのは，学生の適正の有無は実際にケースを担当してみて初めて判明することなので，公平の観点から，申請書の内容やそれまでの成績等は考慮しないということであった。民事訴訟クリニックの履修を希望する学生は多いので，1セメスターごとに違う学生を取るようにしているという。

クリニック履修登録後，事前研修において，クリニックについての詳しい説明がなされる[10]。BCでは，平日6時間×5日のオリエンテーションで，法的文書・申請書の作成の仕方，クライエントとの接し方（インタビューやカウンセリング等），関係諸機関への連絡の取り方，訴訟手続の進め方，反対尋問のやり方等，クリニックが始まれば即戦力として活動できるようさまざまな技術についての講義が行われる。

（3） 学生の履修態度

クリニックは総じて修得できる単位数が多いため[11]，学生の授業への取

---

10) クリニックについての研修がクリニックと並行的に行われる大学もある。
11) たとえば，DVクリニックの修得単位数は，1セメスターあたり，アメリカン大学で14単位，ジョージタウン大学で10単位である。これに対して，日本の法科大学院におけるクリニックの修得単位数は，1年間の必要履修単位が30単位前後のうち，1セメスターのみの開講で1～2単位であることが多い。

組みは非常に熱心である。アメリカの司法試験合格率は95％前後あるため，ロースクール在学中に合格後の身の振り方を考えて行動する学生が多いのであろう[12]。クリニックでの成績や履修態度等の評価はその後の就職先を左右する問題である上に，クリニックを履修すれば必要単位の大部分を修得できる等の理由から，学生は非常に熱心に履修している。企業に就職すると，こういった公益的な活動に携わる機会がなくなってしまうと考えて，クリニックを履修する学生もいるという。

　学生がクリニックに費やす時間は，民事訴訟クリニックでは，最低でも週に7時間以上が求められているところ，週に15〜20時間程度あてている学生が多いという。

（4）　成績の評価方法

　学生の成績評価方法は，教員の協議で決定される。クリニックにおいては，少人数制の上に，教員との面会の機会を毎週設けることで学生と密な関係が築かれていることが多く，客観的な評価が難しいという。そのため，厳密な客観評価をしていないクリニックもあるが，BCでは厳密な評価基準が採用されている。

　BCでの評価基準は，実際のケースに対する判断・戦略が的確であったか，クライエントとの面接やカウンセリングにおける接し方，クライエントに関する情報の取扱い方，クライエントの救済手段の決定，他機関との交渉能力，法廷での主張能力等の弁論技術，法的調査と法的文書作成能力，プロとしての責任の有無，学生の勤勉さ，授業への積極性などであり，それらを総合的に判断した上で評価される。BCでは，現場での活動に関する客観評価は難

---

[12]　これに対して日本の今後の司法試験合格率は30％強とされ，合格を第一に考える学生にとっては，負担が大きく，単位数の少ないクリニックの履修を敬遠する傾向にある。そのため，合格ラインにおり，時間的・精神的に余裕がある学生のみがクリニックを履修している場合や，開設しても希望者が少ないため開講されない場合もあるようである。受講者を増やすためには，クリニックの修得単位数を増やす，対象学年を1年次ないし2年次とする，時間的に余裕のある夏期休暇中の集中講義として開講するといった方法をとる必要があるであろう。

しいからこそ，基準をしっかり示す必要があると考えられている。

民事訴訟クリニックの成績は，現場での活動（4単位）とクラスでの授業（3単位）から構成され，まとめて評価される[13]。BCでは評価のサンプルが決められており，年に2回評価に関する文書を学生に配布し，セメスターの中間でいったん教員が評価を行い，それについて学生と30～60分の面接をした後，最終評価をする。法を具体的に学ぶ授業とは違い，クリニックの授業は弁護士としてどのように活動するかを修得することが目的なので，評価もフィードバックする必要があるとされている。

（5） クライエントの確保

民事訴訟クリニックは，35年を超える歴史があるため近隣でよく知られており，宣伝や口コミにより情報を得た地域住民からの直接の依頼，NPOや提携法律事務所からクライエント候補リストの提出を受ける，裁判所等の公的機関からの紹介を受けるなど多様な方法により，相談案件がクリニックに集められる[14]。州の法律扶助協会（Legal Service Office）にも加入しており，地域の低所得者層への法律扶助サービスとして機能している。

（6） クリニックで取り扱うケースの選別

まず，クリニックのインテーク（Intake・受付）において，弁護士教員が聞き取り調査を行い，名前・住所・他のケースとの利害関係の有無・事案の概要などを聞く。インテークは全てのクライエントに対して行われるが，クライエントの居住地が担当地域外である場合や，収入が要件以上である場合などは，クリニックで採用されない。クリニックで採用するか否かは，弁護

---

[13] そのほか，HomelessnessクリニックAlに関する，現場での活動とクラスでの授業評価は，それぞれがABCD評価で下され，Women & the Lawクリニックでは，現場での活動は合格・不合格で評価，クラスはABCD評価で下される。

[14] クライエントの確保については，クリニックによって異なる。ジョージタウン大のDVクリニックのように，裁判所に教員と学生自身が出向いて法律扶助を必要としていそうなクライエントを自ら探す場合もある。これは，依頼内容が保護命令申請の手伝いに特化しており，手続きに要する時間が短く，手続が比較的容易であるためであろう。

リーガル・アシスタンス・ビュロー受付

士教員とソーシャルワーカー教員とで行われる週に2回のミーティングによって決められる。その中から、クリニックで扱うのに適したクライエントを、事案の概要（事案の複雑さ、解決までにかかると思われる期間）、他のクリニックとの利益相反の有無等を考慮して選出され、基本的には教員による電話や面談の上で決定される。採用されなかったクライエントに対しては、他機関を紹介するか、アルバイトとして弁護活動を希望し登録をしている3年次の学生（クリニックの単位修得済み）にケースを割り振ることもあるし、インテークを行った教員自身が、クライエントにアドバイスを行うこともある。

（7） ソーシャルワーカー教員の役割

民事訴訟クリニックの特徴の1つとして、弁護士資格を持つ教員だけでなく、ソーシャルワーカーの資格を持つ専任教員を置いていることが注目されよう。ソーシャルワーカー教員は、クリニックでクライエントを直接カウンセリングすることはないが、学生を多方面でサポートしている。

(a) クライエント理解へのサポート

ソーシャルワーカー教員は，クライエントの背景（生育環境，家族構成，経済状況，雇用面の問題，生活におけるストレス等）を理解し，クライエントが現在どのような心理状態に置かれているか，どのような救済を求めているか，などのクライエント理解について学生に助言・指導を行っている。学生の多くは20代であるため，感情面での質問をするのが苦手であることが多いという。

クライエントの抱えている問題は，民事，刑事，交通関係，移民の問題などさまざまな法律問題を包含していることもあり，クライエントの心理状態も含めて，ケースを訴訟に持ち込むことが適切か否か，クライエントが価値を置いていることや目的（goal）について考え，それに基づいて検討することが求められている。クライエント自身が解決方法を選択・決定することが重要である。また，クライエントには，望まなければいつでもケースを終了させる権利があることを知らせておくことが重要である。

(b) 訴訟戦略面（ケースプランニング）でのサポート

ソーシャルワーカー教員は，クライエントに対するインタビューの仕方を教えることもある。クライエントが何を求めていて，どうして欲しいかを聞き出し理解する能力は弁護士として必要な能力であり，クライエントに感情面の質問をすることが苦手な学生に対して，個人的なことに関する質問の仕方や，質問するタイミング等，ケースプランニングについて心理面からサポートする体制は重要である。クライエントの心理状態を理解することは，法廷での戦略を決定するにあたっても有効であり，クライエントとの関係性の継続にも役立つと考えられている。

さらに，クライエントがカウンセリングや子どものケアを求めているようであれば，必要に応じて地域サービスの紹介や情報提供を行なうことも有益であること，他業種の専門家との協働の重要性についての指導も行っている。例えば，クライエントが抱えている精神疾患について，精神科医などその分野での専門家に対処法を聞くことで，クライエントへのより良い接し方を学ぶことができるようになる。また，クライエントの動揺・不安などをカウン

セリングで軽減することで，インタビューがスムーズにいくこともある。ソーシャルワーカーの目線からより多様な選択肢を学生に提示することは，クライエントの利益にも資することになる。このように，他業種の専門家との連携・協働の効用について理解し，他業種の専門家に敬意を払う必要があると指導しているという。

(c) **学生の二次受傷の防止**

学生は，ケースにおける事実関係と自分の過去の経験とがシンクロすることによって，精神的ショックを受けること（二次受傷）がある。学生が自分の過去の経験に基づいて，偏見を持ってケースにあたっている場合や，自分の勝手な思い込みで判断をしている場合，クライエントの経験を自分の経験と同視して精神的ショックを受けている場合など，ソーシャルワーカー教員は学生に対してアドバイスやカウンセリングを行っている。

(d) **弁護士とソーシャルワーカーとの差異**

弁護士とソーシャルワーカーとでは，お互いの仕事の目的や職業倫理が異なっていることから，矛盾・抵触することがある。というのも，弁護士はクライエントに望ましい（有利な）ことは何かを考えて行動するのに対し，ソーシャルワーカーはクライエントが望んでいることは何かを考えて行動しているからであり，弁護士がクライエントのために取った法的措置がクライエントの実際的な救済になるとは限らないからである。

したがって，学生は，クライエントと直接話をして，法的手続を進めていくか相談し，できることから一歩一歩，クライエントにとって無理なく安全に手続きを進めていかなければならない。手続きを進めるにあたって，クライエントの意見を尊重し，主導権がクライエントにあることを認識してもらうことも重要である。ソーシャルワーカーは，法的処理だけが問題解決の唯一絶対の選択肢ではないことを，学生に理解させる必要がある。クライエントにはいつでも法的手続きをやめる権利があるということを，常日頃から学生にも伝えておくことが重要である。

また，学生とクライエントの価値観が衝突することもある。学生に限らず，DV被害女性の支援者は，女性を救済すべき存在であると考えがちであるが，

第Ⅱ部　米国調査に学ぶ法と心理の連携

女性本人は自分が救済されるべき存在であると認識していないことも多い。クライエントの被害状況から見て，学生が加害夫の起訴を検討しても，クライエントは，経済的事情や夫を犯罪者とすることに抵抗を感じる等の理由から夫の起訴に消極的な場合もある。このような場合，夫に対して法的措置を取ったとしても，クライエントにとっては実際的な救済にならない。

　このように，学生は，価値観の相違についても学び，低所得者層および政治的・社会的弱者を弁護するうえで，彼らが直面している法律問題や，法律的な枠組みで，彼らに与えられる保護の範囲等を学んでいく必要がある。

　地域貢献を目的とし，低所得者層の法律扶助をその役割とするクリニックでは，社会的・経済的弱者がクライエントとなるケースが大半であり，学生がこのような人々が抱える心理的な問題を適切に理解し，さまざまな関係機関や専門家とともにクライエントが抱える問題を総合的に解決する術を学ぶことは，将来の法曹として大切な姿勢を身につけることにつながる。またBCのように，クリニック教育において，弁護士教員とソーシャルワーカー教員が協働して学生の教育に携わることは，法曹教育における「法と心理の協働」の1つの試みといえるのかもしれない。これからの臨床法学教育では，法と心理の連携・協働がますます期待されている。

（立石直子）

● 参考文献

園部直子（2005a）「米国ロースクールにおけるリーガル・クリニック教育の実際」法学セミナー 602号71－78頁。

園部直子（2005b）「米国ロースクールにおける刑事弁護リーガルクリニックの実際」法学セミナー 605号48－52頁。

藤川忠宏（2004）「キャンパスを飛び出すリーガル・クリニック――地域法サービス拠点としての可能性と限界」法律時報77巻5号102－107頁。

宮川成明編著（2003）『法科大学院と臨床法学教育』（成文堂）172－178頁，203－214頁，235－244頁。

http://www.nichibenren.or.jp/ja/committee/training/curriculum.html　（日本弁護士

連合会　法科大学院・法曹養成の取組み，法科大学院のカリキュラム）
http://www.kantei.go.jp/jp/sihouseido/report/ikensyo/index.html　（司法制度改革
　審議会意見書　2001年6月12日）
http://www.mext.go.jp/b_menu/shingi/chukyo/chukyo0/toushin/020803.htm　（中央
　教育審議会　2002年8月5日答申）

第Ⅱ部　米国調査に学ぶ法と心理の連携

Ⅱ-2　裁判所における連携──DVコートを中心に

本節では，ワシントンD.C.第一審裁判所（Superior Court of the District of Columbia）での調査をふまえ，他機関との連携，法と臨床心理の協働のあり方について検討する。本稿は，裁判所内で運営されているDV統合法廷の設立経緯や，その機能について，DVユニットディレクターであるPaul Roddy（ポール・ロディ）氏と，ジョージタウン大学ローセンター，DVクリニック・ディレクターであるDeborah Epstein（デボラ・エプシュタイン）教授へのインタビューに基づくものである。

1　DVコート

ワシントンD.C.第一審裁判所には，DVユニット（District of Columbia Superior Court Domestic Violence Unit）と呼ばれる，ドメスティック・バイオレンス（Domestic Violence 以下，DV）事件に関する，民事司法手続と刑事司

ワシントンD.C.裁判所

法手続きの統合法廷がある。日本では，DV ユニットを，DV 法廷，DV コートと紹介されていることが多いので，本節においても DV コートとする。

DV コートは，刑事部の一部と家事部の一部を統合し，1996年に設立された法廷である。DV コートが設立されるまでは，DV 事件が起こった場合，被害者は，加害者への保護命令，加害者との離婚，子どもの養育権や養育費，加害者に対する刑事裁判と，主に4つのカテゴリーにそれぞれ起訴し，それぞれの裁判官によって決定を得る手順であった。DV 事件の大半は，刑事と民事事件が複合して問題を生じさせているうえに，早急に法的処置が必要であるにもかかわらず，それぞれの法廷が異なり，起訴手続きの手順も異なるシステムでは，判決を得るまで時間がかかり，煩雑な手続きが必要な，被害者にとって利用しづらいものであった。時には，裁判官間での情報の共有ができずに，同事件に関して矛盾した命令が下されることもあり，被害者が，本来得るべき救済がなされなかったり，包括的な保護が妨げられてしまうことがあった[1]。

そのような状況のもと，ワシントン D.C. では1993年に，DV ケースへの対応において，諸機関間での連携システムを整備することを目的に，「DV 連携委員会」がワシントン D.C. 第一審裁判所内に設立された。委員会は，警察，検察，裁判所といった公的機関と，民間の被害者支援団体などのメンバーにより構成され，裁判所における効果的な解決方法が議論された。前述のエプシュタイン教授も委員会のメンバーであり，氏は弁護士として，DV 被害者支援の NGO で活動され，DV 統合法廷の設立と運営に大きく関与した貢献者のひとりである。委員会は，DV 防止のために現場で活動している DV 被害者支援（や加害者治療）運動と密接に関連し，DV 統合法廷の目的は3点に絞られた。第1に，DV 訴訟と，訴訟に関連したソーシャルサービスに対し，包括的な援助を提供する「ワンストップショッピング」（後述）のインテー

---

[1] DV 事件が起きた場合の，従来の法的解決プロセスやその問題点，DV コートの機能については Deborah Epstein 教授（1999），"Effective intervention in domestic violence cases: Rethinking the roles of prosecutors, judges, and the court system." Yale Journal of Law and Feminism, 11, 3 –50頁に詳細が記述されている。

クセンターを被害者に提供すること，第2に，「1つの家族に1人の裁判官」を基礎として，CPOや，離婚，子どもの親権といった家族法に関わる裁判，刑事訴訟を調整すること，第3に，裁判所が，加害者による襲撃から被害者が保護され，安全な場所であるよう保障することである[2]。

これらの実現に焦点をあて，委員会を中心にDV統合法廷の準備には約3年間の月日が費やされ，1996年にDVコートが設立された。DVコートでは，1人の裁判官が過去の加害者・被害者に関わる，民事・刑事すべての訴訟記録から，両者の関係性や犯罪歴，現在の状況等を判断し，判決を下す。そのため，複数の事件内容，判決が分断されずスムーズに解決できるよう機能している。

DVコートや後述のDVインテークセンターの機能については，National Center for State Courts（全米州立裁判所センター）による調査研究がある。1998年8月～11月に，インテークセンターを利用し，CPO（Civil Protection Order・民事保護命令）を申請したケースを対象に調査は実施された。まず，それらのケースから521名の調査協力への同意が得られ，その中から電話インタビューとケース記録分析が行われた。電話インタビューは250名に行い，そのうち84名にさらに詳細な電話インタビューが行われた。ケース記録分析は，電話インタビューを行った250名に加え，インタビューを行っていない250名を対象としている。これらを通して，裁判官やスタッフの対応の仕方や，DVコートが自分自身の生活へ与えた影響などから，利用者の満足度を量り，「DVによって引き起こされた，複雑で，かつ，相容れない問題に対し，多くの機関（政府機関や他の公・民間団体）が協同して働くことにより，より効果的にDV問題に対処することができている」と結論づけている[3]。

保護命令については，CPOや，CPOに先立つTPO（Temporary Protection

---

2) Epstein (1999) 同上29頁，NMP研究会＋大西祥世編著 (2001) ドメスティック・バイオレンスと裁判日米の実践 現代人文社 56-57頁。
3) Martha Wade Steketee, Lynn S. Levey, Susan L. Keilitz (2000), "Implementing an Integrated Domestic Violence Court: Systemic Change in the District of Columbia" National Center for State Courts, 4頁。

Order・一時保護命令）を得る手続きが挙げられるが，2004年にDVコートで扱われたCPO新規受理件数は3,845件であり，そのうち認容判決は17％の799件，TPOは3,566件請求され，うち91％にあたる3,249件において発令されている。また，刑事事件（軽犯罪）の年間処理件数は5,621件であり，その内訳は前年からの継続が838件，新規受理が4,244件，移送事件が539件である[4]。日本では「DV」に該当する対象を配偶者からの暴力防止及び被害者保護に関する法律（DV防止法）において，配偶者間，元配偶者，パートナーと定義しているが（同1），DVコートで受け付ける「DV」の範囲は，配偶者間，元配偶者，パートナーだけでなく，親子，養親子，兄弟まで含まれ，両者の性別も問わないため同性同士間でのDVも含まれる（Intrafamily Offenses Act, D.C. Code § 16-1001(5)）。

2　DVインテークセンター

　DVコートの受付は，裁判所内にあるDVインテークセンター（Domestic Violence Intake Center）で行われる。建物内4階の，少し奥まった場所にあるDVインテークセンターの入口には，警備員が常駐し，防犯カメラで確認されてから中に入るようになっている。筆者らが訪問したのは大雪の日であったが，インテークセンターの受付には，女性の横に8歳ぐらいの少女が座っており，その日は大雪で臨時休校となったため子どもを連れてきているとのことであった。裁判所には，無料の託児所も設置され，子育て中の職員や裁判所関係者（原告・被告や陪審員など含む）に配慮のある施設となっている。

　DVインテークセンターには，DV被害女性のための支援を行っているNGO・NPO団体や，ロースクール・リーガルクリニックの事務所が7ヶ所，警察の駐在所，連邦検察局がある。被害を受けた人が，まず，この受付で面

---

4) 2003 Annual Report District of Columbia Courts 97頁，2004 stats: Superior Court of the District of Columbia, Court Visitors Program (for education and Training), Paul Roddy氏へのインタビューの際にいただいた資料による。

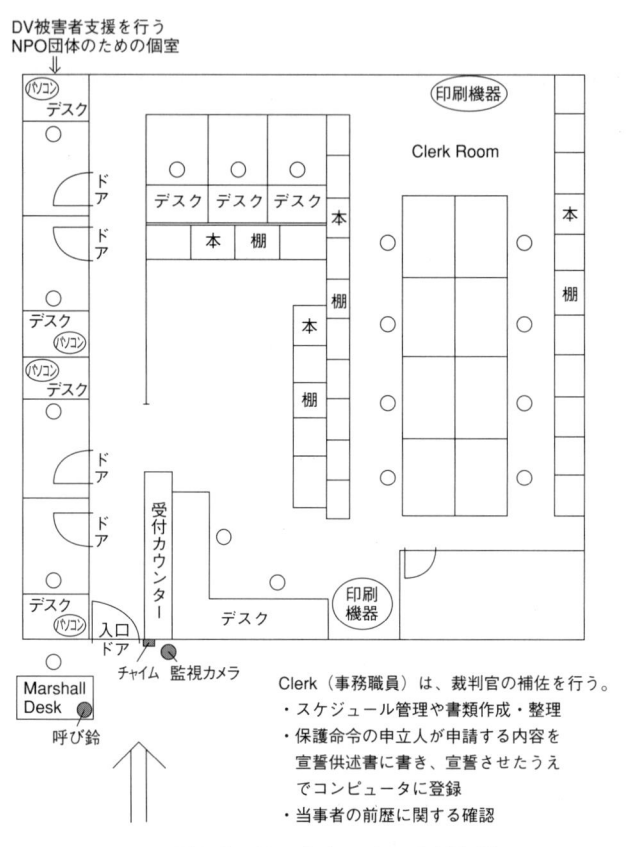

第Ⅱ部　米国調査に学ぶ法と心理の連携

DVインテークセンターの見取図

（図中ラベル）
- DV被害者支援を行うNPO団体のための個室
- パソコン／デスク
- ドア
- 印刷機器
- Clerk Room
- デスク
- 本棚
- 棚
- 受付カウンター
- 入口ドア
- チャイム　監視カメラ
- Marshall Desk
- 呼び鈴

Clerk（事務職員）は、裁判官の補佐を行う。
・スケジュール管理や書類作成・整理
・保護命令の申立人が申請する内容を宣誓供述書に書き、宣誓させたうえでコンピュータに登録
・当事者の前歴に関する確認

接を行い，その相談内容により，適した支援団体や支援者がこの場で紹介され，その後の手続きを行うことができるところとなっている。つまり，警察と，刑事事件として加害者への処罰を求める申立先である検察局，そして民事保護命令申立の援助や，被害者の社会生活のための援助機関という，3つの機関が1つのオフィス内にあるため，被害者はこの窓口まで来ることにより，同時に，民事刑事のさまざまな手続きを一度に行うことができる，ワンストップショッピング（"one stop shopping"）の構想で運営されている。

　また，2002年からはワシントンD.C.サウスイースト地区にある病院に，

インテークセンターのサテライトオフィスが設置されており，主に TPO 申請の窓口となっている。TPO は相手（加害者）の同意を得ずとも発令されるものであるため，病院での診断直後に申請を行い，2週間の保護命令を受けることができる。

インテークセンターでは，まず，被害者のヒアリングを行い，裁判手続や訴訟技術について説明し，民事保護命令の申立手続を希望する被害者には，OCC（Office of Corporation Council・DV コート協議会）や WEAVE（Women Empowered Against Violence・暴力被害女性支援）のインテークカウンセラーがその援助を行う。被害者に子どもがいる場合には，児童養育支援の専門家であるスタッフが養育費請求などのサポートを行うこともできる。民事保護命令を得る場合の手続きは，必要書類も難しいものではないため，必ずしも代理人が必要ではなく，手続きの半数以上は被害者本人が行っている。保護命令申立だけでなくより深刻なケースの際には，弁護士が代理人として対処できるよう LAS（Legal Aid Society・法律扶助協会）などを紹介する。

保護命令により安全を確保した後，被害者の生活を社会的，精神的に支援することが必要であり，それらを WEAVE や DCCADV（D.C. Coalition Against Domestic Violence・DVDC 連合）といった NGO 機関が担う。これらの民間機関では，シェルターの紹介やカウンセリングサービスが提供されており，他にも薬物依存者や被虐待者への支援団体，被害者のための経済的補償を行う団体，被虐待児，DV を目撃した子どもへのサポート団体のオフィスなどがインテークセンター内に設置されている。

加害者への処罰を求める場合や，既に通報済みで加害者が逮捕されているときには，インテークセンター内の検察局で手続きを行う。初めて検察局を訪れる多くの場合に，被害者は，動揺して怯えていたり，精神的に不安定である。また，手続終了までに半年ほどかかることもあり，心理的サポートが必要である。そのため，検察局には心理的サポートを専門に担当するスタッフが常駐し，被害者の不安に寄り添いつつ相談を受け，法的手続についての説明や具体的なアドバイスを行い，実際の法務にあたる検察官と被害者との橋渡し的役割を担っている。

3　他機関との連携，協働の可能性

　DV コートを訪問した際には，Roddy 氏へのインタビュー後，実際に審理中の法廷を 2 ケース見学させていただいた。1 つのケースには弁護士がついておらず，被害者が，自分で保護命令を申し立てたケースであった。傍聴席には，彼女のサポーターのロースクールの学生達や，付き添いの姿があった。民事保護命令申立者の多くは，代理人を立てずに自分で手続を行うと聞いたが，それらの影には，具体的に手順を教え，支えてくれる民間の NGO・NPO 団体や，ロースクールの学生たちのサポートがあってのことなのだと，実際に見学したケースから実感することができた。

　DV ケースでは経済的な問題を抱えている被害者も多く，代理人を依頼する余裕のないことも多い。DV 被害に遭い，心身ともに被害を受け，まず何から手をつけていいかわからない，そういった被害者が，とにかくこの DV インテークセンターの窓口に来さえすれば，安全な場所で，被害支援についての訓練を受けたスタッフに相談することができ，必要な救済措置が講じられ，まだ警察に通報していない場合には，その場でレポート作成してもらうこともできる。そして，さらに具体的な支援を受けられるよう，ロースクールの学生や支援団体を紹介され，法的，心理的，また福祉的問題へのアドボケート的支援を受けながら，解決に向かって行動することができる，そのような試みが DV コート，インテークセンターである。

　法律，臨床心理，社会福祉等，異なる分野を背景に持ち，専門家として支援する場において，実際の紛争ケースであれ，理念であれ，「ある事象」に対するそれぞれの立場からの見解には違いがあり，相反する介入でクライアントに接する可能性も考えられる。しかし，家族にまつわる紛争は，親しい間柄に起こる対立関係であるがゆえ，傷つきが他の紛争とは異なり，身体的，精神的被害，そのどちらもからその人自身の人格にまで，被害を及ぼしていることがある。最も親しく，密な関係を築いていくべき相手に，存在を認めてもらえず，自分の意思を持つことさえ許されずに過ごしてきた被害者には，

現状を打破するための他者の力と,自分自身が回復する時間が必要である。そのようなトラブルを抱えている被害者にとって,目前の事案だけを処理しても解決にはならず,答えはクライアント自身の中にあるとして,受容的に待つ中で,心穏やかな生活を得ていく部分と,適切な法を基に,具体的な解決策をこちらから提示することにより,クライアント自身の周辺がスムーズに機能し,結果クライアントが生きやすくなる,そのどちらもの立場を越えて協働するところに被害者支援の軸はあるのではないかと考える。

4 おわりに

実際に,DVコートを見ることができ,公的機関である裁判所と,さまざまな公・民間の支援団体,また法曹養成機関であるロースクールとが,パートナーシップを組み,被害者支援に携わっていることは非常に興味深く印象的であった。「被害事件の問題解決,被害者支援のためには,公・民が連携をとる必要がある」という前提からスタートし,その実践の場としてDVコートが設立され,継続して運営されていることは,今後,日本においても,同様の場面で支援環境を構築していくうえで,多くの示唆を含んだ働きではないだろうか。

DVコートが設立して約10年が経ち,ワシントンD.C.地区のDV被害者をとりまく環境も大きく変化していることであろう。DVコートの働きにより,発生したDVケースに迅速に対応でき,被害者の保護,安全性が格段に向上したとはいえ,やはり,DV事件の数が減ることはなく,DVコートで応ずることのできるキャパシティに不足部分があるのも事実のようである。DVが起きた後の処理や,加害者への治療による防止のみならず,暴力を未然に防ぐ社会に対する支援システムにおいても,今後,DVコート同様,さまざまな機関の協同が必要である。異なる分野に属する専門家の協同は,それぞれの立場ゆえに,衝突も免れないといえるかもしれないが,「より多くのDV被害者が救済され,必要な支援を得ながら,自立していけるために」という,最終的な目的が合致していることは他の何ものにも変え難い,強みとなるの

第Ⅱ部　米国調査に学ぶ法と心理の連携

であろう。

　日本のDV被害者支援は，まだ始まったばかりであるが，DVの問題性と残虐さ，そして支援の必要を訴え，これまで草の根活動をされてきた人々の努力が効を奏しDV防止法やストーカー規制法の成立を見た。この場合，いったん，起案されると，成立，施行と，そのスピードには日本独特の判断力と遂行力とが感じられる。被害者支援のためのシステムを作り上げていく協働においても，その日本人の持つ，和の精神，協調性が有益に生かされることは可能ではないだろうか。そのためには，特に，DV家庭に育つ（育った）子どもたちへの支援を視野に入れて，何をすることができるのか，できることはあるのか，活動の幅を広げていく必要があろう。

　［付記］　インタビューに快く応じ，裁判所内を案内してくださったワシントンD.C.第一審裁判所DVコートスタッフの方々，また，帰国後もEメールを通して，さまざまな貴重な情報を提供してくださったDeborah Epstein教授に，この場を借りて心より御礼申し上げます。

（桑田道子）

II-3　NPO/関連機関との連携

　本稿では，NPOや関連機関における法と心理の協働について紹介する。まず，それぞれの団体を調査対象とした理由として，①D.C.コアリション・アゲインスト・ドメスティックバイオレンスは，DV法廷という行政機関のなかに民間団体がブースを設けて連携していると同時に，法廷外にある事務局において，どのような地域との連携や貢献を行っているかという点に関心をもったためである。②コミュニティ・リーガル・サービス＆カウンセリング・センターは，ひとつの機関のなかで法律家と心理士たちが具体的にどのような点で協力しあっているのかを把握することが目的である。これらの調査対象機関は，法的支援を中心にしながら心理的視点での支援を取り入れているところであったが，③ケンブリッジ・ヘルス・アライアンスの暴力被害者プログラムでは，主に心理的支援のなかで法的接点をもっている機関の活動について学ぶことを目的とした。

1　D.C.コアリション・アゲインスト・ドメスティックバイオレンス

　D.C.コアリション・アゲインスト・ドメスティックバイオレンス（D.C. Coalition Against Domestic Violence，以下DCCADVとする）は，1986年にドメスティックバイオレンスに関する理解を共有し，個々の団体で社会に影響を与えるのは限界があるということに気づいた4つの地域団体によって，個々の力を1つにまとめてDVをなくすことを目的としてワシントンD.C.で設立された。

　この調査は事務局を訪問し，副事務局長のケン・ノイス（Ken Noyes）氏にインタビューを行った。

　DCCADVでは伝統的な連合としての機能として，研修が大きな役割を果たしている。2004年11月～5月まで3,000人の警官と450人の捜査官を対象に合計3,500人の研修を実施し，2004年の3月には200人の911（日本でいう110

第Ⅱ部 米国調査に学ぶ法と心理の連携

DCCADVにて　Noyes氏インタビュー

番）の担当者，その他に地域の宗教的な団体や社会的なサービスを提供している団体，また地元企業にも研修を行った。警察での研修内容は，独自に作成したテキストを使用し，被害者・加害者・警官の役を決めて，目に見えないケガが被害者にある場合，目に見えるケガがある場合に現場にかけつけた警官はどう接するかというロールプレイを実施している。

　もうひとつの機能としては，被害者への直接支援がある。設立当初，ワシントンD.C.には直接的なサービスがなかったことから，DCCADVの取締役会で行うことが決まった。直接的支援のひとつは，刑事の分野ならば，裁判所でのアドボカシープログラムと，民事の分野ならばワシントンD.C.のサウスイースト地区にある病院で行っている。アドボカシープログラムのフルタイムのスタッフは6人であり，連邦政府から30万ドル，私的な機関から5万ドルの予算が下りている。常に小さなグループで活動し，裁判所における当事者への支援のほか二次的な目的として，加害者に刑事罰を与えるように啓発し，DVのサバイバー（DVを乗り越えて，現在を生きている人たち）と子どもを安全なところに移動させることである。なお，この過程において地元の大学の研究者と学術的な研究を行うという連携をしている。

　他の直接的なサービスは，SOSセンター（Support Our Suvivor）がある。サウスイースト地区のアナコスティアに，フルタイムのスタッフが3人，個人

3　NPO/関係機関との連携

のケースマネジメント，アドボカシーサービスなどを行っている。サービスの内容は，法的な措置をとる前になるべくDV被害者の生活の改善を行い，暴力が起こる前に目をつみとることである。もう1つは，システム上の問題を長期的な視点で改善していくために，市民団体と連携している。SOSセンターの予算は，連邦政府からの年間21万ドルと地域の被害者支援基金であり，この基金は加害者が裁判所に支払う罰金を元にしている。

　一方では，立法や政策の開拓も行い，最近では市議会で，緊急保護命令（Emergency Protection Order）という，警察が緊急に保護命令を必要と考えた時に，24時間体制で裁判官に連絡をとって保護命令を出してもらうという制度に関する法案の通過を要求している。過去に通した法案は，死亡に至ってしまうような酷いDVを防ぐための制度がある。

　インタビューの中で，ノイス氏は複数の機関や職種がコラボレーションするときの困難さについて「政府と福祉的な機関が一緒に働くため，ぞれぞれの団体がそれぞれの理念をもとに活動しているので対立することもある」と言っていた。たとえば，「DV受付センター（DV Intake Center）で子どもの虐待がある場合，DV受付センターのスタッフは司法長官のもとで働いているので必ず警察に通報する義務があるが，DVのアドボケイト（被害者支援のスタッフ）からすると非常に困る状況になる。それは，子どもの保護のため，被害女性に退去命令が出てしまうことである。虐待された子どもを救わなくてもいいといっているのではなく，DVの相談に行ったにもかかわらず，結局子どもと引き離されてしまうのならば，相談しに行かない方が良いと思う女性が多くなってしまうのを懸念している。」ということであった。

　さまざまな取り組みを行ってきた経験を踏まえ，これからリーガル・クリニックを運営していく際の助言・提案について，「システムが出来上がってしまうと，それを変えるのは困難であり，時間がかかる。話し合う立場の人たちが対話してなるべく問題点を出し合い吟味してシステムを作っていくことが大事である。」というコメントがあった。

2　コミュニティ・リーガル・サービス＆カウンセリング・センター

　コミュニティ・リーガル・サービス＆カウンセリング・センター（Community Legal Services And Counseling Center，以下 CLSACC）は，1970年にケンブリッジ・プロブレム・センター（Cambridgeport Problem Center）として設立され，以後，無料のリーガルサービスと安価なメンタルヘルスカウンセリングを低所得層に提供してきた。4人（実務にあたるのは3人）の弁護士と1人の臨床心理士，6名の事務スタッフ（うち3名が非常勤）に，常時約85〜100の弁護士や資格を持ったカウンセラー，学生ボランティアが年間約1100クライアントに対してサービスを提供している。オフィスは建物の半地下部分を利用し，ケンブリッジ市の建物で使用料は無料，光熱費も無料で，建物内には他にも市の団体などが多数入っている。センター長のレスリー・クレイン（Leslee Klein）弁護士，リーガル・ディレクターのエレン・ウィルバー（Ellen Wilbur）弁護士，カウンセリング・ディレクターのポール・ゴールドマンツ（Paul Goldmuntz）心理士にインタビューを行った。

　このプログラムで裁判に関わるクライアントたちは，貧困や低所得に加え，危機状態にあって，精神的問題を抱えている場合が多い。クライアントがどういった状況にあり，法廷でどこまでできるかといったことを心理士が弁護士に説明し，裁判をスムーズに運ぶための手助けもする。薬物依存やアルコール依存，精神障害のあるクライアントへの対応，亡命者である移民問題においてセカンドトラウマへの対応も行っている。DVケースの場合，逃避後，問題があった関係に戻るのでなく，立ち直っていくために，その問題を過去の問題として自分で整理していくためにもサイコセラピーが必要である。また，ソーシャルワーカーが弁護士と心理士の間をうまくつなぐ，危機的状況にあるクライアントに電話で対応する，裁判につきそうなどの役割を果たしている。ただし，気をつける点として，他職種でクラッシュが生じる例として守秘義務の違いがあり，職種によってそれぞれ違う義務があることを把握する必要があるということだった。また，他職種との連携を図るための協働ミーティングは月1回行っている。

3 NPO/関係機関との連携

　インタビューをした弁護士の一人が，DVケースを扱った際に，ソーシャルワーカーから学んだこととして，「弁護士にはクライアントの人は，ほとんど何を聞いてもNOと言わなかったが，ソーシャルワーカーの人に対してNOと言えたことだ」と言っていた。それまでその弁護士は，「自分は依頼者に友好的で，DVに理解のある弁護士だと思っていたが，その自分にも依頼者の人はNOと言えないということで，弁護士の持っているパワー，権力に気づかされた」と言っていた。よって，依頼者と話すときに，「これはあなたの選択ですよ」「こうしなくてもいいですよ，こうもできますよ」と話し方にもすごく気をつけるようになり，心理士と一緒に仕事をしながらDVの状況，クライアントがどういった状況にあるのか，その状況によって弁護士の弁護の仕方も変わっていき，状況によって危機介入の仕方が変化したということだった。また，「本当に危険な状態にいる中で1週間に1度セラピーを受けようという人は少なく，その日の子どもの食べるものを心配したり，子どもをどうやって安全なところに連れていくかとか，どこに住んだらいいのか，とか現実的な問題を心配しているときにサイコセラピーを受けようと思う人はなかなかいないと思う」。という意見を述べていた。
　ソーシャルワーカーが介入したときに最初にするようになったことは，電話で話すことや，面接をしなくても電話でその問題の話をすることである。そうしたら，クライアントの人がとても反応した。また弁護が始まった最初の段階で，ソーシャルワーカーが一緒に裁判所に来ることもすごくクライアントの反応の変化をもたらした。裁判所に行ったときに弁護士はファイルをしにいったり書類を取りにいったりとても忙しいので，そういった状況の中でクライアントといつも一緒にいれる存在，ソーシャルワーカーの人がいることによって，クライアントがとても安全に感じることができる。そして裁判は非常に複雑で難しいので，クライアント自身も理解するのに混乱してしまう。しかしそういった長い裁判の中で，一緒に座って普通の会話ができる相手としてソーシャルワーカーがいることによってよりその人の状況やケースが深くわかるようになっていく。
　インタビューの中で，NPOでのサービスとリーガルクリニックとの違いに

について,「リーガルクリニックでは精神障害を持っている人は取りたがらない。1学期ごとに生徒が変わるので,短期に終わるものしか扱えない。役に立たないわけではないが,ロースクールの学生には,短期間ではケースのほんの一部分しか見ていないということをまず教える必要がある」という助言があった。

3 ケンブリッジ・ヘルス・アライアンスの暴力被害者プログラム

　暴力被害者プログラム (Victims Of Violence program 以下, VOVとする) とハーバード・ロースクールの連携はこれまで非公式のものだったが,VOVに国際人身売買のセクションができてから,共同のプログラムを持ち,公式の連携が始まったばかりである。今回の視察では,都合により国際人身売買とロースクールとの連携についての調査は行えなかったが,学生研修制度が充実しているVOVのシステムと取り組みについて紹介する。

　VOVは1984年に,コミュニティ・サイコロジストであるメアリー・ハーベイ (Mary Harvey) 氏と『心的外傷とトラウマ』の著者で精神科医であるジュディス・ハーマン (Judith L. Herman) 氏の2人が臨床中心のプログラムをつくり,現クリニカル・サービスとコミュニティ・サービスの二本柱で地域貢献している。

　クリニカル・サービスには,危機介入的援助,個人治療,グループ・プログラムがあり,ハーバード大学やその他の大学の精神科や臨床心理学,ソーシャルワークの学生の研修の場でもある。研修生は10名程度で,週24時間 (週4日で1日は夜勤) で研修の最初3ヶ月はスタッフと研修生が1人ずつペアになり,その後慣れてくるとクライシス・アワーと呼ばれるインテイク (最初の相談受付のための聴きとり) を1人で行うようになる。このプログラムの大きな意義は,ジュディス・ハーマン氏がトラウマの治療法を中心に,毎週3時間セミナーを開催し,チームミーティングは毎週3時間ケースの内容を中心に話す機会がもたれていることである。たいてい,病院では予算の都合上研修プログラムのなかでセミナーを行うところは少なく,クライアン

3　NPO/関係機関との連携

トのカウンセリングの時間をより多く取るという傾向があるようだが，このプログラムで研修を重視していることがわかる。研修生は，ハーマン氏のトレーニングの他に，週1回2時間参加しなければならないクライシス・セミナーがあり，心理士1人とアドボケイト1人がリーダーとして運営している。このセミナーで，研修生は自分がかかえている難しいケースを出して相談する場となっているが，心理士にいかにアドボカシーという概念やその役割を持ってもらうかを非常に重要視している。精神医学や心理学を学んできた人たちに臨床の知識だけではなく，コミュニティに関わっていく中でのアドボカシーの重要性や，臨床士の役割の大きさについて考えてもらうことが目的である。

　コミュニティ・サービスは，マサチューセッツ州全体を活動範囲として，コミュニティ危機対応チーム（Community Crisis Response Team），被害者アドボカシー・サポート・チーム（Victim Advocacy and Support Team），殺人遺族センター（Center for Homicide Bereavement）のサービスがある。

　コミュニティ危機対応チームは，学校で殺人事件が起こる等コミュニティが受けたトラウマへ応対している。スタッフは心理・ソーシャルワーカー・警察・消防署・学校の先生で構成され，20〜30人がチームのリストに登録されている。事件が起こったとき，事件の背景や場所をもとに，リストから3人くらいで構成されたチームがつくられ，現場に向かうことになっている。殺人遺族センターは犯罪被害者の家族への個人カウンセリング，サポートグループなど臨床中心の支援を行っている。

　臨床のみのサービスを提供するのでは問題解決につながらないと考え，2000年に被害者アドボカシー・サポート・チームを開始した。このチームは，臨床以外の問題である住宅の問題，裁判，警察に関するものなど，トラウマを受けたことによって生じてくる日常の問題に応対し，男女・18歳以上の成人を対象としている。

　2人のアドボケイト（被害者支援のスタッフ）が20時間ずつ週3日勤務し，給料は政府の犯罪被害者事務所（暴力被害者への助成金が支払われる事務所）から，病院を介して支払われる。つまり，病院のスタッフではあるが，連邦

第Ⅱ部　米国調査に学ぶ法と心理の連携

政府からの支払われているということである。こうした給与体系のため，病院に来なくても地域に住んでいる人で，トラウマを受けた人なら誰でもサービスを提供するという方針だったが，相談がかなり多くなってしまったため，18のコミュニティ・ホスピタル，ケンブリッジ病院，サマービル病院，ウィドゥン病院の3つから受けることに変更となった。一般的な受付経路は，ケンブリッジ病院の救急病棟に被害者がきて，被害者にソーシャルワーカーや看護師がVOVプログラムを紹介し，中央相談受付の電話番号を知らせる。そして，中央相談受付から危機介入担当につながる。そこから，スタッフや研修生に送られてインテイクをする。そのインテイクのなかで，個人カウンセリングをすすめられるが，裁判や警察などに関わった問題があったら被害者アドボカシー・サポート・チームに送られる。ただし，経路が決められていても，直接被害者アドボカシー・サポート・チームに連絡がくることもある。また，危機介入担当に学生がいないときには，直接被害者アドボカシー・サポート・チームに連絡がきて，被害者についての説明を受ける場合もある。特徴的なのは，臨床プログラムが有名であるため，臨床的に重症なケースが入ってくることである。臨床家と協働し，相談しながら対応している。1つの事件で影響を受けたのではなく，幼いとき虐待を受けていて，大人になってDVの状況にあるという複数の被害を受けた重症である人が多い。よって，1つの事件でトラウマを受けた被害者ならば，ハーマン氏の「回復の段階」をおって何年かしたら回復していく。一方，半数以上は子どもの頃から虐待を受けていて，今回初めてカウンセリングを受けてトラウマを中心に治療を受けるという人である。治療を受け始めても，自殺の可能性をもっている人もいる。被害者アドボカシー・サポート・チームでは，ただ情報を提供するだけではなくもっと関わり，臨床士と協働でどういうふうに応対したらよいのか相談していく。たとえば，カウンセリングに来られないときや，住宅の問題がある場合は，家庭訪問は行っていないので，家の近くで会うようにしていることはよくある。カウンセリングは50分というセッションの時間が決められているが，それでは補うことができない支援を，必要に応じて柔軟に行っている。アドボケイトであるスタッフは「柔軟性をとても大切に

したい。多くの問題を抱えている人に接するには，8時から5時までと決まった時間では困難なので，それと同時に自分で線をひいていくかは難しい。」と言っていた。

　法的支援との関連では，裁判所へ弁護士と一緒に行くことが多く，保護命令は最初の段階で，離婚や子どもの親権にも関わっていく。DVや子どもへの虐待がある場合の面会は大きな問題だが，今までの経験からは，ほとんどの裁判官はDVや虐待があったとしても，ある程度期間が経っていれば，面会を許可してしまうという状況がある。なお，アドボケイトには資格がなく，資格なしでの活動に限界を感じているとのことだった。

4　まとめ

　DCCADVは，被害者の直接支援だけではなく，警察やその他の地域団体・企業等への研修を行うことを通して，DVという問題の特性や対処法を含めて社会啓発し，DVの軽減という大きな意味での地域貢献を行っていることの重要性を実感した。また，同じ理念をもちながらも，守秘義務の違いによる対立が生じるということも，今後多職種が連携していく上で認識しておくことが重要である。

　CLSACCは，まさに，リーガルサービスとカウンセリングサービスとを共存させている場であり，バックグランドの違う専門家たちが互いに尊重し合いながら相乗効果をあげていることがわかる。また，施設費用がケンブリッジ市によって賄われていることから，公的機関と民間機関の協働も感じられた。狭い事務所ではあったが，弁護士と話す時はテーブルのまわりで，カウンセリングのときはテーブルをたたんで椅子だけで話をするなどの工夫がなされ，会話が漏れないよう消音器を置くなどの工夫が見られた。

　VOVは，病院という設定の中ではあるが，大学や地域の各機関と連携しながら，地域貢献と学生や若手臨床家の研修・教育を統合させたVOVの理念とシステムには学ぶべきものが多い。複数の人から繰り返し聞かされたことは，コートクリニック（裁判所の中にある心理機関）が父親の権利運動の影

響を受け，面会を子どもの権利としてではなく，父親の権利と位置づける風潮があるということである。また，弁護士と臨床家との協働は，アメリカ全体から言えばごく稀であることもわかった。

(杉山暁子)

II-4　米国調査に見る法と心理の協働

1　ワシントン・カレッジ

(1)　心理との協働について

　ワシントン・カレッジでは，ロースクールに関して詳しい説明を聞くことができたが，心理との連携について触れられる機会がなかったため，この点についてこちらから質問をした。「ワシントン・カレッジでは，心理と連携をしない方針である」というのが，その答だった。1980年代，クリニック内に精神科医を雇ったことがあったが，精神科医はクライエントの利益を優先しようとするのに対し，ローファームはクライエントが望むことを実現しようとする。そこに倫理的対立が生じるため，ワシントン・カレッジでは，クリニックに心理関係者を入れることをやめ，連携しない選択をしたということだった。

　クリニックの外で，サイコロジストやソーシャルワーカーと一緒に働くケースはあるが，自分たちは，あくまでもクライエント中心主義の立場からロイヤリングを行い，クライエントが望んでいることを大切にしている。たとえば，ソーシャルワーカーは，子どもにとって何が良いかを推測して判断するが，自分たちは，その女性が，子どもにとって何が良いと思っているのかを大切にする。サイコロジストやソーシャルワーカーは，女性は被害者であり，弱く，守られなければならないと考えているが，自分たちは違う。子どもの権利を擁護するクリニックを持つロースクールもあるが，子どもの問題は非常に複雑であるため，自分たちはやっていない。子どものためにと，学生が自分たちの考えを押しつけるのは間違っている。保護命令中，女性が子どもを連れて戻ってしまったとき，警察や検察は女性を罰するが，自分たちは，女性の選択を受け入れ，怒らない，失望しない，罰しないとの説明だった。

　各職業集団の倫理的葛藤については十分に理解できるものの，法律家はク

ライエント中心主義のスタンスを取り，他の職種は，被害者を弱い者と見なし，権威者の視点を押しつける云々の説明には疑問を感じたが，これらの見解は複数の教授に共有されていた。ワシントン・カレッジ・ロースクールでは，他職種との連携をしないという選択をしただけあって，他職種への理解は乏しいのではないかと肩すかしをくらった思いだった。最初の精神科医との出会いがよほど悪いものだったのだろうか。なお，心理の教授は置いていないが，ボランティアで臨床心理士や精神科医に関わってもらうことは稀にある。たとえば，過去に，二次受傷を受けた学生のケアという形でサイコロジストに関わってもらったケースがあったということだった。他職種との協働に関しては，大学によって立場はさまざまで，サイコロジストやソーシャルワーカーを入れ，院生と一緒に取り組んでいるところもあり，代表的なのはイエール大学であるとの情報をもらった。

（2） 女性と法クリニック，DVクリニック合同セミナー：法心理学の専門家証言

　最後のセッションで，女性と法クリニック，DVクリニックの合同セミナーに，オブザーバーとして出席する機会を得た。このセミナーでは，セメスター中，ひとつのケースについてさまざまな観点から学習するという方法をとっており，今回，扱っていたのは，幼い子どもが病院に運ばれ，薬物中毒であることが判明，ネグレクト・ケースとして，2人の子どもの親権を奪われた若い母親のケースだった。このケースをめぐり，学生たちは，すでに，クライエントのインタビュー，ストラテジー・プランニング（戦略起案）と事情聴取，カウンセリング，ネゴシエーション（交渉術）などをテーマに理論やシミュレーション（模擬的な交渉，裁判）を学習していたが，私たちが出席したその回は，偶然，法心理学者による専門家証言がテーマであった。

　前半は，「専門家の専門性とは何か？」をめぐっての議論で，「○○は専門家と言えるか，その専門性は何に基づいているのか？」をさまざまな職種に当てはめて議論させていた。○○には，占い師まで登場して面白かった。「科学的で特定された知識に基づいて証明できる，意見を言える」などの条

4 米国調査に見る法と心理の協働

模擬授業専門家証言

件が挙げられていた。専門家が意見を言えるのは，事実から結論までであって，最終的には判事が，その結論に基づいて判断するのだということも確認された。

　休憩をはさんでの後半では，教室の使い方が90度回転し，みるみるまに模擬法廷の設定となった。シミュレーションという方法を使った授業についてはすでに何度も聴き，ロールプレイとどう違うのだろうかと疑問を持っていたが，「なるほど，これは，まさにシミュレーションだ」と納得した。模擬法廷では，学生たちがそれぞれ，法廷場面での役割を演じ，これまで数百回も法廷で証言してきたという有資格のクリニカル・サイコロジストであるStedman（シュテッドマン）氏が出演し，法廷における専門家証言をめぐるやり取りが演じられた後，議論がなされた。証言内容は，ケースの母親の心理査定結果だった。

　後で，Stedman氏に話しかけてみたが，彼は，法心理学者を名乗り，セミスターごとに1度，このセミナーに呼ばれて協力しているとのことだった。「十分に心理と連携しているじゃないか」と思ったが，おそらく，ここでは，「連携・協働」の語をとても厳格に使用しているのだろう。日本では，多少

89

なりとも接点があれば，安易に「連携」と言う傾向があるが，本当は，ひとつのケースに一緒に深く関わり，共に処遇を検討していくという互いの役割を尊重し合った対等性のようなものが不可欠なのだろう。ちなみに，専門家証言の使用は，法律家のストラテジー・プランニングの一要素にすぎず，いわばツールとして利用するものと位置づけられているため，「連携」とは呼ばないのだろうと感じた。法心理学（Forensic Psychology）についても，これまで，漠然とながら，心理と法の連携の最たるものとイメージしていたが，必ずしもそうではないことを知った。法心理学の概念は，たしかに法と接する部分の心理学を指しているが，それは，あくまでも独立した一学問領域であり，即，連携というわけではないのだろう。また，専門性とは何かについての議論から，法心理学が成立するためには，心理士の国家的認知（＝資格）が前提条件なのだと感じられた。

（3） ランチ・ミーティングにおける教授法研究：正義の発達段階

今回，経験して面白かったことにひとつに，教授たちのランチ・ミーティングがある。本当のところ，ここで何を見ることになるのか，始まるまで，私たちには皆目見当がつかなかったのだが，毎週1回，教授たちがランチをとりながら，クリニック授業の教授法について研究を重ねているということだった。時間は2時間，この日は，"Provocateurs for Justice?" というテーマで，教授たちが授業のロールプレイを行いながら，臨床プログラムのスーパーバイザーとしての役割について研究していた。

その内容は，Aiken（2001）による "Provocateurs for Justice" という論文に基づき，これにクエスチョンマークを付すことで，その主旨の賛否を問いかけたもの。"provocateur" とは，"provocation"，すなわち，挑発したり，扇動したりする行為を動詞化し，それをする人を指しているようである。「正義のための扇動者」「正義のための挑戦者」というニュアンスだろうか。配布されたオリジナルの論文に眼を通してみると，著者は，正義の扇動者であることを意図し，臨床教育には社会正義の実現を目指すという使命が含まれているという立場を取る。そして，正義の扇動者として，いかに学生たちを正

義のための行動に駆り立てることができるのかという問題意識から，教育方法論を展開している。

彼女は，"Justice readiness"，すなわち，「正義への準備性」の発達的アプローチを取り，① Right-Wrong Stage（○か×の二者択一的思考段階），② Critical Thinking（批判的思考段階），③ Justice Ready（正義への準備完了段階）という３つの発達段階を区別する。学生たちは，学習の最初の段階において，法という「事実」を学んでいると考えている。第一段階であるこの二者択一的思考段階において，法学教授とは学生に「真実」を伝える権威者である。学生は，正しい答を求め，「法律家らしく思考する」ことをひとたび身につければ，万事うまくいくと考えるが，実際には，いずれ，法律の際限ない不確かさに直面しなければならない。この段階の教育において，学生たちが，現実の文脈においては正しい答などないのだという複雑さに眼を向けることが可能になるようなフィードバックが必要である。

法律家としての知的発達の第二段階において，学生たちは，法を相対化するようになる。この批判的思考段階において，勝負をすること以外に，法律家は無力であると考えるが，実は，自分たちこそ知識と権威の源泉なのだということに気づかせることができれば，第三段階である正義への準備完了段階へ移行することができるという。第三段階において，学生たちは，多様な正義のなかで自分がどんな役割をとっているのかを明確にし，その役割を通じて，自分の行動や価値観に折り合いをつけていくようになる。また，社会正義の視点を持って，法的議論をすることができるようになる。正義を尊び，正義の実践を教えることは，プロセスに焦点化することであり，この段階においては，違った役割をとる他者をも重んじることができるようになる。

著者であるAiken氏は，専門家養成校の教育者として，自分たちは，エリートを育て抑圧的な社会秩序を正当化するようなイデオロギーを強化するようなことがあってはならない，むしろ，正義のための扇動者でなければならないと説く。そのためには，自分たちの持つ法的スキルと学生たちを使って，正義を求めて闘うだけでは不十分であり，臨床家として，前線に立つ法律家としてではなく，教育者としての役割を通じて，正義へのコミットメン

トが求められるのであると結ぶ。

　ランチ・ミーティングにおいては，それぞれの発達段階にある学生と教授が，ある事例についてスーパーバイズ・セッションを持っているという状況のロールプレイをし，スーパーバイザーの役割について，また，学生を次の段階へと導くためのフィードバックのスキルについて議論していた。とくに，不法入国による麻薬取引に関する援助が失敗に終わり，がっかりしている学生を例に挙げ，第二段階から第三段階へと導くために，① what より始め（何の前提で法的解決を取ることが有効であると考えたのか，この状況において法の役割が含んでいる暗黙の前提は何か？），② how に移行し（どんなふうにして，法的救済を求める決断がなされたか，法システムは，この法的救済の欠如にどんなふうに反応するのか？），③ why を投げかけ（この事例ではなぜ，法的救済が無効だったのか，このクライエントにとって，これがもっとも適切な解決だと信じたのはなぜか？），④行動計画と批判的自己洞察へと導く（この状況がまた起こったら，次はどうするか，法システムの有効性について持っていた前提は，どのような影響を与えたのか，この不正義の構造を打破するためにあなたが取り得る役割は何だろう？）ことが有効であるとのことだった。

　直接，心理との協働と言うことはできないが，発達理論を踏まえた教授法研究は，他領域の研究に開かれたオープン・マインドを感じさせるものだった。何より，教育者としての倫理観を議論し，スーパーバイザーとしてのスキルを高めるために，互いに学び合うという熱心さは感動的ですらあった。大学において，チームとして，毎週，ミーティングを重ね，しかも教授同士がロールプレイをし合うなどということは想像を絶するものがある。その姿勢に学びたいものだ。

2　ジョージタウン・カレッジ

　ワシントン・カレッジに比べると，次に訪ねたジョージタウン・カレッジは，心理との協働に肯定的だった。DV クリニックの Epstein（エプシュタイン）教授は，学生だった1980年代前半，DV 被害者を支援する NGO を立ち上

げ，ロースクール卒業後，弁護士になり，1993年から，ジョージタウン大学DVクリニックで教えるようになり，教授になったという経歴の持ち主だった。アクティビストであるだけに，被害者をトータルにサポートする視点を持っておられるのだろうと感じた。

　実際には，ジョージタウン・カレッジには心理やソーシャルワークの学部がなく連携できず残念であるが，セメスター中1～2回は，必ず，授業に心理学者を招き，DVの心理的ダイナミックスなどについて講義してもらう，ケースを互いにリファーし合う関係はあるとのことだった。また，クリニックをオープンにし，常に心理の研究者たちが出入りして調査をしているとのことだった。なるほど，クリニックに来るクライエントの心理学的研究ということも連携のひとつのあり方として可能なのだろう。その研究成果はまた，クリニックに還元される。Epstein 教授は，「立命館では，準備段階から心理学者が関わっているなんて羨ましい」と言ってくださったが，それは，今後の課題である。

　翌日，ワシントン D.C. の第一審裁判所見学をしたのだが，ジョージタウン・カレッジロースクールは，裁判所から徒歩10分ほどのところにある。食事中，裁判所内にある DV 受付センターのことが話題になると，Epstein 教授が，「マイ・ファースト・ベイビー」と愛情こめて語ったのが印象的だった。DV 受付センターの生みの親だということなのだと思うが，学生時代より DV 支援の NGO として裁判所に出入りし，運動を通して，さまざまなシステム変革を起こし，現場で活躍してきた Epstein 教授がロースクールにいてこそ，学生が裁判所に出入りしてクライエントを見つけてきたり，裁判所で働くさまざまな職員（裁判官や事務官）から紹介があったりと，裁判所とロースクールの連携が，相互の信頼に基づいて，太いパイプでつながれていることが実感できた。教育者であるだけでなく，NGO 活動家，弁護士，研究者，D.C. 政府アドバイザーと幅広い活躍をしている Epstein 教授からは，その情熱が伝播してきた。コミュニティ資源とのネットワークも貴重な連携の一部であろう。

3　D.C. コアリション・アゲインスト・ドメスティックバイオレンス

　ワシントンD.C.では，インテーク・センターに受付が入っているDCCADV（コアリション）を訪問した。詳しい報告は他に譲り（77頁），ここでは，他領域との連携という点で印象に残ったことを紹介しておきたい。

　フルタイム・スタッフは，裁判所5人，サウス・イースト地区の病院3人，事務所3人，スタッフのバックグランドとしては多様で，大卒を義務づけていないが，大卒でないのはDVサバイバーのスタッフのみ。あとは，女性学，アフリカン・アメリカン・スタディ，ジェンダー・スタディなどを卒業した者，修士を持つ者もいる。3人はロースクールの出身，これから医学部に行く者もいるとのことだった。スタッフのバックグランドはさまざまな領域から成り立っているが，連携のコツは，それぞれの使命があるから，連携の目的を明確にすることであるという。たとえば，ここでは，ボランティアであっても，ソーシャルワーカーを入れない。なぜなら，ソーシャワークの学位を持つと，子どもの虐待の通告義務が発生するためである。

　受付センターで，CPOの申立のさい，子どもの虐待・ネグレクトの訴えを起こされることがある。虐待があってよいということではないが，DV被害者の支援機関としてのここのポリシーは，その可能性によって女性が申し立てを躊躇するようになっては困る。自分たちは，子どもたちに致命的な被害が及ばない限りは，むしろサポートを提示することを探るとのことだった（弁護士倫理と同じで，クライエントの要求以上のことをしてはならない）。自分がここにいる6年で，例外は2例あり，スタッフが見守るなか，被害女性自身が通報したケース。子どもの安全を保証しながら，徹底した被害者中心主義を貫く彼らのポリシーを感じることができた。

4　暴力被害者プログラム（VOV）

　暴力被害者プログラム（VOV）の紹介も他に譲るが（82頁），連携に関しての情報は，ディレクターであるHarvey（ハーベイ）氏とアドボケイトである

4 米国調査に見る法と心理の協働

春海葉子氏へのインタビューのほか，VOV関係者との会食，および，VOV19周年パーティに参加し，さまざまな立場の援助実践家たちから話を聞く機会を得た。複数の人から繰り返し聞かされたことは，コート・クリニックが父親の権利運動の影響を受け，面会を子どもの権利としてではなく，父親の権利と位置づける風潮があるということだった。「心理士であれ弁護士であれ，中立的立場を取るならば，社会の流れ，たとえば，父親の権利運動に利用されてしまう。リーガル・クリニックの学生は，社会のコンテクストを理解することの重要性を学ぶべきである」というのがHarvey氏の意見である。

また，弁護士と臨床家との協働は，アメリカ全体から言えばごく稀であることもわかった。「弁護士は自分たちが一番偉いと思っているから，他の職種と一緒に仕事をしたいと思っていないよ」と冗談交じりのコメントを何度も聞いた。レキシコンの地域精神病院で働き，個人開業（薬物療法）もしているというコミュニティ精神科医は，弁護士と関わることは多い，アメリカでは精神病患者が拒否する時に薬物を処方するには裁判所の許可が必要だからと言っていた。危険が伴う緊急の場合，1本の鎮静剤と4日までの入院が可能だが，それ以上は不可能ということで，精神医療のあり方も，日本とはずいぶんと状況が違うことを知った。

VOVは，ハーバード大学の医学部と提携していることから，ハーバードのロースクールとの連携についても尋ねてみたが，これまで，ずっと，公式の連携はなかったということだった（個人的なレベルでの関わりはあった）。リーガル・クリニックでDVを扱う上で，VOVスタッフを授業に招かない手はないのではと意外な気がした。なお，最近，VOVに国際人身売買のセクションができてから，ハーバードのロースクールと共同のプログラムを持つようになり，公式の連携が始まったばかりである。今回の訪問は日程が限られていたため，ロースクールとの窓口を担当しているVOVスタッフへのインタビューが適わず，残念だった。今後の連携のあり方，そこから開けていく両者の関係に興味がわく。

第Ⅱ部　米国調査に学ぶ法と心理の連携

5　コミュニティ・リーガル・サービス＆カウンセリング・センター

　CLSACC では，センター長である Leslee Klein（レスリー・クライン）弁護士，リーガル・ディレクター Ellen Wilbur（エレン・ウィルバー）弁護士，カウンセリング・ディレクター Paul Goldmuntz（ポール・ゴルドムンツ）心理士にインタビューを行った。CLSACC は，1970年の設立以降，低所得者層に無料のリーガルサービスと安価なメンタルヘルスカウンセリングを提供してきた民間機関である。現在，4 人の弁護士（実務にあたるのは 3 人）と 1 人の臨床心理士，6 人の事務スタッフ（うち 3 名が非常勤）に，常時，約85〜100人の弁護士や資格を持ったカウンセラー，学生ボランティアが年間約1100人のクライアントに対してサービスを提供しているとのことである。

　このプログラムで裁判に関わるクライアントたちは，貧困や低所得の問題に加え，危機状態にあって，精神的問題を抱えている場合が多い。クライエントがどういった状況にあり，法廷でどこまでできるかといったことをセラピストが弁護士に説明したり，裁判をスムーズに運ぶために手伝ったりもする。薬物・アルコール依存，精神障害のあるクライエントへの対応，亡命者へのセカンド・トラウマへの対応。DV ケースでは，避難の後，問題があった関係に戻るのでなく，新しい状況で生活を立て直すためにも，セラピーが必要であるとのことである。

　Goldmuntz 心理士の元には臨床ソーシャルワーカーがいて，弁護士と心理士の間をつなぐ役割を果たしている。そもそも，弁護士とカウンセラーは，全く違う世界で教育，トレーニングを受けてきているので，コミュニケーションを図ることが難しく，1 人のクライアントに対する仕事の目的・ゴールも違う。他職種でしばしば衝突が生じるのは，守秘義務の違いがあるためだ。クライアントが職種によってそれぞれ違う義務を負っていることを双方が理解する必要がある。協働ミーティングを月 1 回行っているとのことだった。

　他にも，ソーシャルワーカーの役割がある。たとえば，DV ケースにおい

て，本当に危険な状態にいる人で，週１度のセラピーを受けようとする人は少ない。その日の子どもの食べ物や，どこに住んだらいいのかなど，現実的な問題が先行する。このような段階にあるクライエントに，ソーシャルワーカーが電話で対応したり，弁護が始まった最初の段階で，裁判所につきそったりすることが，クライエントに役立つ。結果的に，裁判における弁護活動の手助けともなっている。

リーガル・クリニックでは，精神的な障害を持っている人をとりたがらない。ロースクールのリーガル・クリニックはセメスターごとに生徒が変わるので，短期で終わるケースのみを扱う。短期間では，ケースの一部しかわからないということをまず教える必要があると思っているとのことだった。

CLSACCは，まさに，リーガルサービスとカウンセリングサービスとを共存させている場であり，バックグランドの違う専門家たちが互いに尊重し合いながら相乗効果をあげていることが実感された。ソーシャルワーカーの役割も興味深かった。ここでの臨床ソーシャルワーカーは，ちょうどVOVのアドボケイトと同じような役割を担っているように思われたが，心理と司法を繋ぐうえで，このように橋渡しをしてくれる職種が必要なのかもしれない。

6　ボストン・カレッジ

ボストン・カレッジのリーガル・クリニック，リーガル・アシスタンス・ビューローを訪れ，民事事件担当クリニックのCarwina Weng（カウィーナ・ウェン）教授にクリニックの概要を聞いた。また，民事事件担当クリニックには，18年勤務してきたというソーシャルワーカー教員のLynn Barenber（リン・バレンバー）教授がいらっしゃり，クリニックにおける他領域との連携についてインタビューした。多くのクライエントが精神的困難を抱えているため，法的サービス以外のものも必要とされる。自分は，ここでは，ソーシャルワーカーとして仕事をしているのではなく，あくまでもコンサルタントであり，教員である。学生がクライエントを理解し，援助できるように助けることが仕事である。たとえば，子どもに特殊教育が必要なケースの場合，

弁護士に，医者や福祉が言っている状況について説明したりもする。

　DVケースでは，暴力やレイプや精神障害について教えることがロイヤリング・スキルに必要だし，ケース戦略にも関わる。学生たちは22～23歳で，法については知っており，事実について尋ねることは得意でも，情緒的側面についての質問をすること，どういう質問をすれば良いのか，どのように聞けばよいのかを教える必要がある。弁護士がソーシャルワーカーやカウンセラーになるわけではないが，ロイヤリングに必要である。ケース戦略にも携わる。学生は身体障害については理解できても，精神障害については理解しにくいので，障害者が政府から支援を受けるさい，サポートするのも重要な役割である。クライエントと会った時に，精神的問題があるかどうか発見させる手助けもする。カウンセリングが必要なクライエントや，子どもにケアが必要なケースもあり，そういったことも見極め，必要な情報を提供することも大切である。他の専門職（医者など）とのつきあい方，アプローチの仕方，他のプロも尊敬すること，一緒に働く時の姿勢なども教える。

　学生が自分の個人的背景を自覚し，自分の問題を客観視する援助も重要である。たとえば，ケースとして，アルコールの問題を抱えるクライエントが２回無断キャンセルをした時，学生が「何度すっぽかしたら，ケースを断っていいのか」と怒った。無断キャンセルの理由を聞いたのか尋ね（実際のところ，朝のアポイント設定には無理があった），アルコール問題を抱えるクライエントにとって社会生活を送ることが困難であることを理解した上で弁護活動をしなければならないことを教えた。後でわかったことは，その学生の父親がアルコーリックだった。プロとしての経験とパーソナルな経験の関係，立ち止まって自分の背景を振り返ることも教えている。また，時に，学生の思いこみが援助を妨害することがある。たとえば，精神障害があると知的に低いと思いこんでいる学生は，情報をクライエントと共有しない。誤った思いこみを認識させることも重要。DV被害者だと，被害経験について話すことが辛いこともあれば，役に立つこともある。

　連携のさいの困難として，仕事のゴールや倫理が衝突するという点が挙げられていたので，私の方から，裁判を求めてやってきたクライエントの精神

的状況が，専門的見地からは，裁判の過程に耐えられないのではないかというリスクを感じた場合は，どのように対処しているのかを尋ねた。確かに，こちらの持っている情報からすれば，裁判が回復の過程に傷を与えるだろうと予測される場合があり，アセスメントが難しいとのことだった。クライエントがセラピストを持っている場合，クライエントと直接話し，主治医に相談するように言う。セラピストがついていない場合でも，直接，自分が話をして，安全確保など小さい一歩一歩を示唆する。自分がコントロールしているという意識が重要。それでもクライエントが先に進みたいと言う場合，弁護士がバランスを取る必要がある。弁護士がメンタルヘルス・アセスメントをどこまでできるか，専門家をどんなふうに利用するのか。授業でトラウマやDVについてある一定の知識を与えておくことができるとの返答だった。

このインタビューの後，インド料理店でランチとなった。インタビューの終わり頃から合流していたある法学教授は，Barenber教授の最後の部分には若干，批判的な様子だった。そして，帰りの車中で，「自分が若い時の失敗を話してあげよう」とあるエピソードを話してくれた。若い頃，ヘロイン中毒の非行少年のケースを扱った。警察の取り調べに不法行為があり，裁判に勝てば釈放されるが，再びヘロイン中毒に戻ることになる。裁判に負ければ治療を受けられる。自分は勝訴するように努力しなかった。ずっと後になって，少年よりクレイムを受けた。「君は私の弁護士だったはずではないか」と。後悔しているケース。人間としては正しい選択だったかもしれないが，法律家としては間違った選択をしてしまったということだった。

「善き人間であることより，善きプロフェッショナルであることが優先されるのでしょうか？」と尋ねたかったが，考え直してやめた。これは，間違った考え方だろう。前者には明確な基準はなく，時に傲慢となる。今の私が彼の立場にあるならば，きっと，状況と自分の危惧をありのままに説明し，「自分は人として，君を勝訴に導く援助をしたくはない。しかし，職業人として最善を尽くす。君の将来を祈っている」と伝えるだろう。たとえ，彼の人生に一文の価値をもたらさなくても。弁護士がそんなことを言うことはないのかもしれないが，状況は違えど，心理臨床家として私自身が，そんな決

断を迫られることがある。私自身は，Barenber教授の対応に賛成である。ロースクールのコンサルタント，教員として働く以上，クライエントの危機に対して，状況についての最大限のインフォームド・コンセントを行い，弁護士にも伝えたうえで，最終決定をするのはクライエントである。弁護士がバランスを取るというのは，そういう意味だろう。それぞれの立場の違いを理解しあうことができさえすれば，目標や倫理の違いを越えて，他職種の連携は可能になるのだと考える。

7　おわりに

今回の調査を通じて，法と心理が連携・協働するということはどういうことなのかということを改めて考えさせられた。法の立場から心理の知識や技術をうまく利用すること，逆に，心理の立場から法の知識や技術を利用するというのは，初歩的な第一歩であり，本当は，そこから先が問題なのだ。被害者たちにとって望ましい解決をさまざまな角度から検討しあい，双方が陰に日向に支え合って，被害者の利益を守るのである。それを可能にするためには，それぞれの専門分野がその有用性と限界を認識し，常に目的を見失わないことであろう。倫理の葛藤が予想される場合には，連携を慎むという配慮も必要である。

Ⅰ-2に前述したが，法と心理はある意味で，油と水のような関係にある。協働のためには，この2つをつなぐものが必要なのかもしれない。それは，ソーシャルワーカーであったり，アドボケイトであったりする。法の領域に心理士を置く，あるいは，心理の領域に弁護士を招き入れるというだけで，協働するのは難しいのだろう。各リーガル・クリニックで見たように，それは，まだ協働と言うには足らず，せいぜい，自分の領域において他領域の視点を利用するという程度だ。もちろん，それも重要なことであるが，本当に協働するためには，CLSACCのように，ひとつの機関に両方を置いて，つねにケース会議にかけながらクライエントの最善の利益を図っていくというシステムが必要なのかもしれない。

最後に，日本においては，資格問題をはじめとして，臨床心理学のアイデンティティが，いまだ十分に確立していないことが，状況を困難にしているということを痛感した。また，臨床心理士の職域として，福祉，医療・保健，司法・矯正，教育の分野，労働・産業，開業などがあげられるが，それぞれの領域によって，司法との連携のあり方は違ってくるのだろう。

● 参考文献

Aiken, J. H.(2001). Provocateurs for Justice. A Journal of Lawering and Legal Education, Spring 2001.(7) 2. pp. 287-306.

〈村本邦子〉

第Ⅲ部

協働の試み
—— 「司法臨床〜女性と人権」の授業実践

Ⅲ-1　法学から　*104*
Ⅲ-2　臨床心理学から　*135*

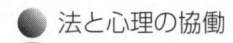

● 法と心理の協働

第Ⅲ部　協働の試み――「司法臨床～女性と人権」の授業実践

Ⅲ-1　法学から

1　開講の経緯

　この科目を開講した直接的なきっかけは，2005年度から開設された法科大学院における「リーガルクリニックⅡ」の事前学習の必要性であった。そもそも，「リーガルクリニックⅡ」は，ドメスティック・バイオレンスや性暴力，セクハラ被害，離婚など，女性の人権に特化した法律相談の実習科目である。相談者は，心理的な困難や葛藤を抱えている場合も多いと思われ，単なる法的知識のみでは悩みに十分対応できない。それどころか，二次的被害を与える危険もある。そのようなことから，学生が「クリニックⅡ」の実習前に，カウンセリングの基礎的な知識や対応を学ぶ場が必要と考えられた。
　他方で，カウンセラー等の心理職をめざす学生にとっても，上記のような相談にはどのような法的問題があるのか，また，法律家と心理職でアプローチにどのような違いがあるのか，法律家のアプローチに問題はないのかなどを考察してみることは意味があると思われた。
　そこで，「クリニックⅡ」が対象とする女性の人権問題を中心に，法と心理を専攻する両方の学生が，それぞれ他方の分野について基礎的な知識を得ることと合わせて，法的問題と心理的問題が交差する場面で，法と心理の双方向から，どのような連携や協働が可能かについて，村本教授と私とで問題提起してみようということになった。
　ただ，法と心理の連携や協働というのはまだまだ未開拓な領域であり，先駆的研究も少なく，結局，実務家のとしての自分のごく限られた経験や知識に頼った部分が多い。それゆえに，不十分，未熟な部分が多々あることは承知しているが，1つの試行錯誤の産物として，お許し願えればと思う。

2　「司法臨床」の定義について

　この授業を「司法臨床」と名づけたのは，法と心理の交差する領域において，両者の連携や協働を簡潔に表現する言葉として，ほかに適切な表現が見当たらなかったからである。元家裁調査官の廣井亮一氏は，「司法臨床」を，以下のように定義されている。すなわち，「司法のプロセスに付け足された臨床活動でもなく，ましてや，裁判所の軒下を借りて開業される心理クリニックでもない。あくまでも『法』と『臨床』が交差する地点に生じる，少年や家族を援助するための，より，高次の機能である。」[1]「家庭裁判所では，司法的機能と臨床的機能を，二重基準として別々に機能させることではなく，家裁調査官がその両者を交差させることによって浮かび上がる機能によって，少年と家族の問題を適切な解決に導くのです。」[2]。廣井氏の「司法臨床」とは，家裁における少年事件を対象にして「法と臨床」の高次の解決機能をさしておられる。

　本講義では，同じ言葉を使いながらも，「少年事件」ではなく，主として，「女性の人権問題」を対象に考えている。もちろん，法と心理が交差する問題は，少年事件や女性の人権に限らない。およそ，人の心のひだに触れる問題には法と心理の交差する問題が生じるのではないだろうか。しかし，本講義でそのすべてを対象にすることは任を超えるため，女性の人権問題を中心にとらえている。

　そして，段林担当の講義では，法と心理はどのような連携や協働ができるのかについて問題提起するものであり，「連携，協働」の主体は，主として弁護士等の法律家とカウンセラー等の心理職である。従って，本講義における「司法臨床」の定義としては，「法と心理の交差する場面において，法律と心理の専門家が，互いに連携，協働することによって，それぞれの目的を達成するとともに，最終的には当事者の自己回復をめざすための取り組み」

---

1)　廣井亮一『司法臨床入門』（日本評論社，2004）はじめに　ⅱ。
2)　同125頁。

としておきたい（段林）。

3　法と心理の交差と連携，協働の可能性

（1）　事例からみた法と心理の交差

本講義が対象とする，「法と心理が交差する問題」について問題を具体化する意味でいくつかの事例をあげてみたい。（なおこれらの事例は，複数の事例をヒントにして創作したものである）。

【ケースⅰ】
　ある女性Ａさんは，生活苦からサラ金で借りた借金の清算のために自己破産の申立をすることになった。ところが，何度も打ち合わせをキャンセルし，遂に無断でキャンセルして連絡が途絶えた。１年後に，債権者から督促状がきたのをきっかけに打ち合わせを再開した。そこで，担当弁護士は，「今度途中で来なくなったらあとの責任はもてない」と注意した。すると，Ａさんは，「実は，自己破産したら，本当に人間として落ちるところまで落ちてしまいそうで怖くなった」と打ち明けた。自己破産について社会の敗残者になるというイメージを持つ人は少なくない。しかし，Ａさんが，なぜ恐怖を感じるほどに思い詰めたのか気になった弁護士が，よく聴いてみると，今は別居中の夫やその両親から受けた言葉による精神的ダメージが非常に強いことが分かった。すなわち，同居生活をしていた間，夫や夫の両親から常に見下され，馬鹿にされ，女性としても侮辱されてきたが，夫に黙って借金したことがばれて，今度は「サラ金で借金するなんて家の恥だ」というレッテルを貼られてしまったのであった。Ａさんは，自分は何のとりえもない駄目な人間のうえ，サラ金にまで手を出し，このうえ自己破産などしたら，人間として落ちるところまで落ちてしまうのではないか，と自分を卑下し，自己破産の手続きを進めることを恐れていたのである。Ａさんの話を聞いた弁護士は，夫やその両親から受けた仕打ちが，Ａさんの気持を追い詰めているのだと感じた。Ａさんの不安を横において，法律の手続きを進めたところで，本当にＡさんの再出発の手助けになるのだろうか？　と弁護士は心配になった。

そこで，弁護士は，夫やその両親から受けた仕打ちについて，まずは時間をかけて話を聴き，その気持を受容するということを優先した。時には，打ち合わせ時間の半分以上を，Aさんがこれまで耐えてきた夫や両親との生活の話しを聴く時間に費やした。Aさんは，ほかのところでもカウンセリングを薦められていたようだが，費用の問題もあってカウンセリングを受ける機会はなかったようである。「聴いてもらってすっとしました。」と言って帰っていくAさんの言葉を信じて，ただただ話に耳を傾けていた。Aさんは，その後はキャンセルすることは一度もなく，最後の免責手続きまで無事終えることができた。途中で，別居中の夫とは協議離婚し，新しい仕事も見つけ，表情も徐々に明るくなってきた。

　Aさんの場合には，弁護士が依頼を受けた法律問題とは別のところで心理的葛藤を抱えていた。自己破産手続きをして再出発するという前向きな気持ではなく，落ちるところまで落ちてしまうのではないかという気持が変わらなければ，自己破産することでかえって自暴自棄になっていたかも知れない。法的解決と心理的葛藤の解決とは，車の両輪のようなものだといえよう。

　ただ，このようなケースでは，法的対応とカウンセリング的対応の目的が矛盾しないが，常にこのようなカウンセリング的対応が望ましいとは限らない。弁護士の職務と矛盾しない限りという限定がつくであろう。両立できないとか手に負えないと思える場合には弁護士の職務を優先し，心理的葛藤は専門の心理職に任せるほうがよい場合も多い。

【ケースⅱ】

　Bさんは，病気で夫を亡くした。夫には先妻の子どもが2人おり，夫の死後，先妻の子どもらとの間で遺産相続問題が発生した。遺産は夫名義の家屋とわずかの預金であった。Bさんは，夫の死後もその家で住み続けたいと思っていたが，先妻の子どもら2人は，夫名義の家を早く処分して代金を分配せよとBさんに迫った。そのうえ，先妻の子どもらは葬儀が済んで間もない頃にやってきて，亡き夫の部屋を物色し，気に入った骨董品などを形見分けだと言って強引に持っていってしまった。子どもらが帰ったあとの部屋の中は，物がひっくり返され，放り出されたままで，まるで家捜ししたかのよ

第Ⅲ部　協働の試み──「司法臨床〜女性と人権」の授業実践

うに荒らされていた。Ｂさんは，形見分けというのは口実で，本当は預金通帳などを隠していないか探しにきたのだと思い，夫と自分の生活を土足で踏みにじられた気がした。それ以来，Ｂさんは先妻の子どもらへの不信感がいっぱいになり，話し合いを拒否していたところ，子どもらは１周忌が済んで間もない頃に，家庭裁判所に遺産分割の調停を起こしてきた。Ｂさんの代理人になった弁護士が調停に出てみると，子どもらは，父親の唯一の遺産といってよい家を早く売却処分して，自分たちの法定相続分に従い代金を分けてほしいと強く迫った。しかし，Ｂさんはどうしても家を明け渡す気持になれない。Ｂさんは，子どもらに法定相続分があることや，遺産分割をするためには，残った家を処分して分けるしかないということを，頭の中では分かっているのだが，気持がついていかなかった。法定相続分という理屈の前には，裁判所や自分の代理人に対しても，Ｂさんの気持は通用しないように思えた。そして，孤立感ばかりが強まり，調停が近づくたびに精神的に不安定になり落ち込み，次第にうつ的になった。調停では恨みがましいことを繰返し，肝心な話しになると結論が出せないため，調停は何度も空転し，Ｂさんの代理人もどう対応すべきか悩んだ。

　遺産分割などの人の死後における身内の紛争や，犯罪や事故で家族を失った遺族の場合には，近しい人の死という喪失感や心の痛みが付きまとう。そのうえ，悲しみというのは人によって違い，またそこに利害がからむと，同じ家族の間でも溝が生まれる。Ｂさんの場合は，逆説的だが，解決してほしくないのである。このような場合，調停委員なり弁護士が，法的問題解決を無理に進めていこうとすると，強い心理的抵抗が生まれる。調停も裁判所の都合があるから，いつまでも空転させることはできない。しかし，本当にＢさんに解決の意思がないとまで決め付けるのはＢさんの本意ではないだろう。強引に調停を打ち切れば，裁判所は審判という形で決定をすることになる。だが，そのような方向に進めていいのかは問題である。

　弁護士は，心理の専門家ではないから，当事者がこのような精神状態の場合，どう対応していいのか困惑する。Ｂさんの心情は，おそらく夫の死後，喪失感が埋まる暇もなく，遺産争いに引き込まれ，相手方らの振る舞いに傷

つき，裁判所では，法律に従って事務的に進められていくように感じているのだろう。またBさんは，まだ夫の死を心から受け入れることができず，子どもらを初めとした周囲の人間（この中には調停委員も弁護士も入る）が，事務的に死後の財産処理をしていくことに耐えられず，孤立感を深めていたのであろう。こういう場合，法律論をたてに解決を迫ってみても，Bさんの心との距離は広がるばかりである。Bさんの心の整理がつくまでもう少し時間が必要だということを，司法関係者が理解し，可能な限り急がずに対応するということが，結果的には事態を進展させることになるのではないだろうか。

　法律的対応のみでは行きづまるような局面では，法律家が心理の専門家からサポートを受けて，当事者への対応に生かしていくことが考えられる。一種のスーパーバイズであり，ケースカンファレンスに近い。心理的な問題について，法律家がサポートを受けることは，当事者との信頼関係を築き，維持し，あるいは回復するうえで非常に有効なものである。

【ケースⅲ】
　元恋人間のドメスティック・バイオレンスの被害者Cさんは，加害者との間で示談書を交わす段階になり，担当弁護士が作成した示談書案の中にある，「この示談の成立をもってすべて解決されたこととする」との条項に反発を感じた。「いくら謝罪されても，示談金を支払ってもらっても，失った時間が戻るのでも，自分が受けた苦痛が消えるのでもない。本当は，失った時間を返してと言いたいのだ。だから，すべてが解決されたとは認めたくない。」というのである。金額的には，同種事例との比較からしても遜色ない。しかし，被害を受けたCさんからすれば，失った時間や傷ついた心身の痛み，破壊された周囲との人間関係などは，事後的な金銭的賠償で到底埋め合わせることができないものである。そういうCさんの気持からすれば，失ったものを，まだ，これから先に取り戻していかねばならないのだから，「すべてが解決された」とは，納得できないというのである。弁護士は，示談で解決できたことを喜んでくれるとばかり思っていたのに，Cさんの思わぬ反応に驚いた。

第Ⅲ部　協働の試み──「司法臨床～女性と人権」の授業実践

　法律的にいえば，示談は法的紛争の終局的解決の一つであるから，示談後に紛争を蒸し返さないためには，『示談によってすべてが解決されたこととし，本件については，互いに何らの債権債務がないことを確認する」必要がある。これは，定型的な精算条項であって，どんな示談書にも，また，裁判所での和解調書にも当然に記載されるものである。

　しかし，Cさんの思いは別のところにあった。法律家は，法的問題が終了すればすべてが解決したと考えがちであるが，当事者にとってはそうではないということである。むしろ，Cさんは，示談交渉の過程において，誠意のない相手の対応に憤り，振り回され，さらに傷つくことを繰り返し，心の傷を何度もえぐられた。十分な心理的回復を得られるどころか，交渉じたいが再被害とも受け取れた。そういう経過の果てに示談が成立しても，「それをもってすべてが解決した」などとんでもないという心境になるのは当然といえば当然であろう。

　交渉過程での相手方から受ける二次被害を防ぎ，Cさんの心理的ダメージの回復を同時に進めることが必要であった。自己回復のためには，「法律上の問題解決」は必要ではあるが，それだけで十分ではないということである。弁護士とカウンセラーの連携が必要なケースであろう。

【ケースiv】
　夫の精神的暴力に怯える生活に疲れたDさんは，密かに子どもを連れて家を出た。その後，離婚訴訟を提起することになったが，担当弁護士は，訴状に別居先の住所を書かず，従前の住民票の通り記載して提出した。なぜなら，Dさんは，夫に現住所を知られることを非常に怖がっていたからである。Dさんは，夫と向き合うだけでも体が硬直し，動悸が激しくなって，とても一人では対応できない思いであった。夫が，いきなり別居先に来ることを何よりも恐れていたのである。担当弁護士は，Dさんの精神状態については当然訴状にも記載し，精神科医の診断書も出していた。ところが，担当裁判官は，代理人である弁護士に対して，「子どもも連れているのに，なぜ，夫に住所を知らせてやらないのか。」と不信感をあらわにした[3]。

　配偶者からの暴力防止法1条にも定められたように，暴力は身体的暴力や

これに準ずる心身に有害な影響を及ぼす言動（いわゆる精神的暴力）を含むのである。しかし，目に見える身体的暴力と違い，侮辱や威嚇，脅迫といった精神的暴力は男性の裁判官にとっては，なかなか理解しにくいものなのかも知れない。かくいう言い方自体が，性に基づく固定観念だとの批判を受けるかも知れないが，やはり，社会生活上，暴力や威嚇，脅かしなどに対する恐怖心を感じる経験は，男性と女性とで決して同じではないだろう。社会のいわゆる男尊女卑的意識は非常に根深いから，男性は，男性だというだけで一目置かれることが多い。逆に女性だというだけで一段低く扱われることも多い。配偶者から命令口調でものを言われ，馬鹿にされ，逆らうと威嚇されるという屈辱と恐怖の経験の繰り返しがもたらす精神的苦痛を，もちろん個人差はあろうが，男性の裁判官はなかなか想像しにくいのではないだろうか。しかし，正義を実現する司法の責務からすれば，裁判官が固定観念やジェンダーバイアスを排除した公正な姿勢をもつことは当然の要請である。とすれば，例えば，ドメスティック・バイオレンスやセクシュアル・ハラスメント，性暴力など，女性が被害者となる問題について，心理学などの専門的，科学的知見を活用し，被害実態を理解し，被害者の心理などにも十分配慮することは，司法の公正という法の理念の要請というべきである。

（2）「法と心理の連携，協働」のパターン

私がイメージした「法と心理の交差する場面」というのは，上記のような事例を想定しているが，一応以下のように整理してみた。ただし，実際のケースでは，多かれ少なかれこれらが重なり，関連していることが多いと思われる。

3）　なお，最高裁判所事務総局民事局は，平成17（2005）年11月8日付で，下級審裁判所に対して，「事件の受付等の手続に際して，犯罪被害者等から，加害者等に実際の居住地を知られると危害を加えられるおそれがあるなど，実際の居住地を記載しないことにつき止むを得ない理由がある旨の申出がなされた場合には，訴状等に実際の居住地を記載することを厳格に求めることはせずに，受け付けることが相当である。」との事務連絡をなし，現在では，少なくとも身体的暴力やその危険がある場合には，柔軟な扱いがなされている。

第Ⅲ部　協働の試み──「司法臨床～女性と人権」の授業実践

　1つ目は，ケースⅰのように，心理的問題を抱えた当事者に対して，法律家が適切な対応をするために，心理学の手法を取り入れることが有効だということである。カウンセリングの基礎的知識を学び，その手法を生かすことによって，当事者に満足してもらい，また，信頼関係の構築に役立て，あるいは，二次被害を避けることにもなる。最近，提唱されるようになったリーガル・カウンセリングの考え方は，法律相談にカウンセリングの手法を取り入れて，よりよいコミュニケーションを図ろうとするものである。かかる視点は，非常に示唆に富む。後に，リーガル・カウンセリングを取り上げる。

　2つ目は，ケースⅱの場合にあたるが，法律家が当事者への対応に行き詰った時に，心理専門家よりスーパーバイズを受けるという協力関係である。とりわけ，対応に配慮を必要とする深刻な場合には，法律家が当事者の心情を十分理解し，適切に対応しなければ，二次被害を与えるおそれすらある。逆に，当事者の心情を理解し，適切な対応をすることにより，信頼関係の構築や維持，回復が可能となる。法律相談は通常1回限りで終わることが多いから，弁護士がリーガル・カウンセリングの考え方に立って完結することも可能である。しかし，事件を受任してから問題解決までの継続的な過程で，対応に困難が生じている場合は，弁護士が依頼者の心情や特徴を理解し，どういう対応が適切か，段階に応じて，より専門的なスーパーバイズを心理の専門家から受けることは非常に重要である。実際の受任事件においては，心理専門家のアドバイスを受けることも結構あるが，事例による個別性が強いので，一般化するにはまだ事例の集積が足りないと思われる。現段階ではこの程度の指摘にとどめざるを得ない。

　3つ目は，ケースⅲのような場合であり，トータルな問題解決をめざして行う法と心理との連携，協力である。すなわち，問題を解決していくゴールは，当事者のエンパワメント，自己回復であり，法的手段も心理的手段も問題解決の一つに過ぎないと考える。ケースⅲは，法と心理の専門家が相互に連携，協働して，当事者を双方から支えることにより，当事者の自己回復やトータルな問題解決を目指すのが適切なケースであったろう。法と心理のどちらか1つでは本人の抱える問題の一部しか解決できない。法的問題解決を

当事者の自己回復につなげるためには，車の両輪のように，法と心理の両方の側面からのサポートが必要な場合である。今後の課題としたい。

　4つ目は，ケースivにみられるように，裁判官の限られた経験や知見による判断のゆがみ（ジェンダーバイアスもその1つ）を是正したり，裁判における真実を発見し公正な司法を実現するために，心理学や精神医学等の専門的・科学的研究を活用するものである。従前から，刑事裁判における供述心理や自白の信用性などの研究がなされてきたのもその領域である。本講義では，過去，それらの研究においてはほとんど触れられてこなかった，性暴力やセクシュアル・ハラスメント，ドメスティック・バイオレンスなどにおける女性被害者の証言や供述の信用性の問題を中心に取り上げ，また，その前提として，被害の実態を取り上げる。なぜなら，それらの問題においては，一般社会においてもある種の偏見がある。例えば，性暴力であれば，「被害にあうのは女性のほうにもスキがある」「女性はしばしば強姦されたと虚偽の申告をする」[4]とか，ドメスティック・バイオレンスであれば，「夫婦喧嘩は犬も喰わない。どっちもどっち」などというのは，その一例である。司法の場でも，同様の固定観念がまだまだ根強いことは経験上感じるし，裁判例にも現れているところである。司法においては，それらが被害者の人格評価や供述の信用性判断に影響を与えるため，問題は司法の公正に関わるのである。このような固定観念は，「女性というものはかくあるべし」「被害者ならこうしているはず」という性に基づく行動規範に根を下ろしているものが多く，それらは性に基づく偏見，ジェンダーバイアスである。司法界も，歴史的に女性不在の時代が長かった結果，是正される機会がなかったといえよう。このような弊害をとり除くために，ジェンダーの視点にたった心理学や精神医学などの研究に基づき，司法を点検することが不可欠といえる。この観点から，後にドメスティック・バイオレンスとセクシュアル・ハラスメントを取り上げたい。

　このような問題点の指摘に基づき，以下では，まず，最近提唱されるよう

4）小西聖子『トラウマの心理学』（NHKライブラリー，2004）66頁以下。

になったリーガル・カウンセリングの考え方を紹介するとともに，心理と法の違いについても注意すべき点を指摘しておきたい。次に，ドメスティック・バイオレンスの問題について，被害の実態と被害者の心身への影響を取り上げ，判例がどのように心理の問題を取り上げたかについて考察する。最後に，セクシュアル・ハラスメントの問題について，法律家の性的被害に対する固定観念，バイアスの存在や，それを是正するには科学的，心理学的諸研究との連携が必要であり，かつ有効であることを考察する。

4　法律相談における法と心理

（1）　リーガル・カウンセリングの考え方について

　心理的な葛藤や困難を抱えている当事者に対する法律相談においては，どのような対応が必要だろうか，また，二次被害を与えないためにはどのような配慮が必要だろうか。これについては，リーガル・カウンセリングについての考え方が参考になる。

　リーガル・カウンセリングとは，最近，アメリカで提唱されるようになったもので，法律相談に，カウンセリングの技法を取り入れようとする考え方である。その背景には，従前のように，法律の専門家である弁護士が，相談者から必要な情報だけを聞きだし，そうして得た情報に基づき，法律的判断を一方的に下すというやり方が，必ずしも相談者に満足を与えていなかったという反省がある。

　カウンセリングのクライエント中心主義は，相談者の主張に耳を傾け，それを受容し，助言して，相談者自身が自分で解決の方向を見つけ出すのを援助するものである。この技法が法律相談にも応用できると考えられたのである。しかし，法律相談とカウンセリングは本来異なる目的のもとに行うものである。従って，カウンセリングの手法をそのまま法律相談に適用することはできないことに注意しておくべきである。

(2) 法律相談にカウンセリングの手法を入れればどうなるか？

では，どのようにして，カウンセリング的手法を生かすことができるだろうか？

名古屋ロイヤリング研究会編の「実務ロイヤリング講義」は，初回面談の基本技術として，カウンセリングの技法を生かした法律相談のモデルを紹介している。以下，それに従い1つの流れをみていく[5]。

> 「Ⅰ 聞く（オープン・クエスチョン）
> 　詰問調ではなく，相談者が話したいことを選択し，自由に話ができるような質問をする。
> Ⅱ 詳細を聞く（クローズド・クエスチョン）
> 　オープン・クエスチョンでもれた部分を，クローズド・クエスチョンで埋めていく作業。あくまでも相談者自身が語る『物語』を理解するという姿勢。アクティブ・リスニング（傾聴）。発言を共感をもって聞き，内容ばかりではなく，それに伴う感情も理解。」
> Ⅲ 規範的情報（法律・判例・実務上の規範）を与える。
> Ⅳ 解決手段の複数提示
> Ⅴ 相談者の目線に立ってもう一度考える。」

実際の法律相談では，この段階が行きつ戻りつすることになるであろうが，このような流れを念頭において法律相談を行うだけでも，随分相談者の受け止め方は変わるはずである。従前のやり方では，相談者が，弁護士に話を聞いてもらいたいと思っても，「私が聞くことに答えて下されば結構です。」と遮られ，弁護士から聞かれることにただ答えさせられ，あたかも取り調べの対象であるかのように感じたかも知れない。少なくとも，カウンセリングマ

---

[5] 名古屋ロイヤリング研究会編『実務ロイヤリング講義』（民事法研究会，2005）34頁以下。

第Ⅲ部　協働の試み――「司法臨床～女性と人権」の授業実践

インドを意識した法律相談の姿勢をもつことによって，そのような印象を避けることができる。じっくりと自分の言い分を聞いてもらったと思えば，友好的なコミュニケーションが成立し，信頼関係を築きやすくなるだろう。

ただし，上記の流れのうち，「オープンクエスチョン」については，若干補足しておきたい。なぜなら，後に述べるように，法律相談と心理相談は，対象者が相談担当者に求める目的が違うことから，おのずと，相談者の姿勢も違っていると思われるからである。心理相談では多かれ少なかれ相談者は自分の経験や悩み，思いなどを，カウンセラーに聴いてもらおうという，いわば自ら語る姿勢があるであろう。その意味ではクライエント中心主義は相談者のニーズにかなうものである。これに対して，法律相談では，相談者に，漠然と「自由に話してください」と投げかけても，相談者は，何をどう話したらよいのかかえって戸惑うのではないかと思われる。

例えば，司法臨床の授業で，セクシュアル・ハラスメントの法律相談のロールプレイをやってみた。想定した事例は，大学の指導教授からセクシュアル・ハラスメントを受けた被害者からの法律相談である。相談者役は，応用人間科学科の修了生で，村本教授の女性ライフサイクル研究所のスタッフでもあり，スクールカウンセラーをしている方である。担当者役は学生である。担当者役は，相談者役に対して，まず，「どこからでも自由に，好きなところから話して下さい」とオープンクエスチョンから始めた。相談者役は，セクハラの被害を受けたと話した後，詳しい事実を語らず，「どうしたらいか分からないんです。困っているんです。」というが，会話はそれ以上進まない。担当者も遠慮してか，なかなか肝心の話に踏み込めない。結局，相談者役からは，事実関係に関する話は出てこず，最後まで同じところをぐるぐる回っているようであった。その後，同じ相談者役を相手に，弁護士がロールプレイを実演した。弁護士は相談者と加害者の関係や背景，被害の時期や態様などに関する具体的な質問を重ねて「今，どういうことに困っているのか」，「どういう解決方法が考えられるか」などの方向へ進めていった。オープンクエスチョンのことは頭にあったが，実際にはクローズドクエスチョンで聞いていく格好になった。両方の相談を経験した相談者役は，「最

初の相談で,『どこからでも自分の好きなように話してください。』と言われて,何を話していいのかかえって戸惑ってしまった。次に弁護士のほうから,自分が聞いてもらいたかった質問が出てきたとき,ああ,これを聞いてほしかったのだと思ってそれから安心して話ができた。」という感想を述べた。

　これは,ロールプレイの感想であるから,実際の相談者の感想と同じとはいえないであろうが,法律相談の目的や相談者の姿勢を考えると,実際の法律相談でも同様のことが当てはまるのではないかと思える。そうすると,オープンクエスチョンで,『自由にお話しください』いう手法は,法律相談においては必ずしも適していないように思える。むしろ,弁護士の姿勢として,相談者の言葉や思いを尊重し,言いたいことが言え,疑問点を聞ける雰囲気づくりを心がけるということに置き換えたほうがよいと考える。そこで,上記のモデルを参考にして,補足してみると以下のように考えられよう。分かりやすい具体例としてあげておく。

Ⅰ　導　入
・「今日はどういったことで相談に来られましたか？」
・相談の趣旨をかいつまんで聴き,それに必要な情報を集めることを念頭において以下に移る。

Ⅱ　展　開
・「では,もう少し,詳しくお聞かせ下さい。」
・必要な情報を,要件事実に注意して聴く。聴きながら,あいづちを打ったり,話しやすいような雰囲気を心がける。不要な話が入っても,いきなりさえぎらず,タイミングを計る。

Ⅲ　法規のあてはめ,見通し,判断を述べる
・「貴方のお話を前提にすれば,このように考えることができますね。」
・「相手はどういうでしょうね？」など,反対の事実が出てくれば結論も変わることを知らせておく。

> Ⅳ　弁護士の意見に対する疑問，質問などを聴く
> 　・「今の話で，分からないことがありますか？」
> Ⅴ　最後に，本人がいくつかの選択肢をもっている場合は，それぞれの
> 　　メリット，デメリットを述べておく。

　これらの途中で相談者が質問をはさんでくる場合は，もちろん相談者が知りたいと思っていることであるから適宜答えたり，情報がもっと必要であれば，「その点については，もう少しお聞きしてから」として先に進むこともある。だいたい，このような流れで行うが，実際には，このようにしていくと時間がかかるという問題がある。初回の相談だと，個人の事務所で行う場合には1時間は必要である。自治体などの無料相談で，30分程度しか時間がとれない場合は仕方ないので，あらかじめ，「時間の制約があるので，こちらから聞かせてもらいます」と断っておく。無料相談では時間の制約があることは相談者も理解しているので，特に問題はないであろう。1つの型にはまったやり方があるわけではなく，相手の気持を尊重しながら丁寧に向き合うという姿勢が大切であろう。

（3）　カウンセリングとの違い

　しかし，法律相談とカウンセリングとの違いには十分注意しておくことが必要である。法律相談は，弁護士が受容して傾聴するだけでは終われないからである。相談者は，あくまでも法律的判断や法的結論を求めているのである。従って，ただ聞いてもらうだけでは目的を達することにはならない。そこで，以下のことが必要になる。すなわち，「弁護士は2つのことを同時に行わなければならないという困難に直面する。1つは依頼者（相談者）の語る物語を依頼者の筋に沿って理解し，依頼者の法援用（法律が適用されれば必ず自分に有利な結論が導かれるはずだとするその根拠の中身）をよく理解することである。そして，もう1つは同時に要件事実の有無を確認することである。」[6]。

　また，もう1つ重要なことは，弁護士が規範的情報（法律，判例，実務上

の規範）を与える前提となる事実について、「真実性の吟味」が必要だということである。菅原郁夫他編『法と心理学のフロンティアⅡ巻』は、心理相談と法律相談の違いについて重要な指摘をしている。すなわち、「法的な判断を的確に行うためにも、具体的な事実関係を正しく確認しなくてはならない。その場合、相談者からの自発的な会話を重視するのは大原則であるが、その語られた内容について真実性の吟味を行わなければならないことも多い。」「この点は心理相談とは大きく異なる。」とされている[7]。なぜならば、相談者が自分に不利な内容を自分から話すとは限らず、また、真実を語っているとは限らないからである。しかし、この場合でも、「相談者の主体性が無視され担当弁護士のペースで進んでしまうと、"訊問"か"取り調べ"のような雰囲気となり、相談者との信頼関係が損なわれること御あり得る。あくまで、語るペースは相談者主導（依頼者中心アプローチ）をこころがけ、『きちんと理解し、正しく判断する際に必要なので教えてほしい』というスタンスで質問を重ねていくと、相談者の協力は得やすくなるだろう。」と指摘されている[8]。

　実際には、弁護士が相談者の話に疑問を感じ、聞きただすことによって、相談者が不機嫌になったり、気まずい雰囲気になることがある。そのようなことを懸念して、あえて、疑問に思いながら相談者の言い分だけを聞いて済ませることもあるだろう。また、二次被害を与えることを恐れて、聞きにくいことを聞かずに終わることがないわけではない。１回限りの法律相談ならば、本人が語るところが事実だとして回答を出せばよい場合もあるだろう。また、中には、自分に不利な事実を隠し、有利なことだけを述べて、弁護士のお墨付きを得ることが目的だと思える場合もある。しかし、法的解釈や結論は、前提事実が変われば全く話が変わるという場合が少なくない。結論のいいとこ取りをしても紛争解決の指針としては役に立たないどころか有害で

6）　同42頁以下。
7）　菅原郁夫・サトウタツヤ・黒沢香編『法と心理学のフロンティア』Ⅱ巻（㈱北大路書房、2005年）169頁以下。
8）　同170頁。

すらある。であるから，法律相談においては，できるだけ真実に近づく努力をすべきだと考える。そのためには，疑問に思うところや，矛盾する点などは適宜質しつつ，事実の把握に努める必要がある。また，そうやっても，必ずしも真実とは限らないのであるから，仮に，本人が語ることと違う事実を前提にすれば，違う結論になるということも告げておく必要がある。特に，後に受任するかも知れなくなる可能性がある場合には，そのような注意が必要であろう。

　なお，心理相談においては，必ずしも真実の追究が優先しないというのは，法律相談と大きく異なるところであり，なぜなのか理解しておく必要がある。すなわち，「心理相談においても，クライエントが真実ではないことを語ることがある。しかし，その虚偽性を指摘するのではなく，とりあえずクライエントが語る，"内的真実"をしっかりと受け止め，語った内容そのものよりも，『どうしてそういう虚偽の世界をつくらねばならないのか』という方向から，クライエントの心の深層に近づいていく。つまり，真実はどうだったのかは最優先課題ではない。」ということである[9]。

　ただし，法律家の立場からいうと，法と心理がからむ問題では，心理専門家も，客観的真実がどうであるのかについて関心をもつ必要があると考える。なぜなら，法律的解決には，本人の内的真実よりも，客観的真実が重要になるのであり，心理専門家と法律家が協働して問題解決にあたろうとする場合には，客観的真実の土俵の中で着地点を探す努力をやらざるを得ないからである。客観的真実を法律家と心理専門家が共通にしておかないと，問題解決の統合ができないことになるのである。

（4）　限界と心理学との連携

　このように，リーガル・カウンセリングの考え方や手法は，法律相談における相談者との信頼関係の作り方に大切な示唆を与えている。しかし，そのことは，弁護士がカンセラーをかねることとは別問題である。弁護士は，最

---

9)　同169頁。

終的には依頼者の法的な利益を実現することが目的である。カウンセリングマインドより，事実に基づく法的判断や見通しを優先させるべき部分があることを自覚しておくべきである。「心の問題に深く触れるような相談事案の場合，弁護士としての専門性を超えるような事態にぶつかることもある。1人で（あるいは1領域で）抱えるのではなく，近接した他領域（医療，教育，福祉など）との連携協力に努めることで，互いの専門性がより有効に発揮できるものと期待できる。」[10]との指摘はまさにその通りである。特に，真実性の吟味が必要な場合には，受容して傾聴することと，吟味する姿勢の間に弁護士のほうが葛藤を感じる場合がある。弁護士として優先させるべきは真実性の吟味である。もし，矛盾や葛藤を感じるときは，そのことを告げて弁護士の役割に徹するのがよいと考える。

5　ドメスティック・バイオレンスにおける法と心理

（1）ドメスティック・バイオレンスとは何か？

ドメスティック・バイオレンスについては，法律家の間でも，単なる夫婦喧嘩ととらえたり，被害の深刻さがなかなか理解されず，当事者への対応が適切になされているとはいえない実態がある。その原因は，やはり，被害の実態や社会的背景，暴力の特徴，被害者の心身への影響などへの認識不足である。従って，まず，基本的な知識として必要なものを取り上げるとともに，ドメスティック・バイオレンスと心理的問題が重なる裁判例を取り上げる。

「配偶者からの暴力の防止法および被害者の保護に関する法律」（以下，配偶者からの暴力の防止法と略する）1条においては，配偶者からの暴力について以下のように定義する。すなわち，配偶者（事実上の関係を含む）からの身体に対する（身体に対する不法な攻撃であって，生命または身体に危害を及ぼすもの），またはこれに準ずる，心身に有害な影響を及ぼす言動をいう。殴る，蹴る，首を締める，押し倒すなどは言うまでもなく，精神的暴力や性的

---

10) 同176頁。

暴力も含まれる。精神的暴力とは，大声で怒鳴る，ののしる，何を言っても無視する，大切にしているものを捨てる，付き合いや仕事などの行動を制限，生活費を渡さないなどがはいる。性的暴力とは，性的行為を強要，避妊に協力しない，中絶の強要などである。

（2） ドメスティック・バイオレンスは中立的な問題か？

　ドメスティック・バイオレンスは，夫婦喧嘩のようなどっちもどっちという問題ではなく，性に基づく暴力であるということを注意しておきたい。配偶者からの暴力防止法の定義は，夫から妻への暴力とはなっておらず，言葉としては男女いずれからの他方配偶者への暴力を含み中立的な規定である。しかし，ドメスティック・バイオレンスは，実際の統計では，男性から女性に向けられた性による加害と被害の関係が明白に存在する。国連女性に対する暴力特別報告者ラディカ・クマラスワミ氏は，この点につき以下のように述べている。

　「ドメスティック・バイオレンスは個人的な領域，一般には親密（性的）な関係，血縁，または法律上の関係にある個人の間で生じる暴力である。言葉の上では中立的に見えるが，ほとんど何時でも，女性に対して男性が犯す特定のジェンダーによる犯罪である。逆のことが起きて，女性が男性のパートナーを殴ることはあっても，ドメスティック・バイオレンスがジェンダーを特定している（男性から女性への）暴力であるという性質に統計上影響を与えるものではない。そのようなことが起きるのは，多くの場合，女性が虐待するパートナーから物理的に身を守ろうとするときである。」[11]

（3） 統計にみる被害の実態

　① 内閣府男女共同参画局編，「配偶者等からの暴力に関する調査」によれば，身体的暴行（男性8.1％，女性15.5)，心理的暴行（男性1.8％，女性

---

11) ラディカ・クマラスワミ『女性に対する暴力―国連人権委員会特別報告書』（明石書店，2000年）17頁以下。

5.6％），性的強要（男性1.3％，女性9.0）であり，いずれの被害も女性の被害率が男性より高い。また，命の危険を感じた比率（男性77.6％，女性22.9％）や怪我をした比率（男性6.1％，女性14.3％）も，女性の方が圧倒的に高い。すなわち女性のほうが男性より暴力を受けることが多く，ダメージも大きいのである[12]。

② 被害者の割合

配偶者間の暴行，傷害，殺人の刑事事件に現れる加害者と被害者の性別はどうか。平成13年刑事司法の統計，警察庁調べによれば，暴行，傷害，殺人の認知件数総数1,444件のうち，暴行は156件でそのうち女性の被害者が102件で97.4％，傷害は1,097件でそのうち女性の被害者が1,065件で97.1％である。暴力のベクトルが男性から女性に向けられていることを顕著に示している。ところが，殺人だけは，女性の被害者が60.7％で，男性の被害者が39.3％である。殺人の場合だけどうして男性が4割近くを占めるのだろうか？諸外国の調査では，暴力の被害者であった女性が，加害者である男性を殺してしまうケースが多いと指摘されている。日本でも同様のことは十分考えられるが，統計の分析が必要である。

③ 加害者の特徴

加害者に関する研究は少ない。「ドメスティック・バイオレンスの加害者に関する研究」[13]は，平成13年10月から同14年5月までの間に検察庁の処分がなされた不起訴事件，第一審の判決が確定した事件の記録に基づく調査結果であり，貴重な統計である。

加害者（配偶者，元配偶者，内縁，元内縁）が殺人，殺人未遂，傷害，傷害致死，配偶者からの暴力等防止法違反，ストーカー規制法違反を起こした事案，総数346件の事件記録の調査分析である。男性加害者は322人で，女性加害者は24人である。親密な関係で起きる重大な刑事事件の加害者は圧倒的に男性が多い。

---

12) 内閣府男女共同参画局編『配偶者等からの暴力に関する調査』（2003年4月）。
13) 法務総合研究所『研究部報告24―ドメスティック・バイオレンス（DV）の加害者に関する研究―』（2003年）。

第Ⅲ部　協働の試み――「司法臨床～女性と人権」の授業実践

　罪名別の加害者数は，傷害（男性307人，女性23人），殺人（男性3人，女性ゼロ），殺人未遂（男性3人，女性1名），傷害致死（男性3人，女性ゼロ）である。殺人や傷害致死という重大な結果を招いているのはすべて男性である。

　身体的暴力の内容では，男性は，拳固で殴る62％，足で蹴る53％，平手で打つ28％，髪を引っ張る28％，押し倒す24％，体に傷をつける可能性のある物で殴る16％，引きずり回す13％，凶器を身体につきつける12％，首を絞める12％の順となっている。その結果，被害者である女性が治療を要した平均加療日数は41日である。

　これに対して，女性の身体的暴力は，凶器を身体につきつける67％，拳固で殴る25％，体に傷をつける可能性のある物で殴る25％，足で蹴る17％，平手で打つ13％等の順である。その結果としての被害者である男性の平均加療日数は14日である。

　男性は女性より複数の種類の暴力を使用しており，加療を要する日数からみても，女性の受けた身体的ダメージのほうが男性の受けたダメージより圧倒的に大きい。また，女性が暴力をふるう態様の一番が，凶器を身体に突きつけるという形態であることは，男性の暴力との顕著な違いであり，身体的に力のある男性に立ち向かううえで凶器を携える形態が多いということであろう。逆に男性の場合は，女性と違って，身体そのものが凶器の役割を果たしているといえよう。暴力の種類や数，被害者のダメージの違いは，暴力が被害者に及ぼす危険度が，男女の加害者で異なることを示している。

　また，この調査で興味深いことは，加害者が過去に類似行為をしていたかどうかということである。男性の82％は過去に同一被害者に類似行為を平均5.8年継続しており，過去に処分を受けていた加害者もいる。これに対して，女性の場合は，50％は過去に同一被害者に類似行為をし，平均2.8年継続していた。男性の場合，82％が過去にも同様の加害行為をし，平均5.8年継続しているということは，ドメスティック・バイオレンスが加害者の意思では止まらないことや，被害者が逃げることの困難さを示しており，被害の深刻さが統計的に明らかである。

　他方で，女性の50％は過去に男性被害者から身体的暴力を受け，17％は精

神的暴力，13％は性的暴力を受けていた。これに対し，男性が過去に女性被害者から身体的暴力を受けていたのは4％に過ぎない。また，女性の33％は事件直前に男性被害者から身体的暴力を受けていた。女性の場合は，過去にドメスティック・バイオレンスの被害者であった者が少なくないということである。女性が刑事事件を起こす動機，背景にも，男性からのドメスティック・バイオレンスが存在しているのである。

④ 暴力の背景にあるものは何か？

上記のとおり，ドメスティック・バイオレンスは男性から女性に対して向けられる暴力であるが，なぜ，男性は自分の身近にいる親密な女性に対して，な暴力をふるうのだろうか？ その背景や原因にはどういう問題があるのだろうか？ 女性自身は，どう感じているのだろうか？。

被害者の聴き取り調査からは，以下のようなことが浮かび上がるという[14]。すなわち，日常の些細な出来事が大きな暴力へとつながっていることが多く，仕事のストレスやイライラが八つ当たりやストレス発散の対象として暴力になる。異性の友人に焼きもちを焼くことがきっかけであったり，子どもができたことで焼きもちをやいたり，パートナーの言動に対し，「自分の思うとおりにいかない」「言うことをきかない」「気にいらない」ということがきっかけで暴力をふるったりする。また，「女は男を立てるべきである」「女性は男性よりも格が下」など女性を男性よりも低くみる女性蔑視の考え方や，結婚したら妻は夫の所有物であるという所有意識もある。固定的な性別役割分担意識が強く，「女性は，夫や姑につかえるものだ」「女性は家で家事・子育て・介護をするものだ」という意識をもっているので，妻がその役割を果たせないと暴力をふるう原因になる。また，加害者が子ども時代に母親が父親から暴力を振るわれているのを目撃したなどの子ども時代の環境も指摘されている。

このような調査結果から分かるのは，ドメスティック・バイオレンスの加

---

14) 内閣府男女共同参画局編『配偶者等からの暴力に関する事例調査』（財務省印刷局，平成14年）60頁以下。

害者は，身近な女性である妻を，対等な人格をもった人間としてではなく，自分より一段下の存在であり，思うように支配できる相手だと意識していることが伺える。それは根強い男尊女卑の意識である。従って，女性との間で対等なコミュニケーションを図る意思もなく，暴力は相手を自分の思いのままに支配する手段として使われているのである。加害者は妻を自分と等な人間だと思っていないということが，大きな特徴である。また，妻の実家や両親，親族も妻と同様である。

⑤ 被害者の心理の特徴

被害者の心理の大きな特徴は加害者への恐怖である。すなわち，暴力が被害者に与える精神的影響について，もっとも多く挙げられたのは，直接に暴力を受けなくなった後でも，暴力を受けていた頃の恐怖が消えないということである。例えば，パートナーを思い出すような刺激に反応して恐怖を感じるとか，男性全般に対して恐怖を感じるというものである。暴力後の生活で，精神科や診療内科などへの通院しているものもある[15]。

先に，刑事事件の記録に基づく調査において，男性加害者が複数の暴力を用いる傾向にあり，被害者の受けた身体的ダメージは平均41日間の加療を要するなどから，男性加害者の身体そのものが凶器の役目を果たしていると指摘した。さらに，長期にわたる継続性，反復性というのは，いつ凶器に変わるか知れない存在に怯えながら，毎日を送るということである。目の前にいなくなったからといって，その時の恐怖が簡単に消えるものではないことは想像できるのではないだろうか。

しかし，法律家がなかなか理解しないのはこの恐怖心である。社会的にきちんとした仕事をしている夫の場合は特にそうである。法律家の前にいるときに，愛想よく礼儀正しくしていれば，こんな人がひどい暴力をふるうことが信じられず，妻がいつまでも恐怖を感じているということが信用されにくい。それでも，身体的暴力の場合はまだましである。精神的暴力については，とりわけ司法関係者の意識が低いと指摘されている[16]。法律家は，暴力と

---

15) 同31頁以下。

いう言葉から，刑法の暴行罪（208条）の定義を考え，言葉による脅かしや侮辱などは暴力の範疇に入らないと考えるのであろうか。殴られたわけではないのに，夫を怖がる妻の心理というのは，なかなか理解されにくい。ケースivの裁判官のごとくである。

（5） ドメスティック・バイオレンスと裁判例

① 配偶者からの暴力防止と保護に関する法律に定める保護命令は，被害者の安全を確保するうえで極めて重要かつ有効であるが，ここでの「被害者」は，「配偶者から身体に対する暴力を受けたもの」に限るとされている。すなわち，精神的暴力や性的暴力には適用されない。身体的暴力を受けたにも等しいような恐怖心を夫に抱いている場合でも，原則的には保護命令の申立はできない。保護命令違反には刑事罰があることから，適用の要件を厳格にしたものとされている。ただ，直接の身体的暴力はなくても，以下のような事例では保護命令が認められている。

静岡地裁平成14年7月19日決定[17]によると，夫が妻に対して，長年侮辱的言動を繰返していたうえ，いわゆる寸止め行為といって，手拳を顔面すれすれで止めるという行為を繰り返していた。妻は，そのような言動によって，PTSDを発症していると診断されている。裁判所は，夫がその言動によって妻に精神的な症状を発症させるに至っていることをもって，「身体に対する暴力」と認め，さらに，生命，身体に重大な危害を与える恐れがあると判断したのである。PTSDとの診断を受けていることが決めてになっている。保護命令の趣旨に照らせば当然の決定であろう。

② ドメスティック・バイオレンスが原因で妻がPTSDに罹患していることを認め，離婚と慰謝料の支払いを命じた判決として，神戸地裁判決平成13年11月5日がある。これは，慰謝料900万円の支払いを命じた。この裁判では，PTSDの診断と治療を専門とする精神科医がPTSDと診断し，その原因

---

16) 第二東京弁護士会司法改革推進二弁本部ジェンダー部会司法におけるジェンダー問題諮問会議編『司法におけるジェンダー・バイアス』（明石書店，2003年）136頁。
17) 判例タイムズ1109号252頁。

は夫による身体的および性的暴行にあるとの意見を提出しており，それが裁判所の判断の根拠となっている。また，子どもの親権についても，病院小児科の医師が，夫との接点をもつことは精神病理の悪化を招きかねないとの意見を出している。

③　ドメスティック・バイオレンスを理由に子どもとの面接交渉を制限した事例として，東京家裁決定平成14年5月21日がある。裁判所は，妻は，まだ暴力による心的影響から抜け出せず，カウンセラーの治療を受けているうえ，現在でも夫に加害者としての自覚は乏しく，妻を対等な存在として認め，その立場や痛みを思いやる視点に欠けるとし，妻は，PTSDと診断され，安定剤等の投与のほか，心理的な手あてが必要であり，夫と面接交渉の円滑な実現に向けて対等の立場で協力しあうことはできない状況にある。現時点で面接交渉を実現し，あるいは間接的にも接触の機会を強いることは妻に大きな心理的負担を与える，母子の生活の安定を害し，子どもの福祉を害する虞が大きいとして面接交渉の申立を却下した。

④　これらの裁判例では，被害者や影響を受けた子どもらが医師の治療を要する状態になっていることが認められたため，比較的被害者の保護に適した判断になっている。身体的暴行でも，なかなか医療機関に行けない場合も多く，結果的に証拠の点から不利になるケースがあることからしても，ドメスティック・バイオレンスの被害者が，カウンセリングや医師の適切な診察を気軽に受けることができるような体制が，被害者の法的保護，救済にもつながるといえる。

（6）　ドメスティック・バイオレンスの被害者への対応

以上のような特徴を理解したうえで，被害者への対応は慎重になされる必要がある。例えば，被害を「それくらいはたいしたことない」などと軽視したり，「貴方にも相手を怒らせた原因があるのでは」などと被害者のせいにしたり，「相手にも悪気はないのでは」などと加害者を擁護するような言葉などは，被害者を傷つけるだけでなく，実態を理解していないということになるだろう。また，加害者が，裁判所や弁護士に対して礼儀正しく振る舞う

からといって，ドメスティック・バイオレンスがなかったと思うのはむしろ誤解である。いわゆる外面と内面の使い分けということを考える必要がある。男尊女卑的意識が強ければ，裁判所のような権威のある相手の前で礼儀正しく振舞うのはむしろ当たり前である。

　また，被害者に対して，調停や裁判などで，相手方のいる場所への同席や対面することを安易に求めてはならないと考える。ドメスティック・バイオレンスの夫の場合，なぜか，直接妻と話し合いたがることが多い。自分が会えば説き伏せることができると高をくくっているのか，会って話せば妻が戻ってくると信じているようでもある。実際，「どうして妻が出て行ったか分からない」という男性が少なくない。妻が，夫に黙って家を出たような場合には，自分こそ被害者のように振舞うこともある。しかし，私の経験上は，妻が夫に黙って家を出るのは，冷静に話し合える相手ではなく，別居を切り出せば暴力をふるう恐れがあったり，妨害されるからである。「どうして出て行ったか分からない」という夫は，多くの場合，自分の暴力を過少評価し，自覚に乏しいことが多い。「あれくらいのことで出て行くなんて」と思っている場合もある。誰かがそそのかしていると本気で信じている場合すらある。

　被害者が恐怖心を持っているのは，過去の被害体験からである。いくら，裁判所では暴力を振るわないと思っても，内閣府の調査[18]からみても，被害者の恐怖心は，相手がいなくなってからも続いているのである。仮に被害者が同意したとしても，裁判所や弁護士から勧められると，断れば自分に不利になるのではないかと不安になり，無理して同意しているかもしれないからである。したがって，基本的に，ドメスティック・バイオレンスの場合には，相手方との同席や対面は避けたほうが賢明である。

---

[18]　内閣府男女共同参画局編前掲注14) 31頁。

6 セクシュアル・ハラスメントの法と心理

(1) セクシュアル・ハラスメントと法的救済

セクシュアル・ハラスメントについては，雇用機会均等法21条に定義がある。すなわち，「職場において，行われる性的な言動に対する対応によって，その労働条件につき，不利益を受け，または，当該性的な言動によって就業環境が著しく害されること」で，いわゆる対価型と環境型がある。これは事業者に課せられた環境の整備義務を定めた定義であるが，現在では，不法行為の裁判でもセクシュアル・ハラスメントの定義として使用されることがある。セクシュアル・ハラスメントの被害者が法的救済を求める方法としては，加害者や使用者に対する損害賠償請求の裁判を起こす事例が多く，この種の裁判例は多数積み重ねられている。

(2) 裁判におけるセクシュアル・ハラスメントの事実認定について

① セクシュアル・ハラスメントのような性被害については，証拠が乏しいことが多いため，当事者の供述の信用性の判断が勝敗の決め手になることが少なくない。すなわち，加害者と被害者のどちらの言い分が信用できるかということになるのである。そして，裁判官に性被害に関する固定観念が強いと，被害者が経験したことを正直に述べることがかえって裁判官のイメージとずれてしまい，信用されないという皮肉で不合理な結果になる。しかし，裁判官の固定観念が裁判をゆがめるということは，真実に基づく公正な裁判という理念に反する。

② 性被害には強姦神話がつきものである。「嫌ならなぜ逃げなかったの？」「本当に嫌なら抵抗できるはず」「強姦は被害者の落ち度が原因である」などというものである。しかも，強姦罪においては，今も実際の司法において，被害者の抵抗の度合いをものさしにして，暴行・脅迫の程度を判断するという解釈が行われているのである。しかし，それが，実際の被害者の心理を全く無視した不合理なものであることは，以下の研究により明らかである。すなわち，「アメリカのボストン私立病院緊急科に送致された強姦被

害者に対してなされた面接調査の結果（A・バージェス，L・ホルストロム「強姦被害者の対処行動」1976年4月）によれば，「強姦直前の脅迫期差し迫った強姦の危険を回避するためにどんな対処行動をとったか？」との質問に対して，90人の被害者のうち，身体的抵抗をした人は21人で，なすすべもなく身体的麻痺に陥った人は22人，意識を失うなど，心理的麻痺に陥った人は12人だという結果である。」[19] という。

　強姦神話のように事実に基づかない偏見，バイアスを司法から除くには，司法が心理学やその他の科学的研究の成果を取り入れて連携する必要がある。

　③　日本より早くにセクシュアル・ハラスメントが法的に問題になったアメリカでも，裁判官のバイアスが問題になり，主として女性の法律家が裁判から偏見を取り除くための活動をした。すなわち，「アメリカでは，セクシュアル・ハラスメントの訴訟において，裁判官が意に反する性的言動への対応について，固定観念をもち，それに基づいて原告を評価することがあり，そのために法的救済が少数の女性にしか与えられないとの指摘がなされた。」というのであり，そのアメリカ人弁護士が日本の裁判例をみて，同じ問題が起きていると警告したのである[20]。その例としてあげられた判決は，金沢地裁輪島支部判決平成6年5月26日と，横浜地裁判決平成7年3月24日であった。「いずれの事件でも，裁判官は肉体的暴行を受けた女性がどのように行動するかについて，硬直的で誤った固定観念を持っていたように思える。原告が，裁判官の期待に合わない行動をとったり，申し立てられている行為の態様が，固定観念に合わない場合には，原告の証言の信憑性が否定されている。」というのである。

　④　アリソン・ウエザーフィールドは，「われわれは皆，男女を問わず，性的暴行その他の危険に対する人間の反応について，一定の先入観をもっている。アメリカの裁判では，裁判官が直感に基づいて判断を下す恐れがある

19）　井上麻耶子『フェミニストカウンセリングへの招待』（ユック舎，1998年）82頁以下。
20）　アリソン・ウェザーフィールド著「アメリカ人弁護士のみた日本のセクシュアル・ハラスメント（下）」ジュリスト1080号75頁以下（1995）。

第Ⅲ部　協働の試み――「司法臨床〜女性と人権」の授業実践

場合には，このような直感が必ずしも正しくないことを証明する研究が証拠として出されるのが慣例である。セクシュアル・ハラスメントや性的暴行に関しては，正確で重要な社会科学的研究がなされており，アメリカの弁護士は個々の裁判において，これらの研究を証拠として援用することが多い。筆者自身，セクシュアル・ハラスメントを受けた女性は，心理的に事態に適応するために，問題の存在を否定することもあるという専門家の証言や，セクシュアル・ハラスメントの被害者のうち，不快な行為に対してはっきりと抗議する者はごく少数であることを示す研究を援用した。」と指摘する。

　また，アメリカでは，「裁判官がこのような知識を得るための教育セミナーに参加の機会があり，連邦政府が「性的暴力の理解のために――他人・知人による強姦および性的暴行への司法的対応」と題する裁判官教育のカリキュラムを作成するための資金提供している。」とされている。

　⑤　このように，アメリカではセクシュアル・ハラスメントの裁判を契機に，性的被害における被害者の行動に対する誤った固定観念を正すのに，心理学的研究その他の社会科学の研究成果が生かされ，それらの科学的知識を裁判官が得るための研修の機会が与えられるようになった。司法から誤った固定観念を取り除くことの重要性や，そのために裁判官への教育が必要であることについて司法も政府も認識した結果である。

（3）　セクシュアル・ハラスメント裁判と心理学からの支援

　①　セクシュアル・ハラスメントのいわゆる対価型とされる事件は，被害者と加害者の間に権力関係があり，それゆえに被害者が加害者の性的言動に逆らえない。しかし，被害者が拒否しなかったという結果だけをみれば，合意に基づいて受け入れた場合との違いが見えなくなるのである。強姦被害者は，身体的暴行に対して必ずしも身体的に抵抗できるとは限らないが，権力関係によって支配従属させられる場合も，抵抗できないのである。拒否しなかったのではなく，拒否できなかったのである。しかし，権力関係のもとであっても，「嫌なら拒否すればよい」「拒否しなかったのは合意があったからだ」との固定観念は根強い。権力という見えるようで見えない力関係のもと

で，どうして加害者は被害者を屈服させることができるのか，その支配従属の関係を理解するには，社会心理学の分析が有効である。

② 大学教員から指導学生に対するセクシュアル・ハラスメントが問題になった東北大セクシュアル・ハラスメント事件（仙台地裁判決平成11年5月24日）において，原告側からの意見書を提出した沼崎一郎氏によると，大学教員の社会的勢力は以下のように分析される[21]。すなわち，「社会的勢力とは，ある集団の成員が他の成員の行動を一定の方向に変えることのできる潜在的な能力を意味し，一言でいうなら，『言うことを聞かせる力』」である。それは，a 報酬勢力，b 強制勢力，c 正当勢力，d 参照勢力，e エキスパート勢力の5種類の社会的勢力に区分できる。そして，「大学教員はさまざまな社会的勢力を保有し，（略），特に，学部の専門教育課程や大学院での専攻において，単独の教員が，上記の5種類の社会的勢力を一手に握る場合が多いということです。」[22]と指摘されている。そこから，教員から学生へのセクシュアル・ハラスメントの特徴として，暗黙の対価性，同意の強制，権威への服従が導かれるという。

③ 東北大学事件では，学生が指導教員から論文指導を始めとした個別指導を長期間受けており，その間に，出張や小旅行への同行など，一見すれば男女の交際ともみれる時期があることや，被害申告の時期が遅いことなどから，これをセクシュアル・ハラスメントとして理解するには，教員と学生の間の権力関係とその支配下での当事者の心理状態を分析し，解釈することが鍵になったと思われる。実際，被害者は，当初大学にセクシュアル・ハラスメントの被害を申し立てたが，大学は調査の結果，男女関係のもつれとして処理したのである。その調査結果に納得できなかった被害者が裁判に訴えて，勝訴したのであった。判決では，「被告と原告の間には教育上の支配従属関係があった。被告は教育上の支配従属関係を背景に修士論文の指導にあたり性的冗談，不快感を与える言動をして良好な環境の中で研究し教育を受ける

---

21) 沼崎一郎『キャンパスセクシュアル・ハラスメントへの対応』（嵯峨野書院，2001年）57頁以下。
22) 同62頁以下。

第Ⅲ部　協働の試み――「司法臨床～女性と人権」の授業実践

利益を侵害し，原告が指導を放棄されることを恐れて強い拒絶できないことに乗じて性的接触をし性的自由を侵害した。原告から，距離をおいてほしいと明言されると評価を一変させて締め切り間際の論文の書き直しを命じたのは指導教官としての権限を乱用した報復である。」等と認定し，一連の行為は不法行為を構成するとして，原告の主張を全面的に認めた。大学における教育上の支配と従属という権力構造を理解したうえでセクシュアル・ハラスメントを認定した判決である。

セクシュアル・ハラスメント事件では，ここ10年あまりの間に原告が勝訴する事例が多数積み重ねられてきた。その背景には，アメリカでの先駆的研究や日本における心理学的研究の支援も非常に大きかったといえよう。

[付記]「法と心理の連携・協働」という大きなテーマをあげながら，実際にはごく限られた個人的経験や知識を基に授業を構成したに過ぎない。法と心理を選択する両方の学生が，問題意識を持つきっかけになってくれれば幸いである。また，心理の専門家，実務家であられる村本教授と一緒に授業ができて，異業種間の協働という貴重な機会が得られ，私自身の勉強にもなったことを感謝いたします。

● **参考文献**（文中に紹介したもの以外）
日弁連法務研究財団編『法と実務3』商事法務，2003年
小西聖子『犯罪被害者の心の傷』白水社，1996年
宮地尚子編『トラウマとジェンダー』金剛出版，2004年
野田正彰『喪の途上にて』岩波書店，2005年

（段林和江）

Ⅲ-2　臨床心理学から

1　はじめに

　筆者は，女性や子どもを対象にした開業臨床という形で16年，臨床実践を行ってきたが，司法と接点を持つ機会を幾度となく経験してきた。虐待，性被害，DVなど女性や子どもの被害をめぐる問題に取り組むなかで，実践の初期より弁護士とのつながりに恵まれており，法的判断を迷う場合に助言を求めたり，逆に，心理的観点から助言を求められたりすることは多かった。弁護団の一員に加わったり，DVの被害状態や子どもの虐待状態，あるいは，子どもの証言の信憑性について意見書を書く，人権救済申立ての過程に付き添う，性犯罪事件の裁判過程に付き添い支援する，加害女性の心理について意見書を書いたり，加害女性の治療修復の過程に関わるなど，司法のプロセスに関与する機会もあった。そのなかで，とくに被害をめぐっては，心理と法の連携が必須であることを痛感してきた。

　他方，心理と司法とでは，ものの考え方や問題解決の姿勢に大きくずれがあり，互いの領域についての基本的知識を欠く傾向があることによる連携の困難も経験してきた。自分自身に法的な基礎知識が必要であったし，弁護士に理解しておいて欲しいと思うこともあった。互いの役割について，あらかじめ共通の土台があれば，援助がスムーズにいくだろう。連携に焦点を絞った教育の場が必要であることを実感してきた。

　立命館大学法科大学院に「女性と人権」のリーガル・クリニックが開設されるにあたって，2005年2月，法科大学院の先生方と一緒に米国における視察に参加する機会に加え，応用人間科学研究科と法科大学院の院生を対象に4月より新しく開講された「司法臨床」の授業を，法科大学院の段林和江弁護士と一緒に担当するという幸運に恵まれた。本節では，まだまだ課題は多いが，心理と司法の連携のあり方とそのための教育方法を模索するささやかな第一歩である「司法臨床」初年度の授業について報告する。

2 「司法臨床—臨床心理学から」の授業設定

　授業では，演習やディスカッションを盛り込み，じっくりと集中的にやることを考え，全15コマからなる隔週の日曜日4回という集中講義スタイルで行った。前半を司法から，後半を心理からと分け，教員は全体を通じて一緒に授業参加するようにし，必要に応じて助言しあった。本節は後半部分の紹介になるが，臨床心理学からの提起として，限られたコマ数のなかで取り扱うべきこととして，被害者を理解し，二次被害を与えず，それぞれの立場からできる援助について学ぶことを目的とし，①被害者理解（とくに被害者の心理と回復過程について）②援助的なコミュニケーション・スキル，③援助者の自己理解（転移・逆転移と代償性トラウマ）の三点に絞った。また，講義だけでなく，法と心理の学生たちが，演習やディスカッションを通じて交流する時間を多く設定することで，将来の連携のための土台を築くことを目指した。当初は，心理と法からそれぞれ10名程度，計20名程度の受講生を見込んでいたが，実際には，本テーマへの関心の高さを示唆するかのように，それぞれ30名程度，計60名程度の受講となり，ペアを組んでの演習，グループになってのディスカッションという形をとった。

　講義の最初に，受講生同士の交流を促すために，受講動機を含めた自己紹介をしてもらった。法の学生ではインターンシップなどの経験から，現場では法律の知識だけでは不十分であり，クライエントとうまくコミュニケートできる技術を身につけたいと思うようになった，多くの被害者がしかるべき相談機関に行かない，法律家として，隣人として何ができるのか，被害者の回復の全体像を知りたいなどの動機が語られた。心理からは，社会人学生を中心に，現場に出て，実際に被害者と関わるなかで連携の必要性を感じてというものが多かった。司法関係者が被害者心理についての理解がないために，被害者が2次・3次受傷を負うことが多々あるので，司法制度に心理が食い込んでいく必要性を感じているというものもあった。

3 「司法臨床」とは何か？

（1） これまでの「司法臨床」

前節でも紹介されているが，廣井（2004）は，『司法臨床入門』のなかで，「司法機関である家庭裁判所において，少年や家族に施される臨床的アプローチ」を「司法臨床」と呼ぶとしている。また，竹江ら（1991）は，『司法心理臨床』において，「司法心理臨床」とは，「犯罪（または非行）事案の捜査からはじまって，犯罪者等の処遇を決定し，さらに犯罪者の公正と社会復帰を目指す一連の過程において，そこに関係する種々の機関の職員が，心理学的知識，技術，方法を用いて対象者とかかわる活動の総称」であり，その領域として①警察関係，②裁判所関係，③矯正関係を挙げている。

臨床心理の分野には，学校臨床，病院臨床，産業臨床などの言い回しがあり，後半分の「臨床」は「臨床心理学」を指し，前半分の「学校」,「病院」,「産業」などは，その応用領域を示している。これらの言い回しに習えば，「司法臨床」とは，司法領域における臨床心理活動を指し，「司法臨床学」は，臨床心理学の下位概念となる。

（2） 法 心 理 学

他方，これに類似する概念として，「法心理学」というものがある。米国で，ここ30年ほどの間に，急激な発展を遂げた学問領域であり，「法心理学とは心理学と法の共有部分であり，法的コミュニティに提供される心理学的サービスは，すべて，法心理学的サービスと言える。しかしながら，ほとんどの法心理学者は，本質的に臨床的サービス，法的サービスの両方を提供するものである。交通事故によって心理的トラウマを負った人の治療をするなら，それは，トラウマからの回復を助けるためにデザインされた臨床的サービスであるが，トラウマの程度や心理的損傷を査定するために法廷への報告を行った場合は，法的サービスなのである」("Psychology Information Online: Your Internet Resource for Information about Psychology", Practicehttp://www.psychologyinfo.com/forensic/ より）。

第Ⅲ部　協働の試み——「司法臨床～女性と人権」の授業実践

　具体的には，家庭裁判所との関連では，子どもの親権，面会，虐待，養子受け入れ準備性などのアセスメント，家族再統合プランの作成など法的サービスのほか，家庭裁判所からリファーされてくる家族へのカウンセリング，治療的スーパーバイズド・ビジテーション，ペアレンティング・スキル・トレーニングなどの臨床的サービスがある。民事裁判所との関連では，セクシャルハラスメント・性差別における心理状態，労働者補償などのアセスメント，心理的検死解剖などの法的サービス，PTSD，不安，鬱，トラウマ関連の恐怖症などへの臨床的サービスがある。刑事裁判所との関連では，少年犯罪に関する犯罪行為，子どもの証言の信頼性，責任能力のアセスメントなどの法的サービス，接近禁止命令を破った人のカウンセリング，保護観察中の少年・成人のカウンセリング，暴力加害者のアンガー・マネジメントなどの臨床的サービスがある。
　したがって，「法心理学」は心理学の下位概念として位置づけられ，「司法臨床」は，「法心理学」の実践部分を指すと考えることができる。法心理学者は心理学者であり，司法臨床の実践家は，臨床心理士，もしくは，これに準ずる心理士ということになる。

（3）　法と心理の協働による「司法臨床」

　本講義で考えている「司法臨床」は，前節で段林が述べているように，①司法領域において心理学的知識を活かした問題解決をはかる，②心理的手段と法的手段が連携・協働して，双方向からトータルな問題解決に向けて取り組むことを含んでおり，心理学の下位概念とも，法学の下位概念とも位置づけていない。むしろ，心理学と法学の接点を共通部分として拡げていく試みである。心理士による①の実践が上記，法心理学実践としての司法臨床であり，法律家による①の実践としては，カウンセリングの知識や技術を活かして相談に乗るリーガル・カウンセリングや，法手続における心理学者の援用（証言や意見書作成など）が挙げられるだろう。
　心理学者の専門家証言については，日本においては，まだそれほど例は多くないようである。その理由の大きなものとして，専門家であることを保証

する資格がいまだ確立していないことが挙げられよう。しかしながら，昨今，日本社会において，虐待やDV，被害者問題がクローズアップされるようになり，これらの問題が裁判に持ち込まれる可能性は年々，高まっており，今後，その必要性が増大することは疑いない。

　心理，法のどちらにも偏らない共通の場を作っていこうという動きは，すでに始まっている。2000年に設立された「法と心理学会」設立趣意書には，法学と心理学との学際的な研究交流と研究活動の組織化を目的とし，目撃や自白における心理学的メカニズムや分析方法の確立，法と心理学における基礎的な研究，少年，障害者，被害者等に関わる問題，犯罪行動に関する問題，民事手続きや行政手続きにおける問題，司法福祉の問題，これらに果たすジャーナリズムの役割など現実的な諸課題をテーマに，学術集会，学会誌の発行などの活動を行うものとしている。また，2005年4月には『法と心理学のフロンティア』（菅原郁夫・サトウタツヤ・黒沢香編，北大路書店）が発刊されている。これらは，より積極的な立場から，法と心理学の協働を試みようとする新しい動きと言えるだろう。

（4）司法臨床——女性と人権

　本授業は，リーガル・クリニック「女性と人権」を意識したものであること，また，担当者である段林と村本の専門から，司法と心理の協働を模索する司法臨床のなかでも，女性と人権に焦点を当てたものとした。共に重視しているのは，「ジェンダーバイアス除去の視点」である。単なる心理学や法学の下位概念ではなく，心理と法に共通する領域としての司法臨床，しかも，ジェンダーへの視点を加えた司法臨床を何と名づけるべきなのか，これは，今後の課題である。

4　被害者の理解

（1）被害者の特殊性

　被害者を理解し，スムーズなコミュニケーションを図って，よりよい解決

に向けた援助を行うために，被害者の心理に関する知識は不可欠である。そうでなければ，深刻な二次被害を与えかねない。被害者の心理の詳細に入る前に，国連被害者人権宣言関連ドキュメント (2003) より，被害一般の影響について見ておこう。被害者は，心理的レベルだけでなく，身体的レベル，社会的レベル，経済的レベルにおいても大きな影響を受け，それらが，また新たな心理的負荷を形成する。

　このドキュメントは，被害の影響として，①被害の身体的影響と経済的影響，②心理的傷害と社会的費用，③刑事司法制度および社会からの二次被害の3項目を取り上げている。①被害の身体的影響と経済的影響のうち，被害の身体的影響とは，犯罪の発生に気づいた時，犯行中，犯行後のさまざまな身体レベルの変化（身体的損傷ばかりでなく，心拍数の増加，アドレナリンの増加，震え，涙，不眠，食欲減退，無気力，頭痛，吐き気など）を指し，犯行後もしばらく継続するかもしれない。経済的影響とは，被害の種類によって，犯罪による財産の修理や所有物の取り替え，警備手段の導入，転居の費用や，医療サービスを受ける費用，刑事司法制度に参加する費用，カウンセリング費用，休職・失職による生活費，葬儀費用など，さまざまな可能性が考えられる。調査結果によれば，被害によるショックは被害者のみならず，その直近の家族や近親者，隣人，知人などにも及び，経済的影響や精神的影響は，数年，場合によっては一生続き，世代を超えて持続する場合さえある。

　②心理的傷害と社会的費用のうち，心理的傷害とは，犯罪に対する一般的な反応であり，最初の段階はショック段階であり，恐怖，怒り，絶望感，不信，罪悪感が挙げられ，これらの感情は，後日，たとえば公判への出席や治療のために病院に行った時などに再現する可能性がある。なかでも扱いにくい感情として怒りが挙げられ，ヘルパーや自分自身に向けられやすい。次は，混乱の段階であり，苦悩，悪夢，無気力，憂鬱，罪悪感，恐怖，自信喪失，信仰や信念，意味や喜びを失うなどの心理的反応が現れ，行動レベルでは，アルコールや薬物への依存，社会的関係の断絶，犯罪に関する人や環境の回避などが見られる。多くの場合，この後に回復や受容の期間がきて，正常化と調整の段階に到る。受容初期には，遡及願望（時計が逆に回って欲しい，元

に戻って欲しい）が見られるが，後半部分で事実が受け入れられる。もちろん，犯罪が及ぼす影響の度合いには大きな個体差がある。

③刑事司法制度および社会からの二次被害では，刑事司法制度において，施設による二次被害が存在する。文化，階級，性差などによって被害者の人権が完全に否定されるケースもあれば，取り調べの段階から，訴追するかしないかの判断，公判そのもの，犯人に対する判決を経て，最終的な釈放にいたるまでの刑事捜査と裁判プロセスそのものが二次被害をもたらすこともある。その他，病院や学校の対応，メディアによる配慮に欠ける取材や報道など，被害者サービス機関，被害者補償システム，病院など被害者を救済するはずの機関でさえ二次被害を与える。被害者を取り巻く個人レベルにも問題がある。

援助者として被害者と関わるさい，それぞれの専門領域に関わる知識だけでなく，全体的影響を視野に入れておく必要がある。

（2） 被害者の心理
(a) PTSD

我が国においては，1995年の阪神淡路大震災以来，広く知られるようになった。PTSDは，1980年，アメリカ精神医学会による「精神障害の分類と診断の手引き」（DSM）の第三版に追加された新概念であり，不安障害として分類されている。その後，1987年に改訂され，2000年に第IV-TR版が出版された。このDSM-IV-TRでは，PTSDの診断基準として，AからFの6つの柱が立てられている（American Psychological Association, 2000）。A項目は，PTSDの必要条件であり，PTSDの診断のために，明らかな原因の存在が規定されているという点において，PTSDは，他の精神障害にない特色を持つ。このことは，外傷的出来事の有無を争う法廷に困難をもたらしている。また，同じ出来事に遭遇したとしてもPTSDを発症する人とそうでない人がいることから，何が「外傷的出来事」と言えるのかは，非常に主観的なものを含んでいる。A項目は，以下のとおりである（以下，高橋三郎，大野裕，染矢俊幸訳，2002，『DSM-IV-TR―精神疾患の分類と診断の手引―』医学書院の訳による）。

> A．その人は，以下の2つが共に認められる外傷的な事件を暴露されたことがある。
> ① 実際にまたは危うく死ぬまたは重傷を負うような出来事を，1度または数度，または自分または他人の身体の保全に迫る危険を，その人が体験し，目撃し，または直面した。
> ② その人の反応は強い恐怖，無力感または戦慄に関するものである。
>   注：子どもの場合はむしろ，まとまりのないまたは興奮した行動によって表現されることがある。

次に続くB〜D項目は，トラウマに続くPTSDの3つの症状群を記載している。B項目は，「再体験」と呼ばれる症状である。

> B．外傷的な出来事が，以下の1つ（またはそれ以上）の形で再体験され続けている。
> ① 出来事の反復的で侵入的な苦痛な想起で，それは心像，思考，または知覚を含む。
>   注：小さい子どもの場合，外傷の主題または側面を表現する遊びを繰り返すことがある。
> ② 出来事についての反復的で苦痛な夢。
>   注：子どもの場合は，はっきりとした内容のない恐ろしい夢であることがある。
> ③ 外傷的な出来事が再び起こっているかのように行動したり，感じたりする（その体験を再体験する感覚や，錯覚，幻覚，および解離性フラッシュバックのエピソードを含む，また，覚醒時または中毒時に起こるものを含む）
>   注：小さい子どもの場合，外傷特異的な再演が行われることがある。
> ④ 外傷的事件の1つの側面を象徴し，または類似している内的または外的きっかけに暴露された場合に生じる，強い心理的苦痛。
> ⑤ 外傷的出来事の1つの側面を象徴し，または類似している内的または外的きっかけに暴露された場合の生理学的反応性。

C項目は,「麻痺・回避」と呼ばれる症状である。

> C．以下の3つ（またはそれ以上）によって示される,（外傷以前には存在していなかった）外傷と関連した刺激の持続的回避と,全般的反応性の麻痺。
> ① 外傷と関連した思考,感情,または会話を回避しようといる努力。
> ② 外傷を想起させる活動,場所または人物を避けようとする努力。
> ③ 外傷の重要な側面の想起不能。
> ④ 重要な活動への関心または参加の著しい減退。
> ⑤ 他の人から孤立している,または疎遠になっているという感覚。
> ⑥ 感情の範囲の縮小（例：愛の感情を持つことができない）。
> ⑦ 未来が短縮した感覚（例：仕事,結婚,子ども,または正常な一生を期待しない）。

D項目は,「過覚醒」と呼ばれる症状である。

> D．（外傷以前には存在していなかった）持続的な覚醒亢進症状で,以下の2つ（またはそれ以上）によって示される。
> ① 入眠,または睡眠維持の困難
> ② 易刺激性または怒りの爆発
> ③ 集中困難
> ④ 過度の警戒心
> ⑤ 過剰な驚愕反応

残るE,F項目は,その他の必要条件であり,さらに,特定化のための注釈が付加されている。

> E．傷害（基準B,C,およびDの症状）の持続期間が1カ月以上。
> F．障害は,臨床上著しい苦痛または,社会的,職業的または他の重要な領域における機能の障害を引き起こしている。
>
> i 該当すれば特定せよ：

> 急性　症状の持続期間が3カ月未満の場合
> 慢性　症状の持続期間が3カ月以上の場合
>
> i 該当すれば特定せよ：
> 発達遅延　症状の始まりがストレス因子から少なくとも6カ月の場合

　E項目にあるように，PTSDは，これらの症状が1カ月以上持続している場合を指し，症状の持続期間が2日から4週間以内のものは，急性ストレス障害と呼ばれる。しばしば大きな事件が起こって1カ月以内に，マスコミなどでPTSDが報じられるが，これは間違いである。

　PTSDの基礎は，トラウマの再体験と，トラウマと結びつく記憶や感情を葬ってしまおうとする回避・麻痺が繰り返されることにある。再体験は定期的に生じるかもしれないし，突発的に生じるかもしれない。過剰な刺激によって，神経組織が過敏になり，身体も情動も過覚醒状態になる。トラウマの再体験と関連する悪夢，フラッシュバック，身体的な反応を伴う睡眠障害が起こる場合が多い。麻痺の状態では，トラウマとなった出来事のことを考えたり，それを思い出したりさせるような刺激は避けられ，社会的問題が生じてくる。疲労感，無気力，絶望感に苛まれる。

　侵入性の症状は，とくに性虐待被害者に顕著であることが報告されている。フラッシュバックは，視覚的イメージ，音，臭い，味を伴うトラウマの再体験である。身体的虐待被害者に現れるPTSD症状は，自律神経の覚醒，虐待関連の思考や刺激の回避，暴力的な内容の悪夢，暴力を奮ったり，奮われたりすることを考えてしまうなどである。DV被害を受けた女性は，覚醒亢進状態を示し，不安，恐怖症，睡眠障害，摂食障害，ちょっとした物音に飛び上がるなど過剰警戒が見られる。認知障害に加え，抑鬱と結びつく回避行動が一般的である。レイプ被害者は，しばしば，あたかも暴行が再び起こっているかのように，トラウマを再体験する。不安が高く，トラウマを思い出させるような状況を避けるのが一般的である。Walker（1994）は，レイプの被害者は，被害直後には夢を見ず，REM睡眠（眼球が動く睡眠期で，夢をみる

時）に入ろうとすると目覚めてしまうことが多いと指摘している。時間の経過とともに夢が戻ってくるが，夢は，レイプのそのままの形より，間接的に別の危険の形を取ることが多い。

(b) **解離性障害**

解離の概念と，PTSDの感情的社会的反応の麻痺，招かれない思考や感情の侵入という現象は類似しており，PTSDと解離に有意な連関が見られることを示す研究もある。PTSDが不安障害のひとつに分類される前，PTSDは不安障害か解離性障害かをめぐって，DSM-III-R（APA, 1987）作成のさいには，大きな論争があった。DSM-IV-TR（APA, 2000）のクライテリアには，5つの解離性障害が記載されている。すなわち，解離性健忘，解離性遁走，解離性同一性障害，離人症，DDNOS（特定不能の解離障害）である。

解離性健忘と解離性遁走は，典型的には，幼少期の虐待，戦争や経済的災害，抑鬱，自殺未遂などストレスの高い状況と関連して起こる。解離性同一性障害（DSM-IV以前は多重人格障害とされていた）のように深刻な解離性障害は，子ども時代の深刻な虐待経験と関連していることが示唆されている。離人症については，それが独立した障害として存在するかについての一致した見解は得られていない。性的虐待被害者では，天井や壁に浮遊したといった報告が離人症の共通した形である。1人の患者が，解離性健忘と離人症の両方のクライテリアを満たすのが普通である。これらの患者のほとんどが，完全な，もしくは部分的な形を取る解離性同一性障害を持っているので，DDNOS（特定不能の解離障害）に分類されるべきである。

(c) **自己概念の歪み**

自己概念の歪みも一般的である。とくに，虐待的な家族の中で育つなど，繰り返された子ども時代のトラウマでは，それが顕著になる。虐待された子どもは，自分が悪いから傷つけられたと考える。虐待の最中，もしくは，虐待後に加害者が口にした否定的な言動が内面化され，罪，恥，自責感も生じる。Green（1978）によれば，虐待された子の，自分が悪いといった感覚や自己嫌悪は，親の暴行やスケープゴートにされたことに由来し，抑鬱や自己破壊的行動につながっていく。このような自己概念が形成されると，アイデ

ンティティの混乱，バウンダリーの問題，空虚感などが生じやすい。他者の反応や要求と関わりなく，自分自身の状態を認知したり経験したりすることができなくなるかもしれない。

　レイプによって引き起こされたトラウマもまた，自己概念を歪ませる。レイプは，事件後2年以上にわたって，自己評価に影響を与え続けることが報告されている（Murphy, Amick-McMullen, Kilpatric, Haskett, Veronen, Best & Saundrs, 1988）。事件前，どんなに健康だった人でも，性差別的に社会化され，被害者を責める否定的影響から逃れることは難しいと言われている（Waites, 1993）。

(d) 気分障害

　PTSDにかかった人々には，気分障害が見られるのが一般的である。抑鬱，不安，敵意，喪失感などである。抑鬱は，自己評価の低さ，希望喪失，恥，喪失，悲観などからくると考えられている。レイプの心理的インパクトも不安や鬱などの症状を生み，睡眠障害，摂食障害，泣けてコントロールできない，何事にも興味が持てない，恥や屈辱感の高さといった形で現れる。Stark & Flitcraft（1988）は，DVを受けた女性は，そうでない女性と比べて，三倍の確率で，鬱や精神病の診断を受ける傾向にあると報告している。

(e) 物質乱用

　アルコール依存，薬物依存，病院で処方される薬を含め，物質乱用も大きな問題である。これは，苦痛から逃れるための自己処方箋と考えることができるが，一時的に症状を免れたとしても，回復の過程を妨げることになる（Schiraldi, 2000）。Walker（1994）は，DV被害，レイプ被害がアルコールや薬物の乱用と結びつくことを指摘している。

(f) 身体症状

　多くのケースで，虐待，暴行は身体的な損傷を与え，被害者の健康に持続的な影響をもたらす。虐待がなくなってからも，傷が治らずに痛みが続くことがあるだろう。どんな身体的問題も心理的影響を引き起こすものだから，治療を始めるにあたって，クライエントに医学的なチェックを受けてもらうことが役立つことは多い。他方，過去百年にわたる数々の研究は，トラウマ

となった出来事を表現することが抑制されると，心理身体的な損傷が起こることを示してきた（van der Kolk & Saporta, 1993）。トラウマの内容を処理することができず，言語的に表現できないなら，痛みは，しばしば身体的に表現される。とくに，身体的な損傷を受けた部分に生じることが多い。Pennebaker & Susman（1988）は，トラウマとなった出来事と関わる記憶と感情を表現することを学ぶことで，トラウマを受けた人の心理生理的問題の一部が回復すると述べている。身体的な痛みが，情緒的な痛みを紛らわすのに役立っている場合もある。あるいは，身体的な訴えが，不安と，過敏になった神経系の症状なのかもしれない。身体的な苦痛を伴う解離した記憶が現在の痛みに侵入しているということもある。頭痛は，しばしば，解離性障害に見られる症状の一部でもある（Waites, 1993）。

(g) 自　傷

PTSDを示す被害者たちのなかには，さらに自分を傷つける者もある。自傷とは，慎重に選ばれ，生命に危険がないが，社会的に受け入れられない自己への傷害である（Walsh & Rosen, 1988）。Schiraldi（2000）は，自傷行為を説明するのに16の理由を挙げている。①言葉にできない痛みを表現する　②情緒的な痛みを身体的痛みに転換する　③逆説的ではあるが，痛みから逃れる　④生きている実感を得る　⑤幻想であっても，痛みを自分で管理していると感じることができる　⑥不完全さを完全にしようとする試み　⑦攻撃性と痛みを収める方法　⑧直接吐き出すことのできない強烈な感情を吐き出す　⑨さらなる虐待を避けるため，身体を醜くする試み　⑩快い瞬間と結びついているため　⑪子どもの時目撃したことの模倣　⑫両親にしがみつこうとする試み　⑬馴染み深く，よく知った過去への回帰　⑭自己感との一致　⑮損なわれた世界観，存在しない未来感との一致　⑯結果としての入院からくる安全の確保。

自傷は，深刻な子ども時代の虐待サバイバーに起こることが示されてきた。物質乱用と摂食障害も，過度な入れ墨や，過度な運動と同様，自傷のひとつの形と考えることができる。自分の体を醜くして，防衛しようと，自傷行為をする性的虐待サバイバーでは，加害者が，虐待の理由として，外見の良さ

や魅力を挙げていたケースに多い（Matsakis, 1994）。

　自傷が，不安，麻痺，その他の心理的苦痛から解放してくれると感じる生理学的根拠がある。ストレスに対する反応として分泌されるオピオイドへの依存から，自傷が習慣化される可能性が指摘されている（van der Kolk, 1989）。自傷は，解離性障害と結びついていることが多い。解離した状態で，自分の体が，自分の外にある対象のように感じられ，加害者と同じように自分の体を物であるかのように攻撃するのである（Waites, 1993）。

(h) 再被害化

　人々は，しばしば，トラウマを制し，完成させようと，トラウマを再演する。今回こそ，うまくやろうというわけである。トラウマを繰り返すことで，馴染み深い感覚，予測可能な感じ，コントロールしているような感じを持つことができる（Schiraldi, 2000）。このような傾向が，再度，被害を受けてしまうことに結びつく。性的虐待のサバイバーのなかには，短期間に複数の性的パートナーを持つ者たちもある。Flannery (1992) は，買春に関わる女性の80％が，虐待とアルコール依存の家庭出身であると考える。買春に関わる女性は，サバイバルの唯一の手段として，あるいは，男性をコントロールするために，セックスを利用するかもしれない。反復強迫のひとつの形と考えることもできる。

　インセスト・サバイバー，子ども時代の虐待サバイバーは，虐待を受けなかった女性より，DVやレイプの被害に遭う確率が高い。Russell (1986) は，性的虐待の被害者の33％から68％が，後に，レイプされることを見出した。虐待を受けていない女性のレイプ被害率は17％だった。別の研究では，繰り返しレイプの被害を受けた女性の18％がインセストの歴史を持っていた。1回目のレイプでは，4％だった（Miller, Moeller, Kaufman, Divasto, Fitzsimmons, Pother & Christy, 1978）。レイプだけでなく，子ども時代の虐待の被害と，成人後のDVとも関連している。子ども時代に虐待を受けた女性は，虐待的なパートナーと結婚し，そこに留まる傾向がある。Green (1993) は，このような再被害化の傾向は，被害者が，強迫的に，トラウマを再演してしまう結果であると考える。

(i) 自　　殺

　究極の回避反応は，自殺である。子ども時代の虐待の歴史と，後の自殺行為との結びつきは，被害者と社会の潜在的危険が子どもの虐待から高まっていく典型であろう（Briere, 1992）。Sedney & Brooks（1984）は，性的虐待歴を持つ女子学生を調べ，39％が自殺念慮を報告した。コントロール群では16％だった。自殺念慮の頻度は，レイプ被害者に顕著である。とくに，被害後1カ月はそうである（Koss, Goodman, Browne, Fizgerald, Keita & Russo, 1994）。コミュニティ・サンプルで，実際に自殺を図ったのは，レイプ被害者の19％であり，被害を受けていない女性では2％にすぎなかった（Kilpatrick, Best, Veronen, Amick, Villeponteaux & Ruff, 1985）。Stark & Flitcraft（1988）は，DV被害者の19％が，少なくとも1回，自殺を試みていると報告している。

（3）　被害者の回復

　Herman（1992）は，被害者の回復を，①安全の確立，②想起と服喪追悼，③未来と社会との再結合という3つの段階に分けている。回復の第一歩は，自分が被害者であることを認識し，それ以上の被害を受けないですむように安全を確立することである。きっぱりとノーを言う，第三者に入ってもらうなどによって，それ以上の被害がくい止められるケースもあるが，それができない場合，何らかの対処も必要となろう。DVであれば，シェルターへの避難，別居や離婚を考える，セクハラであれば，職場や学校の相談窓口に行く，レイプならば，警察への通報を考慮することが必要かもしれない。安全の確立のために，法的手続きが必要なこともあろう。安全が確保されて，生活が落着くと，かえって，さまざまな心理的症状が目立ってくることもある。体の状態は気分や気力，行動，症状に深く影響する。睡眠，食生活をコントロールし，体の状態を整えること，症状や自己破壊的行動のコントロール，安全な生活状況を作るという環境のコントロールも必要である。場合によっては専門家による治療が必要かもしれない。専門家によるトラウマ治療にはさまざまな種類があり，薬物療法，認知行動療法，EMDR，精神力動療法，短期療法，問題解決志向療法，芸術療法，集団療法などが挙げられる。

自分に合った治療法，また，自分に合った治療者を探すことも大切だろう。トラウマは，人から力とコントロールの感覚を奪う。力と自己コントロールの奪回が最初の課題である。

　回復の2段階目は，トラウマの記憶を取り戻しながら，事実だけでなく，感情も含めて語る段階である。トラウマにまつわる記憶が形を変え，人生のストーリーとして統合される。この作業は，しばしば，難しいジグソーパズルに例えられる。トラウマは物理的，心理的に多くのものを奪うが，失ったものを悲しむことも必要である。こうした服喪・追悼はつらい作業となるが，回復の重要な部分である。この過程で，一時的に不安が強まり，症状がぶり返すこともあるが，決して後戻りしているわけではない。3段階目の再結合は，新しい自己を成長させ，社会に新しい関係を育て，未来を創造していく段階である。自己評価が高まり，他者を信頼する能力が高まっていく。

　このほか，Harvey (1993) は，トラウマの影響，回復，レジリエンスは，相互に関連する8つの心理的経験領域にわたって多様に表現されるとした。8つの領域とは，①記憶再生への権威，②記憶と感情の統合，③感情の耐性と統制，④症状管理，⑤自己評価，⑥自己の凝集性，⑦安全な愛着関係，⑧意味づけであり，それぞれの領域の回復の程度を測る尺度MTRRがある。通常のトラウマ回復の尺度は，症状の有無を測るものとなっているが，MTRRは，たとえば，回復の第2段階で，一時的に症状が悪化することがあったとしても，その他の次元における回復が進み，全体としては回復の方向へ向かっていることを反映するようにできている。MTRRの日本語版は，村本らによって作成され，標準化の過程にある（村本, 2005）。

（4）回復と法手続との関連

　被害者が好むと好まざるとを問わず，被害は司法と接点を持つ。刑事事件に巻き込まれた場合には，否応なく法的プロセスに参加させられることになるし，被害者にとって，法的解決を求める手段を求めることは，回復の第一段階である安全の確立のために必要不可欠である場合も少なくない。しかし，法廷は被害者の味方というわけではないから，司法手続きにおいて，被害者

がさらに過酷な経験を余儀なくされる場合もある。当然ながら，被害者が求める結果を得られない場合もある。

　告訴するかどうか決断することは，しばしば，非常に困難である。Herman (1992) は，告訴するという決断は，理想的には社会的復権への扉を開くはずだが，現実には，まず，法廷の審理によって，被害者の安全感確立の努力は水泡に帰し，侵入症状が復活しかねないことを指摘する。そして，法廷から名誉を勝ち取るという決定は生半可にできるものではない。被害者は，利益と危険を十分に知らされた上で決定しなければならない。そうでなければ，再度外傷を得るだけに終わると言っている。

　裁判のプロセスが，回復の第2段階である想起と服喪追悼として機能するとすれば幸いである。しかし，裁判は本人のペースで行われるわけではないため，実際には，大きな困難を伴う。裁判は被害者の多大なエネルギーを奪い，裁判が終わる頃には何も残っていない，勝訴の後に深い鬱がやってくるというのはありふれたことである。とくに，裁判に勝てば，すべては魔法のように一挙に解決するという幻想を抱いていた場合の失望は大きいだろう。裁判とは，ある限られた手続きに乗せられる部分を取り上げ，その範囲で結果を出すことであるから，その結果は，必ずしも実際に行われた悪を反映しているわけではない。たとえ勝訴したとしても，期待している結果が得られないかもしれないし，魔法のように問題が解決するわけではないこと，回復のためのプロセスはその後も続いていくことを理解したうえで，それでも何かを得られると考えるならば，被害を法手続に乗せる価値があることになる。安全なところで証言し，怒りや悲しみを表現する場を得ることによって，復讐幻想の牢獄から解放されることはあり得るだろう。復讐幻想は外傷性記憶の裏表であると言われる。復讐幻想を捨てることは正義の追求の断念ではなく，他者とともに加害者に犯罪の弁明責任を問う過程が始まることを意味する。

　法手続きがうまくいけば，正義の追求によって，回復の第3段階の課題である社会との和解をもたらしてくれるだろう。有意義な社会行動に参加しているという感覚，自分自身と他者のために公的な力を行使するというコント

ロールの感覚が回復していく。すべての闘いが必ず勝つとは限らないことを知っておかなければならないが、逆に、極端な言い方をすれば、たとえ裁判に負けたとしても、回復の方向へ進む闘い方はある。法的解決が限定されたものにすぎないことを理解し、裁判のプロセスを進める支援者たちとの関係において、服喪追悼、および再結合を可能にすることである。

裁判の本来の目的は、社会正義に照らし、加害者に罪を認識させ、処罰を与えること、そして、それ以上の悪を防ぐことにあるだろう。これは、同じような被害を経験している人への励ましともなれば、社会の意識向上にも貢献するものである。しかし、被害者の回復にとってそれが何を意味するのかについて考えることを忘れてはいけないと思う。社会正義のために、被害者がさらに苦痛を増し、回復不可能なほど症状を悪化させたり、場合によっては、生きることに絶望して死を選ばなければならないような事態は本末転倒ではないだろうか。

（5） コミュニケーション・スキルを学ぶ
(a) リーガル・カウンセリングの考え方

カウンセリングとは、基本的に、相談に乗ることを指すが、その中核にあるのは、良き聴き手として話を聞くことだろう。法律の分野でも、リーガル・カウンセリングという考え方が注目されている。この考え方は、アメリカにおいて、それまで典型的であった弁護士の権威モデルに対する批判として登場してきたものであり、1977年に出版された "Legal interviewing and counseling: A client-centered approach"（Binder, D. A. & Price, S. C., West Group）の中で、バインダーらによって初めて提示されたが、1991年に出版された "Lawyers as counselors: A client-centered approach"（Binder, Bergman, Price, and Tremblay）によって普及した。2004年に同タイトルで第二版が出版されており、ロングセラーとなっていることがうかがえる。

クライエント中心主義とは、もともと、1950年代、ロジャーズにより提唱された心理療法の考え方であり、問題は何かを知っているのはクライエント自身であり、治療者はクライエントに何かを教える必要はなく、クライエン

トの体験に共感を示し尊重していれば，クライエントは自身が持っている力を発揮し，自分で問題を解決していくというものである。ロジャーズは，成長促進的な雰囲気には，①共感的理解，②無条件の肯定的関心，③自己一致の3つの条件が必要であるとした。①共感的理解とは，相手の立場に立ち，気持ちを寄せること，②無条件の肯定的関心とは，どのような話でも批判的にならず肯定的に関心をもって聞くこと（受容），③自己一致とは，防衛的に取り繕わない態度で，自分らしく話を聴くことである。そして，このロジャーズの三原則を具体的に実現する方法が，アクティブ・リスニング（傾聴）である。

菅原郁夫（2003）は，我が国においても，自律した相談者像を前提に専門家の専門知識の提供といった面を中核とした相談は，企業の法務相談などには当てはまるが，離婚や相続問題，婚姻外の男女関係やこれによる親子関係，境界や騒音など近隣住民間の紛争，サラ金や多重債務の整理や個人破産など日常生活において生じる法律問題には必ずしも十分な解決をもたらし得ない可能性が存在し，社会問題の複雑化，内面化に伴い，現実の問題が法律知識だけでは解決しえない場面が増えてきたことと，法律家の役割自体が変化してきたといったことから，来談者の主張に十分に耳を傾け，来談者の立場になって相談を受けるカウンセリング的な法律相談のスタイルが主張されつつあることを指摘している。

(b) バインダーによる基礎的なカウンセリング・スキル

心理学領域の者にとって，ロジャーズの三原則は馴染み深いものであるが，法学領域にこれを応用したバインダーの理論も興味深い。ここでは，バインダーによるカウンセリング・スキルを紹介しよう。

心理学者は人間の欲求を身体的欲求と心理社会的欲求に分けるが，違った種類の欲求は，それぞれ葛藤しあう可能性がある。クライエントには弁護士にうまく話をしようとする動機があるはずだが，実際には困難を伴う。クライエントは，すべてを洗いざらい話そうと思っていないのが通常であるし，本人が法的訴えに関係がないと捉えていることを話そうとはしない。加えて，妨害・禁止要因という心理的要因が影響を与える。

第Ⅲ部　協働の試み――「司法臨床～女性と人権」の授業実践

　クライエントと弁護士の対話に含まれる妨害・禁止要因には，①自我の脅威（そんなことを話すのは恥ずかしいし，否定的な判断を受けるのではないかというような怖れ）　②ケースの脅威（何もかも正直に話すことで自分の立場が不利になるのではないかという怖れ）　③役割期待（クライエントが弁護士を訪れる依頼人はどのように振る舞うべきかという一定のイメージを持ち，それに従う傾向があること）　④エチケット・バリア（クライエントが弁護士にこんなことをしては失礼に当たると思っていることを避けるという傾向）　⑤トラウマ（事件に関わるあまりに大きな不安，怒り，屈辱，悲しみなど否定的感情について考えたり，話したりすることは困難であること）　⑥問題に関係ないという思いこみ（クライエント自身の考えによるもの）　⑦より大きな欲求（クライエント自身がその場でもっとも必要とされている情報以外のことを話したいという欲求を持っている可能性）の七つが挙げられる。

　逆に，クライエントと弁護士の対話を促進する要因として，①共感的理解　②期待の遂行（対人関係において人は，相手から期待されていることに応えようとする傾向がある）　③承認（人は他者からの承認を求める傾向がある）　④利他的アピール（人は個人の利益を超えたより高い価値への欲求を持っており，その欲求にアピールすることで対話が促進され得る）　⑤非本質的報酬（話すことで個人的利益が得られることがわかると，人はもっと話そうとすること）が挙げられる。この他，個人的葛藤，動機づけの文化的側面なども考慮する必要がある。

　効果的な傾聴のためには，いくつかのスキルが必要である。クライエントの言うことに十分に耳を傾けることを妨害する可能性としては，弁護士が，①自分の有能さを印象づけたいという欲求があること　②自分の側の個人的懸念に気を取られてしまうこと　③クライエントの側の要因がこちらに否定的な反応を呼び起こすこと　④時間やお金のことが気になることが挙げられる。自分の気を散らすこういった要因を特定し認識することが，それらに妨害されないための第一歩である。

　バインダー独自の概念と思われるが，「パッシブ・リスニング・テクニック」というものがある。基本的に，クライエントが有用な情報を提供してい

る時には，ただ，それを続けてもらいさえすれば良い。クライエントの思考の流れを妨害せず聴くために，①沈黙　②最小限の促し　③開かれた質問の3つのテクニックがある。①沈黙とは，クライエントの沈黙を尊重することで，十分に考え，安心して応えられる余地を与えることである。この場合，非言語的表現を通じて，クライエントのペースを尊重しながら語られることを待っていることを示すことが重要である。②最小限の促しとは，頷きや相槌である。③開かれた質問とは，「それからどうなったんですか？」「他にも理由が考えられますか？」「もう少し話してくださいますか？」「どうぞ続けてください」など，クライエントが自分の言葉で応えられるような問いの投げかけであり，クライエントが自由に話すことを促す。以上は，基本的にパッシブ（受け身）であるが，クライエントが自分の考えや感情を自由に表現することを助ける。

　しかし，パッシブ・リスニングだけでは不十分であり，アクティブ・リスニングによって，共感を伝えることも重要である。アクティブ・リスニングは，理解を示し，誤解を減らすためにもっとも効果的な対話の方法である。その基本は，相手の言ったことを繰り返し，「……なのですね？」と確認することであるが，単なるオウム返しではなく，クライエントから伝わった内容と感情のエッセンスを反映させて確認しなければならない。そのほか，言語レベルで表現された感情，曖昧に表出された感情，言語化されていない感情，非言語的感情表出に反応することで，クライエント自身の理解を促し，共感を示すことができる。この時，相手を裁くような対応でなく，共感的姿勢が求められる。ロジャーズ自身は，バインダーの言うところのパッシブ・リスニングをも含めてアクティブ・リスニングと捉え，日本では，「傾聴」と訳されてきたが，アクティブ・リスニングの定義づけの違いは，心理学者と法律家の価値観を示すようで興味深い。

(c)　受容・共感的な話の聴き方

　受容・共感的な話の聴き方について補足しておこう。受容・共感的に話を聴いてもらうことで，「受けとめられている」という安心感や，「自分の話には価値がある」という自信と自己肯定感が得られ，感じていること，思って

第Ⅲ部　協働の試み——「司法臨床〜女性と人権」の授業実践

いることが明確になる，また，カタルシス（浄化）効果があり，話すことによって気持ちが軽くなるなどの効果も得られる。

　受容・共感的に聴くためには，相手の話に集中してじっくりと耳を傾けることが重要であり，話を中断したり，途中で指示・忠告を入れたり，評価的態度，解釈的態度，批判的態度を示すことは良くない。批判や否定をせず，相手の内面に共感を寄せることが重要であり，たとえ自分の価値観と違うことであっても，この人の立場だったらどうだろうかと考えてみることが大事である。必ずしも同感する必要はなく，「あなたはそう思われるのですね」で良いのである。

　受容・共感的な話の聴き方にはいくつかの方法があるが，なかでも，話を聴く態度に注意することは重要だろう。コミュニケーションのうち，話された内容はほんの10％にすぎず，90％は姿勢，視線，態度，声の調子など，言葉以外のコミュニケーションによると言われている。基本的に，多少身を乗り出して真剣に聴く姿勢を取り，視線の高さを合わせ，アイ・コンタクトをとること，ボディ・ランゲージや声の調子（速さ，音量，リズム）を合わせることで，相手が安心したり話しやすくなるものである。信頼関係をつくっていくために，まずはこうした態度で話を聴くことによって，相手の身構えをとくことができる。

　次に，相手の話に，適当なタイミングで，「ふんふん」「ふーん」「へー」「なるほど」「そう」など，うなずきや相槌を入れることである。ただ，黙って聴かれるより，理解してもらっているという感じが強まる。相槌は「話をよく聴いているよ」と，相手に伝える最良のコミュニケーション手段である。また，相手の話を簡単に繰り返すと，受け入れられていることを伝えやすい。話のポイントや，話し手の気持ちを表していると思われる表現や言葉が出てきたら，それをそのまま使って簡単に繰り返すと良い。「〜がつらい」と言われたら，「〜がつらいんですね」と繰り返し，「あなたは，〜と思うんですね」「あなたは，〜のように感じているんですね」といった具合である。

　「それから？」「それで？」などの接続詞を入れることによって，話を促すことができる。相手が「自分の話は肯定的に聞かれている」という実感を持

ちながら，なおかつ踏み込まれている圧迫感を感じないで話をするために，促しの接続詞が役に立つ。相手が言ったことに対して，「でも」で返されると，わかってもらえない感じを残し，話の途中で「それは違うよ」と言ってしまえば，相手は心を閉ざしてしまうだろう。たとえ，納得できない話でも「へー，それからどう思ったの？」と促し続けることができたら，まずは相手から十分に話を引き出すことができる。

　話すことに対して本人自身が混乱しているとき，問題を具体的，明確にしていく作業が必要である。話す人が自分では十分にわかってない部分を言葉で言い表すのを援助することであり，「あなたの言っていることは〜ということですか」「今〜とおっしゃいましたが，もう少し詳しく教えていただけませんか」「今言われた〜について，具体的に例を挙げて教えてくださいますか」などの質問によって，より明確な表現を促すのである。そのほか，5W1HからWhyをはずした4W1Hを用いた質問も役に立つ。「どうして〜しなかったんですか？」と聞かれれば，相手は自分が責められたように感じて，「すみません」と謝るか，「仕方なかったのです」という言い訳しか返せない。その代わりに，4W（いつ，どこで，誰が，何を）1H（どのように）を使った質問を返すのである。いつ，どこで，誰が，何を，どんなふうにしたかを聴くことで，話の内容が明確になる。

　前節でも触れられているが，開かれた質問（オープン・クエスチョン）と閉じられた質問（クローズド・クエスチョン）という概念もある。閉じられた質問とは，基本的に，イエスかノーかで答えることができる質問であり，開かれた質問とは，自由に話が展開できるような質問である。カウンセリングでは，詰問調の閉じられた質問より，相手の自主性が尊重される開かれた質問が重要な鍵を握るが，事実確認が必要な場合は，閉じられた質問が有効である。会話の性質に応じて，質問を使い分けることが大切である。

演習：以下の2項目についてグループで話し合い，発表する。
　① 安心して話ができる条件は？
　② 逆に二次被害を与える話の聴き方とはどんなものだろう？

演習：2人でペアを組み，以下の課題で交互にロールプレイを行い，
フィードバックしあう。
① 聴き手と話し手を決める。聴き手は，できるだけ「悪い聞き手」
を演じ，話し手は，3分間，自分の趣味について話す。フィード
バックの後，役割交替。
② 聴き手と話し手を決める。聴き手は，できるだけ「良い聞き手」
を演じ，話し手は，5分間，現在の心配・不安について話す（あま
り大きな話題は避ける。聴き役は，問題解決を目指さなくて良い）。
フィードバックの後，交替。

　これらの演習によって，学生たちは，たとえロールであっても，話しやすさに大きな違いがあることを体験した。このような演習は，心理の学生には馴染みのあるものだが，法の学生にとっては，「良い聴き手をやっていると，自分らしくなく，胡散臭く感じた」「ロースクールの教科書のモデルとなる応答が既に悪い聴き手で，自分たちはそれをテキストとしてモデルとして授業・課題をやっている。そういう意味で，従来の相談のあり方は悪い聴き手である」などの感想が聞かれ，新鮮な体験だったようだ。

演習：心理と法，それぞれ1人ずつボランティアを募り，被害者役を演
じる人の話を聴く。ここで用いた被害者の事例は，セクシャルハ
ラスメント。20分のロール後，演じ手たちとオブザーバーとで感
じたことについて話し合う。

事例の設定：福祉系専門学校社会福祉士養成コースに通う元社会人，山田法子(26)。母，本人，妹の母子家庭である。専門学校に通うための資金を貯めてから仕事を辞め，専門学校に通い始める。田舎から出てきたばかりで，仲の良い人もいないため，アルバイトや実習先のフィールドのことなど，指導教官のところへ相談にいくようになる。教官があれこれ世話を焼いてくれることから，父親のようで，どこか甘えたい気持もあり，個人的な親しい関係

が特権のようで，嬉しくもあった。何度か食事に行くことがあったが，だんだんと，夜遅くに食事や研究室に呼び出される回数が増え，課題の準備や学友との飲み会などで断ると不機嫌な振る舞いをするようになる。これまで世話になっているし，今後のこともあるので，機嫌を損ねてはと思い，はっきりと断ることができなかった。そして，一度，性関係を持ってしまう。

　クライエントは罪悪感にかられ，こんな関係を続けては良くないと思うので，教官と距離を置き，研究室に行くことをやめるようになると，実習先や単位のことで呼び出され関係を持とうとしてきたり，バイト先に出没し，送り迎えを強引に迫ったり，最寄の駅で待ち伏せしたりするようになる。この春からは，毎晩電話やメールが頻繁にくるようになり，最初は心配しているとか，今までのことを謝りたくてと言っていたが，拒否していると，誹謗中傷や無事卒業は無いと思えという脅しになってきた。もともと周囲の学生には，特別扱いされて可愛がられているというやっかみの眼差しを感じていたし，自分にも負い目があるため，誰にも相談できない。また，自分としても，卒業して資格をとるためにはあまりおおごとにしたくない気持もあり，彼の立場を悪くして，逆上される不安や恐怖感も強くある。

　だんだん，アルバイトでの仕事や学校の勉強に集中できなくなり，体調を崩し，食欲もなく睡眠もとれなくなっていく。この一ヶ月は学校にも行けない状態で，家に引きこもっている。現在の症状としては頭痛，悪夢，早期覚醒，どこに逃げても逃げられない不安感や恐怖感，将来への絶望感，無気力，孤立感がある。母子家庭で，経済的な事情もあり，今後自立していくためには資格をとって一生働いていける仕事につきたいし，つかねばならないため，受験資格を得る目前にして諦める訳には行かない気持ちや，何故私が辞めなければならないのかと言う怒りもあるが，ここ最近は，もうどうしていいかわからない状態で，何も考えられない。八方塞がりでどうしたらいいのか分からないなか，思い切って，相談に行った。

　このような事例設定で，相談役の学生の対応に合わせて，その場で演じてもらった。被害者役は現在，実際に被害者たちを援助しているカウンセラー

に協力してもらった。このロールプレイは、もともと、1回の予定だったが、なかなかうまく行かず、しかし、学生たちは大変に積極的であったので、2回（それぞれ法と心理から出てもらってやったので、実際には4回）繰り返し、最終的には、教員のそれぞれが実演してみせた。これによって、弁護士の聴き方とカウンセラーの聴き方の違い、つまり援助の目的の違いが明確になったと思われる。

なかなかうまくいかなかった理由であるが、ここまでの講義と演習で、受容的・共感的聴き方を強調していたため、セクシャルハラスメントという自主的には語りにくい話題についても「自由にどうぞ」という雰囲気になり、被害者が被害状況を語ることが難しく、重要な情報がほとんど得られないという結果になった。このような状況では、開かれた質問より、閉じられた質問によって、事実確認をする必要もある。被害者への心理に最大限の配慮をしつつも、法的助言が可能となるような話の聴き方、また、カウンセラーであっても、伝統的なカウンセリングをしていれば良いのかどうか（被害状況によっては、危険も想定され、危機の査定をしなければならない）の見極めがポイントとなる。

一般的なコミュニケーション・スキルを押さえたうえで、被害者に特有な配慮とスキルを学習するという段階が必要であることを痛感した。今後の課題である。同時に、ロールプレイを通じた学習方法が、学生たちに体験学習としてとても有効であることを感じた。

5　援助者の自己理解（転移・逆転移と代償性トラウマ）

（1）　援助者に必要な自己理解

心理学領域においては、より良い援助をするために、自己理解を深めておくことは常識であるが、法律の世界では、あまり知られていないことである。転移、逆転移と言われるもの、さらに、被害者と関わる仕事においては、代償性トラウマについての知識も必要だろう。代償性トラウマに関しては、心理学領域でもまだあまり知られていない。

（2） 転移・逆転移

　もともとは，精神分析において，被分析者が，過去に親などの重要な人物に向けたのと同じ感情や態度を分析家に向けることを転移といい，分析家の側が被分析家に向けることを逆転移という。しかし，近年では，もう少し広く，精神療法において起こってくる感情すべてを指して，転移・逆転移ということが多い。このような関係は，精神分析家と被分析者との関係だけでなく，他の援助者と被援助者との関係にも起こり得る。

　米国視察のおり，ロースクールで教えるソーシャルワーカーから聞いた例であるが，リーガル・クリニックにおける援助において，アルコール依存の問題を抱えるクライエントの遅刻や無断欠席に対して，感情的になってしまい，うまく問題解決を図れないでいる学生がいた。学生の相談に乗るうちにわかってきたことは，この学生の父親が同じアルコールの問題を抱えていて，そのことに苛立ってきたという背景があった。このように，クライエントとの関係において，自分の個人的背景に由来する反応を起こしてしまうことを逆転移と呼ぶのである。無自覚であると援助の妨げになるので，援助者は自分自身の背景や傾向についての洞察を深めておく方が良いだろう。

　虐待を受けた被害者の場合は，とくに，複雑な転移・逆転移関係が生じやすい。ハーマンは，その著書の一章を割いて，クライエントと治療者の関係を，「外傷性転移」「外傷性逆転移」という用語で論じている（Herman, 1992）。虐待などによるトラウマを受けた人は，相手がどんな人であっても，権力者に対して恐怖を感じやすい。たとえば，父親が暴力的な家庭で育った人は，権力者の言うことを聞かなければ酷い目にあうと予測する可能性が高いだろう。たとえ，相手が民主的な弁護士，カウンセラーであったとしてもである。過去の経験から，現実が歪められ，転移反応は強烈で，生か死かという極端な性質さえ帯びる。

　また，トラウマを受けたクライエントは，救済者を求めるあまり，援助者に対して，強烈に理想化した期待を寄せることがある。理想化されることは，援助者にとって，時に心地よく，最初は張り切って期待に応える努力をするが，いずれは応えきれない時がくる。最後には，救済に失敗し，クライエン

トの激怒が待っているだろう。これでは，互いに深く傷つく体験となってしまう。

外傷性逆転移において，援助者は，被援助者の話を聴くうちに，外傷後ストレス障害の症状を経験し始めるかもしれない。被害者の無力感にも，激怒にも同一化する。より良い援助を提供するためには，転移・逆転移に気づき，意識化することが重要である。

（3） 代償性トラウマ

トラウマに苦しむクライエントのパワフルなストーリーは，しばしば，聴き手に強烈な感情を引き起こす。クライエントを守れず無力に感じたり，自分はそのようなひどい目に遭わなかったことを申し訳なく感じたり，圧倒されたり，絶望するかもしれない。逆転移のひとつであるが，トラウマを受けた患者に対する援助者の反応を指す概念は複数あり，微妙な差異を含みながら，類似の現象を示す。

バーンアウトは，深刻な病気の患者，貧困の犠牲者，酷い精神病や社会的問題を抱える人など，困難を抱える人々のために働く場合の心理学的重圧である。Pine & Aromson（1988）は，バーンアウトを，長期にわたって感情的に多くを求められる仕事に従事することによって引き起こされる身体的，情緒的，精神的消耗であると定義した。バーンアウトの症状は，抑鬱，シニシズム，倦怠，共感性の喪失，意気阻喪である。消化し解決することができない悲惨な話に持続的に曝されることによって行き着く果てである。

二次的外傷性ストレスという概念もある。DSM-IV によれば，「家族や他の近しい関係者によって経験された予期せぬ，あるいは暴力的な死，深刻な被害，死や怪我の脅威について知ること」も外傷の要因となる（APA, 1994, p. 425）。Figley（1999, p. 10）は，二次的外傷性ストレスを，「重要な他者が経験した外傷となる出来事について知ったことから生じる自然で，当然起こり得る行動と感情」と定義している。被援助者との関わりが密接なものになり，「重要な他者」となればなるほど，援助者が受ける影響は大きなものになるだろう。徐々に現れてくるバーンアウトと対照的に，二次的外傷性ストレス

は，たいした予告もなく突然起きることもある。

　代償性トラウマの概念は，援助者が被援助者に共感的に取り組んだ結果として，援助者もトラウマを受けることを指す（McCann & Pearlman, 1990）。被害者の話を聴くことは，人の世が残酷で苦痛に満ちたものであることに直面させる。代償性トラウマの影響として，アイデンティティ，世界観，スピリチュアリティの変容は避けられないとされる。援助者が代償性トラウマのリスクを認識していなければ，それが仕事やクライエントに及ぼす影響を見逃すことになる。代償性トラウマは，社会的損失をもたらす。代償性トラウマについて語られなければ，シニシズムと絶望が現れ，社会は，希望や肯定的な行動をも失っていく。さらに，代償性トラウマと逆転移は，互いに絡み合い，多様な影響を引き起こすのである（Pearlman & Saakvitne, 1995, pp. 31-34）。

（4）　援助者のセルフケア

　被害者の援助という仕事に含まれているこういったリスクを認識することが，最初の第一歩である。被害者に関わる援助者は，代償性トラウマの予防と治癒のために，意識的な努力が必要である。職業上および個人的にできるセルフケアの活動として次のようなことが推奨されている。①定期的なスーパービジョンを受ける　②職場に支持的環境をつくる　③仕事量，とくにトラウマ関連のケースの数を制限する　④職業的献身ばかりでなく，個人的なこと，パートナーや家族との生活を優先する　⑤運動，趣味，交友，情緒的な栄養強化，芸術活動，スピリチュアルなものの追求などのために定期的に時間をとる（Friedman, 2000, p. 37）。

　援助者が休養，家族のケア，セルフケア，職業上の成長など，個人的欲求のために使う十分な時間を確保することができなければ，社会的機能を損ない，援助の上で否定的影響が現れる危険が出てくることが指摘されている。Chrestman（1999）の調査では，トラウマ関連のクライエントを抱える負担が多い治療者ほど，トラウマ関連の症状を報告しやすく，家族や友人とすごす時間が少なかった。職業的経験，収入，高度なトレーニングが多い治療者ほど，症状は報告されなかった。症状の増加は，臨床活動一般に費やす時間

第Ⅲ部　協働の試み——「司法臨床〜女性と人権」の授業実践

と，トラウマ関連のクライエントに費やす時間のパーセンテージと相関していた。この研究によれば，治療者のセルフケアが代償性トラウマの衝撃を減らすことになる。代償性トラウマについて教育し，駆け出しの援助者には，スーパービジョンやサポートを提供することが，とくに大事である。

6　他職種間の連携のために必要な自己理解

　他職種と連携するさい，自分の専門領域の特徴を理解し相対化しておく作業も重要だろう。授業を通じて，心理と法の学生たちが互いの文化の違いに驚いたというコメントが聞かれた。とくに，心理の学生たちは，法の学生たちの積極的，ときに攻撃的態度に圧倒されていたようだった。授業では，これを取り上げ，Daicoff (2004) の『法律家よ，汝自身を知れ』を紹介した。
　Daicoffは，弁護士としての実践後，心理療法家としての訓練も受けた法学教授である。現在，米国では，多くの弁護士が深刻なペシミズムを感じており，抑鬱の職業別では，弁護士がトップである。弁護士のパーソナリティは，もともと内省的ではなく，行動中心であるため，「汝自身を知れ」が21世紀の課題であるという。彼女の調査研究によれば，弁護士を志す人々の人格特性は，競争的，業績達成志向，金銭志向，利他主義，目標志向である。ロースクールに来る学生の特性は，学校と読書が好きで，受動的に環境に反応することより，環境に働きかけていく主体性を好む。小学生の頃よりリーダーシップを発揮し，他者の感情にはあまり興味がない。リーダーシップ，支配，関心を引くことを好み，従属したり，恭しく振る舞うのは嫌いである。法に興味を持ち，知的関心から来る学生もいれば，先に金銭志向がある学生もあるという。このような人格特性にロースクールの教育が影響を与え，弁護士と法システムについての理想主義が減じ，公共サービスへの関心が減じ，内的価値よりも外界の報酬に関心を高めるようになる。金と特権への欲求が進学の大きな動機であることは，文化全般の傾向を示してもいるが，法律家は，自分自身のお金への関心だけでなく，クライエントにとってのお金をも重視する。

また，さまざまな調査データは，ロースクールの学生が「鎧を着た弱虫」であることを示しているという。社会的仮面を付けてはいるが，内面では，臆病で防衛的で，神経質であり，法律家は完璧な行動モデルになる。不安，緊張，疎外感，不満足感などが示され，物質依存とワーカホリックに逃げる傾向を示すが，ジェンダー差が見られ，女性では低かった。学生たちの苦痛は，対人関係上のもの，他者との暖かい交流や援助にまつわることであり，これに鬱傾向を示すのはむしろ正常に近いと言える。法律家は成功グループと失敗グループに大きく分けられ，前者は子どもの時から情緒的安定を示していた。後者は，子どもの頃から，劣等感，孤立感，気分の不安定さを示していた。法律家の鬱，アルコール依存，その他の心理的障害は一般人口の2倍。苦悩する法律家は，怒りや敵意を感じやすく，個人的関係（結婚など）で不幸を感じ，孤立感，ソーシャルサポートの欠如に悩んでいる。5人に1人の法律家が専門家の介入を必要とするほど問題を抱えている。ロースクールにおける競争と「弁護士らしく考えろ」というプレッシャーはストレスになっており，それを乗りこえたらプロになれるというのは神話にすぎず，実際には，卒後のストレスは続く。にもかかわらず，仕事を変えようとする法律家は少なく，多くの場合，黙って耐え，心理的問題を抱えていくのだという。

現在，Daicoffは，「公共の善」の精神に仕えるという法律専門家の使命を回復することを目指し，自分の職業や日常生活のより深い意味を探求するためのサンクチュアリ「国際ヒーリングと法センター（The International Centre for Healing and the Law）」を設置し，「公共の善」の精神に仕えることを提供することで，法律家がこの社会の中で癒しと平和のために自ら捧げることを促進しようとしている。これは，アメリカの法律家の話であり，そのまま日本の法律家に適用できるわけではないが，傾向としての共通点が含まれているかもしれない。

心理療法家は内省的ではあるが，筆者の知る限り，このような人格特性に関する分析調査結果はなく，弁護士とはまた違った意味で，「汝自身を知れ」が必要かもしれない。心理療法家を志す者は，逆に，競争やリーダーシップ

を取るのが苦手，対人関係に敏感で，自分や他者の感情に多くのエネルギーを割く。自分自身が何らかの心理的問題を抱え，救済者願望を抱いている場合が多いかもしれない。権力へのコンプレックスがあって，内心，それにこだわりながら，表向きは，そんなことには興味がないという素振りを取る。ある意味で，弁護士と対極にいることが，連携を困難にしているのかもしれない。

　授業での交流を通じて，自分の職種を相対化し，他職種を尊重する態度が強化されたことが，大きな成果のひとつではなかったかと筆者は感じている。「授業全体を通じて，授業のはじめと終わりで教室の雰囲気が変わっていった。司法と心理の連携が授業のプロセスを通じて始まっていったからだと思う」「授業の初めの頃，法の人たちが挑みかかるようにして授業を受けていることに驚いた。しかし，回を追うごとに壁がなくなって溶け合い，互いに良い刺激を与え合うようになった」「法の人たちと意見を交換するなかで，まったくの異文化であることがわかった。心理では当たり前の前提が一般的には当たり前でない。世の中にはまったく異なった前提を持った人たちがいる。最初は威圧感や硬さを感じ，不快感さえ持つことがあったが，回を重ねるごとに，違いを自然なものとして受け入れることができるようになった。授業によるカルチャーショックのおかげで，自分自身に大きな変化を感じている」などの感想を得た。このような反応自体がきわめて心理学的であることは事実だろう。法の学生からのコメントは，「授業を通じて，心理の人たちがかなり違った物の捉え方をしていることがわかった。法律ばかり勉強している自分たちと，そうでない人たちとの違いを認識しておくことが重要であると気づいた」というものに留まった。

7　まとめと今後の課題

　今回の新しい試みでは，とりあえず，「女性と人権」のリーガル・クリニックに来る可能性のあるケース，心理教育センターに来るかもしれない法律と接点の必要なケースを想定しながら，最低限伝えたいことに絞って講義

をした。また，被害者の問題解決と回復に必要なものを，職種の壁を越え，協働で模索していくことの必要性を理解して欲しいと考えた。

心理の学生たちの感想として，「これまで被害者の心のことばかり考え，客観的事実に眼を向けておらず，弁護士は裁判のために事実を聞き，カウンセラーは心のケアをすると分けていたが，司法臨床の現場では，弁護士などの他の支援者とともに心理面での支援を同時並行して行わなければならないことがよくわかった」，「現実を生き抜くために，司法プロセスが，当事者にとっては，時には大きな支え，再生への基盤となり得ると考えるようになった」などという声があり，また，「現実には，法と心理がうまく絡み合って問題解決に到るケースは少ないのではないか，もともと背景も立場も違う専門家同士が被害者支援の場だけで連携を行うというのは容易ではなく，事前の交流や理解が必要であることを痛感した」というものなどがあった。

法の学生からは，「PTSDなど精神障害に対する認識が大きく変わった」，「これまで，どんな依頼者が来ても，誰にでも同じ対応をすることが中立であると考えてきたが，実際の現場では，もっときめ細かな対応が必要であることを知った」，「自己覚知の大切さを学んだ」「司法の世界に，心理学の最新の研究成果を迅速に取り入れることの必要性を痛感した」「自分の守備範囲を理解し，謙虚になり，あらゆる方向からの解決をさぐるという姿勢が重要であると思った。法律は万能ではない。依頼者の真の問題解決のためには他の専門家の協力を仰ぐ必要がある」「司法手続についての勉強をしていると，司法における解決がすべてと錯覚してしまうが，被害者を司法手続きに乗せる場合に二次被害を招くことのないような制度設計をしていかなければならない」「被害者の救済はひとつではないということを学んだ。法的救済が何より先に必要なケースもあるが，他の救済手段の後に来ることもあるということ，そもそも，法的救済が何の救済にもなりえないケースもあり得ることがわかってきた」「法律家として話を聴く姿勢にはカウンセラーと共通するものがあるにしても，法律家の役割はあくまでも依頼者の法的解決を図ることである，心理的問題については，心理の専門家につなげることが大事だと思う」などの反応があった。

こういった学生たちからの反応は，十分に手応えを感じるものであったが，今後の課題はいろいろある。被害者に関わる心理領域で必要最低限の法的知識，法学領域で必要最低限の心理学的知識，そして，法と心理とが協働で被害者の回復を援助していくための土台とシステムづくりを考えていかなければならない。ロールプレイ実習は，非常に有効な方法であることを実感したが，これについても，もう少し体系立てた形で教育法の開発が必要であろう。今回扱えなかったテーマとしては，和解や加害者の問題が挙げられるだろう。心理的，法的解決に限らない修復的援助の可能性を考えていくことも重要である。また，はずせないトピックとして，フォルス・メモリー（偽記憶）の問題がある。授業では横道に逸れて解説したが，まとまった扱いも必要だろう。今後は実務家の弁護士や研究者との協働による問題解決がいちだんと求められる。

● 参考文献

American Psychological Association (1987) DSM-III-R. Washington, DC: Author.

American Psychological Association (1994) DSM-IV. Washington, DC: Author.

American Psychological Association (2000). DSM-IV-TR. Washington, DC: Author.（『DSM-IV-TR：精神疾患の分類と診断の手引』高橋三郎，大野裕，染矢俊幸訳，医学書院，2002）

Briere, J. N. (1992). Child abuse trauma: Theory and treatment of the lasting effects. Newbury Park, CA: Sage Publications.

Chrestman, K. R. (1999). Secondary exposure to self-reported distress among therapists . In B. H. Stamm (Ed.). Secondary traumatic stress: Self-care issues for clinicians, researchers, and educators (pp. 29-36). Lutherville, MD: The Sidran Press.

Daicoff, S. S. (2004). Lawyer, Know Thyself: A Psychological Analysis of Personality Strengths And Weakness. American Psychological Association.

Figley, C. R. (1999). Compassion fatigue: Toward a new understanding of the costs of caring. In B. H. Stamm (Ed.). Secondary traumatic stress: Self-care issues for clinicians, researchers, and educators (pp. 3-28). Lutherville, MD: The Sidran Press.

Flannery, R. B., Jr. (1992). Post-traumatic stress disorder: the victim's guide to healing and recovery. New York: Crossroad.

Friedman, M. J. (2000a). Post traumatic stress disorder: The latest assessment and treatment strategies. Kansas City, MO. Compact Clinicals.

Green, A. (1978). Psychopathology of abused children. Journal of the American Academy of Child Psychiatry, 17, 92-103.

Green, A. (1993). Childhood sexual and physical abuse. In J. P. Wilson & B. Raphael (Eds.), International handbook of traumatic stress syndromes (pp. 577-592). New York: Plenum Press.

Harvey, M. R. (1993). An ecological view of trauma. Journal of Traumatic Stress, 9 (1). (「生態学的視点から見たトラウマと回復」村本邦子訳『女性ライフサイクル研究』第9号, 2000)

Herman, J. L. (1992). Trauma and recovery. New York: Basic Books. (『心的外傷と回復』中井久夫訳　みすず書房, 1996)

廣井亮一 (2004)『司法臨床入門』日本評論社

Kilpatrick, D. G., Best, C. L., Veronen, L. J., Amick, A. E., Villeponteaux, L. A., & Ruff, G. A. (1985). Mental health correlates of criminal victimization: A random community survey. Journal of Consulting and Clinical Psychology, 53, 866-873.

国連被害者人権宣言関連ドキュメント (2003)『被害者のための正義』諸澤英道訳, 成文堂

Koss, M., Goodman, L., Browne, A., Fitzgerald, L., Keita, G., and Russo, N. (1994). No safe haven: Male violence against women at home, at work, and in the community. Washington DC: American Psychological Association.

Matsakis, A. (1994) Post-traumatic stress disorder: A complete treatment guide. Oakland, CA: New Harbinger.

McCann, I. L. and Pealman, L. A. (1990). Vicarious traumatization: A contextual model for understanding the effects of trauma on helpers. Journal of Traumatic Stress, 3(1), 131-149.

Miller, J., Moeller, D., Kaufman, A., Divasto, O., Fitzsimmons, P., Pother, D., & Christy, J. (1978). Recidivism among sexual assault victims. American Journal of Psychiatry, 135, 1103-1104.

村本邦子 (2001)『暴力被害と女性』昭和堂

村本邦子 (2005) 日本語版 MTRR/MTRR-I 導入のための予備的研究 『立命館人

間科学研究』第10号，49-60.

Murphy, S., Amick-McMullen, A., Kilpatrick, D., haskett, M., Veronen, L., Best, C., & Pearlman, L. A. and Saakvitne, K. W.（1995）. Trauma and the therapist: Countertransference and vicarious traumatization in psychotherapy with incest survivors. New York: Norton.

Pennebaker, J. W. and Susman, J. R.（1988）. Disclosure of traumas and psychosomatic process. Social Science Meicine, 26, 327-332.

Pines, A. M. & Aromson, E.（1988）. Career burnout: Causes and cures. New York: Free Press.

Russell, D.（1986）. The secret trauma: Incest in the lives of girls and women. New York: Basic Books.

Saunders, B.（1988）. Rape victims' self-esteem: A longitudinal analysis. Journal of Interpersonal Violence, 3(4), 355-370.

Schiraldi, G. R.（2000）. The Post-Traumatic Stress Disorder sourcebook: A guide to healing, recovery, and growth. Los Angeles: Lowell House.

Sedney, M. A., and Brooks, B.（1984）. Factors associated with a history of childhood sexual experience in a nonclinical female population. Journal of the American Academy of Child Psychiatry, 23, 215-218.

Stark, E., and Flitcraft, A.（1988）. Personal power and institutional victimization: Treating the dual trauma of woman battering. In F. Ochberg (Ed.). Post-traumatic therapy and victims of violence (pp. 115-151). New York: Brunner/Mazel.

菅原郁夫（2003）.「リーガルカウンセリングとは何か」『月報司法書士』2003年6月号

竹江孝・乾吉佑・飯長喜一郎（1991）『司法心理臨床』星和書店

van der Kolk, B.（1989）. The compulsion to repeat the trauma: Re-enactment, revictimization, and masochism. Psychiatric Clinics of North America, 12:2,（June）.

van der Kolk, B. A. and Saporta, J.（1993）. Biological response to psychic trauma. In J. P. Wilson & B. Raphael (Eds.), International Handbook of Traumatic Stress Syndromes. (pp. 25-34). New York / London: Plenum Press

Waites, E. A.（1993）. Trauma and survival: Post-traumatic and dissociative disorders in women. New York: Norton.

Walker, L. E. A. (1994). Abused women and survivor Therapy. Washington, DC: The American Psychological Association.

Walsh, B. W., & Rosen, P. (1988). Self-mutilation: Theory, research, and treatment. New York: Guilford.

（村本邦子）

第Ⅳ部
ケースに見る法と心理の協働の可能性

Ⅳ-1　児童虐待　*174*
Ⅳ-2　離婚と親子　*187*
Ⅳ-3　ドメスティック・バイオレンス　*207*
Ⅳ-4　セクシュアル・ハラスメント　*221*

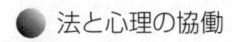

● 法と心理の協働

第Ⅳ部　ケースに見る法と心理の協働の可能性

Ⅳ-1　児童虐待
──京都市Ａ区における子ども支援センターの取り組みを通して

1　ケース「ネグレクト傾向の世帯への支援」

　田中直美（37歳）は長男・大輔（8歳・小学校3年生），二男・裕太（7歳・小学校2年生），長女・美月（9カ月・在宅）の子ども3人と暮らす母子世帯である。母親は通常パートの仕事をしているが，最近体調がよくないので休みがちになっている。なお，子どもたちの父親である元夫とは数年前に離婚し，その後行方不明であるため連絡を取ることができない状態である。

　生活保護の担当ケースワーカーが家庭訪問した際，小学校へ登校している時間帯にも関わらず長男と二男が在宅しており，衣服から臭いがして何日も洗っていない様子であり，台所付近には，食事後洗っていない皿やインスタント食品の袋が至る所に落ちていた。母親に長男と二男が在宅している理由を尋ねると，母親の体調がすぐれないため，小学校へ送り出す時間に朝起きられないことが多々あるということであった。また子どもたちも自ら起きられず，遅刻や欠席が重なり，不登校ぎみである。不登校が続き，長男と二男の両方の担任教師が心配し，放課後度々，家を訪問して登校を促したその翌日は二人とも登校するが，また不登校になってしまう。長男と二男が小学校でいじめを受けている等の悩みはないと言い，また担任教師もそのような事実を把握していなく，登校時友人関係も良好な状態である。母親としても「このままではいけない，なんとかしたい」と思っているが身体が動かず，掃除や食事等の家事ができず，部屋の中の物や乳児のおむつ等が散乱している状態である。

　近くには祖父母や親戚は住んでおらず，親族のサポートも得られない状況である。母親自身，良い母親にならなければならないと思っているが，ストレスが溜まるとつい子どもたちに怒鳴ったり，叩いてしまうこともある。母親自身，祖母（実母）に怒鳴られ，叩かれながら育てられてきたので「子ど

もを叱責しないようにしようと思ってきたが，どうしても同じような言動をしてしまう。どうしたらいいのか」と悩んでいる。

　生活保護の担当ケースワーカーから子ども支援センターの相談室を紹介し，子どもへの接し方や過去の実母（祖母）との関係について相談してみてはどうかという提案をすると，母親は「ぜひ行ってみたい」と相談を希望した。

　母親宅から福祉事務所へ戻った生活保護の担当ケースワーカーから子ども支援センターの受付担当である地域活動員あるいは育児支援活動員へ相談の紹介がある。この紹介後，子ども支援センターの地域活動員あるいは育児支援活動員が，生活保護の担当ケースワーカーを介して日程調整し，母親が悩んでいることについて詳細な聴き取りのための予約を入れるが，体調不良や仕事の都合という理由で，キャンセルが重なっている。

2　法制度の対応「在宅と分離」について

（1）児童虐待に関する法的定義

　児童虐待の防止等に関する法律（以下，児童虐待防止法とする）における児童虐待の定義（第2条）は「保護者がその監護する児童（18歳に満たない者）に対し，次に掲げる行為をすることをいう」とされている。具体的には，「児童の身体に外傷が生じ，又は生じるおそれのある暴行を加える」身体的虐待，「児童にわいせつな行為をすること又は児童をしてわいせつな行為をさせる」性的虐待，「児童の心身の正常な発達を妨げるような著しい減食又は長時間の放置，保護者以外の同居人による身体的又は性的虐待と同様の行為の放置その他の保護者としての監護を著しく怠る」ネグレクト（育児放棄），「児童に対する著しい暴言又は著しく拒絶的な対応，児童が同居する家庭における配偶者に対する暴力（配偶者（婚姻の届出をしていないが，事実上婚姻関係と同様の事情にある者を含む。）の身体に対する不法な攻撃であって生命又は身体に危害を及ぼすもの及びこれに準ずる心身に有害な影響を及ぼす言動をいう。）をその他の児童に著しい心理的外傷を与える言動を行う」心理的虐待がある。

（2）分離に関する法手続きと『子ども虐待対応の手引き』における在宅支援の基準

厚生労働省が示している『子ども虐待対応の手引き』に沿った実際の運用によると、「虐待を行っている保護者等から子どもを強制的に分離するためにとりうる法的手続きとしては、児童相談所長による一時保護、家庭裁判所による子どもの里親委託又は児童福祉施設等への入所の承認、家庭裁判所による親権喪失宣告、家庭裁判所による保全処分等」[1]が挙げられ、「緊急一時保護が必要か否かは、通告・相談への対応及び、調査および保護者・子どもへのアプローチとの一連の流れの中で判断しなければならない」[2]と記載されている。

そのなかで、在宅援助が適切だと判断される条件として、「ア．虐待が否定されるか、もしくは軽度で虐待により子どもを死に至らしめる可能性が極めて低い［＊］，イ．関係機関内で「在宅で援助していく」との共通認識がある，ウ．家庭内にキーパーソンとなり得る人がいる（少なくとも家庭内の情報がある程度得られる），エ．子どもが幼稚園・小学校・中学校等の学校や保育所などの所属集団へ毎日通っている［＊］，オ．保護者が定期的に相談機関へ出向くか、民生・児童委員（主任児童委員），家庭相談員，保健師，児童相談所職員等の、援助機関の訪問を受け入れる姿勢がある［＊］。なお、この項目のすべてを満たすことが困難であれば、［＊］の項目だけは最低限必要である」[3]が挙げられている。

（3）本ケースにおける法的対応の可能性

児童虐待というテーマであると、生死に関わる身体的に重度な虐待や心身ともに多大なる影響を与える性的虐待が注目されがちではあり、実務においても、児童相談所の一時保護所は身体的に危険のある重度のケース、あるい

---

1) 厚生労働省雇用均等・児童家庭局総務課（2005）134頁。
2) 同上（2005）78頁。
3) 同上（2005）166頁。

1 児童虐待──京都市Ａ区における子ども支援センターの取り組みを通して

は緊急保護が必要なケースの児童を保護していることが多く，軽度の身体的虐待やネグレクトケースは在宅指導となることがある。

　本ケースに限らず，ネグレクトケースにおいて職権一時保護による親子分離を実施しにくい理由は，子どもが家を離れることを望まないのに分離した場合あるいは親の意思に反して分離した場合，援助者と親子との信頼関係を築くことに支障が出るからである。また，親子分離を行った後，子ども自身が家庭に連絡して帰宅してしまうということがある。したがって，もし将来，深刻なネグレクトや虐待に至った場合には分離はありうるという前提のうえ，今後の支援の展開を困難にする可能性もあることから，法的分離を行わないという方針をとることもある。

　ここでネグレクトのケースを取り上げるのは，虐待といった場合身体的・性的虐待がある一方で，本ケースのように家庭の状態が落ち着かずネグレクトが見受けられ，子どもが学校に行けないのは深刻だという認識が必要であるということや，援助の必要性が軽度と判断されたネグレクトが深刻な虐待に至る可能性があるからである。また，法的分離に関わる児童相談所の介入は，ケース数の多さとケースワーカーの数・施設の入所定員の関係から，身体的虐待や緊急度が高いケースに携わることにより，ネグレクトのケースについて援助者の介入が遅くなってしまったり，介入が滞ってしまったり，法的対応では不十分な場合がある。そこで，さまざまな社会資源を活用し，心理的・ソーシャルワークの手法を通して，重度の虐待の狭間で，見過ごされやすいネグレクトの状況である家族を支えていく必要がある。

　本ケースへの対応を考えた時，全体的な虐待の状況，危険性として，母親が「ストレスが溜まるとつい子どもたちに怒鳴ったり，叩いてしまうこともある」ということから，軽度の身体的・心理的虐待があると考えられる。また，生活保護の担当ケースワーカーが家庭訪問した際，部屋の中におむつが散乱し，家事ができていないことが伺えることから「適切な食事を与えない，下着など長期間ひどく不潔なままにする，極端に不潔な環境の中で生活をさせるなど」[4]にあてはまるネグレクト傾向であると考えられる。身体的・心理的虐待については，母親の体調によって深刻化する可能性も高いが，現段

177

階では，子どもの安全確認と身体・心理・生活環境の面から鑑みて，親権喪失，一時保護所や児童養護施設への入所措置をとる必要がないと思われるケースであり，在宅での支援の必要性があると考えられる。対応としては，対象家族と一番身近な窓口となる生活保護の担当ケースワーカーとの関係を活かし，福祉事務所や保健所が連携しておける様々な制度や機能を活用することが適当と考えられる。

3　ネグレクト傾向のケースへの取り組み

　本稿では，地域の身近な相談場所として虐待問題に取り組んでいる福祉事務所内に設置されている京都市A区における子ども支援センターと関係機関の連携や対応を紹介し，ネグレクト傾向のケースへの在宅支援と課題について考察する。

　子ども支援センターは，京都市が各行政区の福祉事務所内に設置されている従来の家庭児童相談室を発展的に改組した相談機関である。1999年9月に新たな職種として地域活動員を，2005年12月には育児支援活動員をそれぞれ1名配置し，月曜日〜金曜日の午前10時〜午後4時30分まで，0歳〜18歳の子どもに関する幅広い相談に無料で応じている。また，福祉事務所内での相談と共に，地域の子育てに関する情報の収集と発信を行い，地域の子どもに関する機関・団体によるネットワークづくりの推進を図っている。

　子ども支援センターの機能・体制は，センター長である支援（支援保護）課長のもと，支援第一係長（課長補佐）の指揮監督により，児童・母子二法担当現業員，地域活動員，相談員，育児支援活動員が連携・協働している。なお，地域活動員（週5日勤務・非常勤嘱託職員）は，主に相談の受付や地域の子育てに関する情報提供などの「全ての児童を対象とした健全育成活動」を担当し，相談員（週3日勤務・非常勤嘱託職員）は，主に相談室でのカウンセリングや子どものプレイセラピーを担当している。育児支援活動員（行政

4）　同上（2005）6頁。

1 児童虐待——京都市A区における子ども支援センターの取り組みを通して

区によって週5日あるいは週3日勤務・非常勤嘱託職員）は，児童福祉法や児童虐待防止法の改正に伴い，児童虐待通告・相談への対等や虐待予防や再発防止に向けた支援の充実のため，家庭訪問による育児に関する具体的な助言等の「要保護児童に対する支援活動」を担当している。

相談経路は，家族，福祉事務所内の生活保護の担当ケースワーカーを含む保健所・保育所・学校等の関係機関，民生委員や住民の近隣である。総合相談受付の主な相談内容は，子どもの性格・生活習慣に関するものが23.8％，虐待に関するものが23.4％（平成16年度）を占め，受付後の処遇対応は，子ども支援センターの相談室や児童相談所への来所を促したり，施策の説明等を行っていることが多い。

（1） 福祉事務所内の連携

子ども支援センターへの相談は，まず総合受付を担当している地域活動員あるいは育児支援活動員，児童・母子二法担当現業員のいずれかが相談者から聴き取りを行い，既に相談に来ている世帯かどうか相談記録の確認も行う。通常，相談者が親である場合，相談員が担当する相談室での心理相談へつなぎ，相談間隔は異なるが個別に1週間〜1ヶ月に1回，1セッション約50分の継続面接となることが多いが，受付の時点で子ども支援センターよりも他機関での相談が適していると判断した場合や，急ぎの相談ではあるが予約の都合上時間をとることができない場合，他機関を紹介することもある。福祉事務所内あるいは関係機関からの相談があった場合，直接対象者からの聴き取りを試みるのではなく，まず問題意識を持って連絡してきた人の意見や支援の必要性，家族や子どもを取り巻く状況について把握（調査）した上で，今後の支援方針を立てる。

先述のケースでは「子どもにどう接したら良いか」ということと，母親自身が「ストレスが溜まるとつい子どもたちを怒鳴ったり，叩いてしまうこともある」と話し，子育てのことや過去の自分の親（祖母）との関係で悩んでいることがわかる。また，体調が悪く日常の家事ができない状況から，うつ的な状態あるいは何らかの心身の疾患の可能性があると疑って医療あるいは

第Ⅳ部　ケースに見る法と心理の協働の可能性

心理的支援，長男・二男が毎日学校に通うことができない状況を改善するための物理的な支援が早急に必要だと思われる。

　母親は「怒鳴ったり，叩いてしまう」ということが良くないことと感じてはいる一方で，その言動をどう止めたらよいのかわからないという葛藤があることが感じられたため，生活保護の担当ケースワーカーは，一旦子ども支援センターの相談室へ来所して母親自身が自分の気持ちを話しながら，子育てや過去の経験に対する気持ちの整理と育児ストレス軽減のために，心理相談へつなぐ方法がよいと判断して，子ども支援センターを母親に紹介した。

　子ども支援センターの相談室へ定期的に来所する効果として，母親自身へのケアを行うことによって，子どもへの軽度の身体的・心理的虐待の軽減を図ることが期待でき，相談機関としては家庭内の状態を把握することによりモニターの役割を果たすことで，深刻化した際に児童相談所による緊急的な介入ができるのではないかと考えていた。しかし，相談希望を伝えているにも関わらず，体調が優れない等の身体的理由やうつ状態が重いという心理的理由から実際に相談のために来所することが困難となり，キャンセルが続いた。

　このケースにおいては，子ども支援センターへの来室が見込まれないとき，一度，子ども支援センター・地域活動員あるいは育児支援活動員，生活保護の担当ケースワーカー，支援第一係長（課長補佐），児童・母子二法担当現業員の関係者で協議し，今後の方針について再検討する。その結果，母親の過去の心的外傷を掘り下げるより，母親自身のうつ状態を改善するため，精神科あるいは心療内科へつなぎ，投薬による治療を促すことと，子育て支援の１つの方策として「ひとり親家庭日常生活支援事業」を活用することを目標とした。それと同時に，長女が保育所に入所していないことから，母親が自主的に長女を連れて外出していない限り，今後日常同年代の子どもと接する機会がない。現在の養育環境をふまえると，子どもの発達の観点と「市町村は，児童福祉法第24条第３項の規定により保育所に入所する児童を選考する場合には，児童虐待防止に寄与するため，特別の支援を要する家族の福祉に配慮をしなければならない」（児童虐待防止法の第13条の２項）ことから，

1 児童虐待——京都市A区における子ども支援センターの取り組みを通して

保育所入所を図ることが望ましいと判断した。

　まず「ひとり親家庭日常生活支援事業」の導入に向けて、生活保護の担当ケースワーカーから母親に簡単な説明をしたところ、母親が事業を利用してみたいという意思確認ができたため、児童・母子二法担当現業員が家庭訪問し、利用の手続きの詳細な説明を行う。京都市の場合、「ひとり親家庭日常生活支援事業」は、母子家庭・父子家庭及び寡婦を対象として、乳幼児の保育、食事の世話、身の回りの世話及びそれに附帯する送迎や、住居の掃除、生活必需品の買い物、医療機関等との連携、その他必要な用務という日常生活における家事、介護などの「生活援助」、保育サービスやそれに伴う送り出しなど「子育て支援」を行うものである。費用が所得に応じて1時間あたり0円～300円であり（生活保護世帯の場合0円）、日々の経済的負担が大きい母子世帯にとっては有益な制度であると思われる。

　この施策の活用によって支援員（ヘルパー）を派遣し、まずは親である母親との関係を築くためにも、住居の掃除を行って生活環境の改善を目標とすることや、長男と二男の学校への送迎を行うことを通して体調が優れない母親への支援を行う。またそれと同時に、支援員（ヘルパー）派遣は子どもにとっては部屋や衣服を清潔に保つという生活能力を培う機会となる。この支援員（ヘルパー）の役割について、家庭児童相談室において相談員として地域福祉プログラムの展開を行った山野は、ホーム・ヘルパーや気軽に相談できる人として「生活習慣が全く身につけていない家族への介入の際、食器の片付け方、ごみの仕分け方、洗濯の仕方を家族はホーム・ヘルパーから、『モデル』として学ぶのである。ホーム・ヘルパーが『それでいいよ』『よくやっているね』と根気良く声かけを行うことで、家族は徐々に変化を見せる」[5]と言っている。つまり、「ひとり親家庭日常生活支援事業」を活用して母子自立支援を図ることでネグレクトの改善につながるということがいえる。

　「ひとり親家庭日常生活支援事業」を活用しながら、母親の精神科受診を促すため、児童・母子二法現業員あるいは保健所の精神保健福祉士である保

---

5) 山野則子（2000）24, 29頁。

健師が家庭訪問することを試みる。介入の機会としては，児童・母子二法現業員と母親は「ひとり親家庭日常生活支援事業」を開始する際に家庭の状況の聞き取りのため，一度家庭訪問をしているため対面していることから，母親の近況を尋ねるための訪問を申し出て，了承を得た上で訪問する。保健所の精神保健福祉士である保健師の場合は，生活保護のケースワーカーが家庭訪問する際に同行する方法も考えられる。

　家庭訪問が可能となれば（定期的に訪問することが望ましい），児童・母子二法現業員あるいは保健師によって「良い母親にならなければならない」と思いながらも心身の状態が芳しくなく葛藤を抱えている母親に対して，過剰な母親役割に縛られることなく，体調が思わしくないときには周りの支援を活用するよう助言する。そして，精神科あるいは心療内科に通院して投薬による精神的な安定を図る必要性を伝える。場合によっては職員が病院への同行も行うことがアドボケイトの役割を果たすになるだろう。

（2） 子ども支援センターと児童相談所との連携

　福祉事務所が，虐待の疑いがあると認識した場合，子ども支援センター（福祉事務所内）で支援計画を考えると同時に，地域活動員あるいは育児支援活動員より児童相談所に，家族の基本的な情報，子どもの状態，周囲にその家族を支援する協力者の有無等を連絡することを基本としている。児童相談所では通告を受け，初期調査の専任班である虐待防止アクティブチームが原則48時間以内に子どもの安否確認等を行うこととしており，生活保護の担当ケースワーカー，学校等の関係機関から家族についての詳しい事情を聴き取り，また必要に応じて直接家庭を訪問する。

　児童相談所のアクティブチームのケースワーカー（児童福祉司）が調査を終えると，児童相談所では判定会議を開催し，子どものおかれている状態についてリスクアセスメントを行う。その結果，危険度と今後の方針を決定し子ども支援センターへ報告する。

　本ケースのようなネグレクト傾向かつ緊急一時保護に至るまでの身体的虐待がない場合，在宅での経過観察として，児童相談所の地域担当のケース

1 児童虐待──京都市A区における子ども支援センターの取り組みを通して

ワーカー，生活保護の担当ケースワーカー，児童・母子二法担当現業員，子ども支援センターの育児支援活動員，小学校等の関係者が集まり，定期的にケース会議を開催して，子どもや家族の状態についてそれぞれが把握している情報や見方を共有して役割分担を行い，養育環境の改善に向けた目標を設定し，支援を継続していく。

ただし，本ケースのようには，母親が家事のできないほどの状態であり，うつ的傾向が強い場合は，母親に休息することの重要性と，回復するまで子どもたちの一時保護やショートステイの利用をすすめることが必要である。それは，子どもたちが学校に行けないことは深刻な問題であるという認識が必要であり，さまざまな社会資源を活用して，重度の虐待の狭間で見過ごされやすい家族を支えていく必要があると考えるからである。

なお，児童相談所の初期調査担当や地域担当のケースワーカーが参加するケース会議を通して，小学校の担任からの情報により発達的な課題が考えられる場合には，まず母親の体調改善を図った後，心身に余裕が出てきた頃合いを見て，近しい関係者が児童相談所の発達検査を母親に紹介することも，支援計画の1つとして盛り込んでおくことも重要である。

（3） 虐待予防と再発防止

2005年12月から虐待予防と再発防止の取り組みの新規事業として「育児支援家庭訪問事業」が開始された。これは，地域社会から孤立しやすく，養育支援を必要としながらも，自ら支援を求められない家庭へ家庭訪問による積極的な支援を行い，家庭の養育機能を回復させることを目的としている。本ケースのように，相談室への来所は可能でなくとも，親が誰かに相談したいと思っている場合，育児支援活動員が家庭訪問して保護者の養育に関する不安や葛藤を聴き，養育に関する自己肯定感の回復に努め，具体的な家事や養育の方法・コツを示す等の援助を行うことが可能である。

4　今後の課題

　本稿では，ネグレクトのケースに焦点をあて，京都市A行政区における子ども支援センターでの支援方策の一例を紹介した（なお，あくまでも一例であるので，「母子世帯」や「生活保護世帯」イコール「虐待がある」ということではない）。子ども支援センターは，福祉事務所内にあることから，心理的支援のみならず，福祉制度の活用，生活保護係との連携，関係機関である保健所や児童相談所との連携が頻繁に行われている。連携することで各援助者が一家族を多角的な視点から援助の方向性を計画できることが利点ではあるが，それぞれの役割の違いから連携の注意点や問題がみえてくる。ここでは，主に関係機関の連携について今後の課題を述べたい。

　親が子どもを殴る・蹴る等の身体的虐待が起きて子どもの生命に危険が及ぶ可能性があるときは，児童相談所による一時保護による親子分離という方法を取ることが考えられるが，児童相談所による初期調査の結果，ネグレクトまたは軽度の身体的虐待という判定がおりたとき，一時保護などの法的分離を行わず，在宅で支援していくこととなる。

　そこで，家族に関わっている関係者（学校・児童相談所・福祉事務所等）で定期的にケース会議を開催し，各機関が把握している家族に関する情報を共有しながら支援の方法を展開していくが，ケース会議が現状の情報共有のみで，何らかの改善が見込まれないことから関係者が不全感をもっていくことも多い。また，在宅支援の場合，たとえ軽度だとしても身体的虐待がある場合，親の状態によっては突発的に子どもに被害が及ぶことも懸念される。したがって，ケース会議による支援計画を関係機関が多職種で円滑にすすめていくためには，それぞれの機関の役割と限界（できることとできないこと）を互いに把握して，家族の問題点を出して指摘するための協議ではなく，なぜ家族に変化が起きないか，家族が今何を必要としているのかを想像し，支援策を検討することが不可欠である。

　周辺に祖父母などの親族が居住していない場合，「ひとり親家庭日常生活支援事業」はとても有効な制度ではあるが，利用時間が年120時間かつ月40

1 児童虐待——京都市Ａ区における子ども支援センターの取り組みを通して

時間を上限とし，利用時間帯が原則として午前6時から午後10時までという利用上の制約がある。また，施策を利用すると決めて，事前の手続き・実際に支援開始に至るまでに数カ月〜1年等長い期間を要することが多く，施策を利用し始めたとしても急激な改善は困難である。したがって，初期段階では，援助者は親との信頼関係を築いて，支援が入ることのメリットや，子どもを叩きたくなったときの対処方法を具体的に伝えるなどのアドバイスを行う。

次の段階としては，他の福祉支援策である「育児支援家庭訪問事業」の利用を促して，子どもの年齢や発達に伴った養育技術について親に伝える機会を設けていくことが課題である。このように小さな段階を設定し，長期的な視点で家族に関わることが必要である。

最後に父親の果たすべき役割についてふれたい。ケースから，母親は子どもたちの父親である元夫とは数年前に離婚し，その後行方不明であるため連絡が取られない状態となっていることがわかる。（ケースからは養育費の支払いの有無は不明であるが）父親が養育費を支払わないとき，給与・預貯金等を裁判所を通じて差し押さえることができるが，父親が行方不明になっている場合，履行は不確実である。また，連絡が取れない状態であることから，子どもとの面会もないことが伺える。この母子世帯は，生活保護費の受給によって経済面で生活の安定を図っているが，父親にも子どもの養育費の負担義務があり，親の子どもに対する扶養義務は離婚により消滅しない。離婚後，父親との連絡を取ることができない以上，父親の不在という状況の中で，実際にどのように生活していくかに目を奪われがちではある。しかし，本来は離婚したとしても，父親は子どもの親であり，経済面，実際の養育面での育児の責任を果たすべきである。

以上，法と心理の協働や関係機関の支援策について援助者ができることを紹介してきた。援助者それぞれができることは限られているが，親と子どもたちが本来持っている力を信じ，その力を引き出すサポートを，関係機関・多職種が連携することを通じて行っていくべきではないだろうか。

第Ⅳ部　ケースに見る法と心理の協働の可能性

● **参考文献**
厚生労働省雇用均等・児童家庭局総務課（2005）『子ども虐待対応の手引き』
山野則子（2000）「児童家庭福祉プログラムの構築　国際社会福祉情報24号」

（杉山暁子）

Ⅳ-2 離婚と親子

1 ケース 1

(1) 婚姻から離婚まで

　伊藤由美子（当時25歳）は1992年に山田誠（当時25歳）と婚姻し，夫の姓である山田を選んだ。ふたりの間には翌1993年に翔太，1996年に美咲が産まれた。その後，性格上の不一致から双方ともに離婚を考えるようになり，結婚して5年目にあたる1997年に由美子は子どもを連れて実家に戻り生活することになった。幸い，由美子の両親が健在であり，由美子ら親子3人の同居が可能であったため，由美子は実家から近くの会社に事務員として再就職できた。別居後も，誠は，いつでも子ども達には自由に会えると思っており，年に数回は会いに来たり，一緒に外出していた。由美子も誠が子ども達に会うのを特に制限したことはなかった。ところが，別居して3年目，由美子がそろそろけじめをつけたいとして，誠に対して，財産分与や慰謝料はいらないが，親権と養育費だけはほしいと言ったところ，由美子の予想に反して，誠は，離婚には応じるし，子ども達を育てるのも由美子でいいが，親権だけは譲らないと強硬に抵抗した。由美子は，誠の勢いに，このままでは親権を

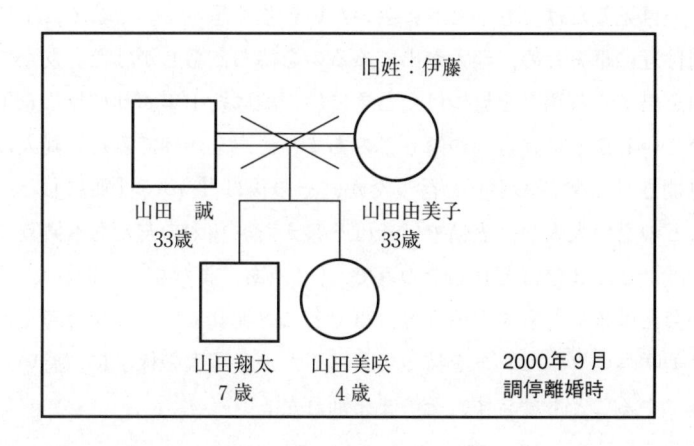

```
                    旧姓：伊藤
    ┌──┐×┌──┐
    │  │──│  │
    └──┘  └──┘
    山田 誠    山田由美子
     33歳       33歳
        │
    ┌───┼───┐
    ┌──┐   ┌──┐
    │  │   │  │
    └──┘   └──┘
    山田翔太  山田美咲   2000年9月
     7歳      4歳     調停離婚時
```

とられるのではないかと不安になり，それ以降子ども達を会わせないようになった。そして，家庭裁判所に自らを親権者として離婚する旨の離婚調停を申し立てた。

　調停は5回開かれた。最初は，親権者を由美子に譲ることに抵抗していた誠も，別居後2年以上，由美子が子ども達を育てている状態を無視できず，2000年9月に，子ども達の親権者をいずれも由美子と指定し，ひとりにつき月3万円を養育費として誠から由美子に支払うこと，また由美子は面接交渉を確約し，詳細は後日取り決めるとしたうえで調停離婚が成立した。

　離婚に際し，由美子は旧姓に戻るかどうか迷ったが，子どもたちの姓と自分の姓が異なるのは日常生活上不便なことも多く，子どもにとって離婚による影響も出来る限り少なくしたいと考えたため，婚氏続称の届けをして山田姓を名のることにした。

　離婚から2カ月ほど経ったある日，誠から「子どもと会わせてくれ」という電話があった。由美子は，確かに面接交渉を約束したので，会わせないといけないとは思ったが，離婚が成立するまでの誠の態度を思うと腹立たしく，調停に費やしたエネルギーは想像を越えるほどの疲労感をもたらしていた。そのため，誠と連絡をとりあうことは苦痛でしかなく，また，すでに子ども達が誠と会わなくなって1年が経つため，子ども達への影響も心配で，返事を1日延ばしにしていた。そのような状態が続いた後，誠は，しびれを切らして，一目見るだけでも子どもに会いたいと強く思った。そして，下校時間に校門付近に車をとめ，翔太が出てくるのを待ち，話しかけた。友だちと歩いて門を出てくる翔太を見つけたときには，誠は約1年ぶりに見る息子の背が伸びていることに驚きつつ嬉しさのあまり，声をかけてみた。翔太は一瞬目を見開き「お父さん！」と言ったが，その後は「うん」「別に」と，誠の見たことのない大人びた表情でぼそぼそ答えた。翔太の友だちも隣りにいたため，誠は2，3分ほど話したのみで，「じゃあ，またな」と別れた。誠は，翔太が会えばきっと喜ぶだろうと，車でどこへ連れていこうかと考えたり，翔太と美咲へのプレゼントを持ってきていたが，翔太の様子に戸惑い，家まで送ってやることもできず，そのまま別れた。

その夜，由美子は翔太から「今日，お父さんが学校の前に来ていた」と聞き，どうにかしなくてはいけないと思った。しかし，どうすればよいかわからず，とにかく「子どもが動揺するから，そういうことは困る」と誠に電話をした。勝手に訪ねてきた誠への怒りと同時に，翔太の話に美咲が「私も会いたかったなー。お父さん，何してた？」と聞き，「こうやってね……」と父親の話をする子どもたちに対しても腹の立つ思いであった。

一方，誠は，翔太が自分と会うことで困惑していることはその表情と返事から理解したが，それは，これまで会えずにいた時間が長すぎたことと，突然再会したことが原因であり，「お父さん」と言った言葉からは自分を拒否しているようには思えない，もしかすると由美子や祖父母がなにか子どもたちに自分のことを悪く言っているのかもしれないと考えた[1]。そこで，早急に，自分と子どもとの関係を取り戻したいと思い，弁護士に相談した後，家庭裁判所に面接交渉を求める調停申立てをした。

（2） 面接交渉

近年，わが国の離婚の増加現象は顕著であり，さらに年間27万組以上の離婚のうち，約60％が未成年かつ未婚の子を伴う離婚である現在，離婚後の親子の関わりを看過できない状況にあるといえる。離婚後，離れて暮らす親子

---

1) Parent Alienation syndrome（PAS） 児童精神科医であるR・Gardnerが提唱したもので，一方の親からのもう一方の親に対する不公平であったり誇張した侮辱，非難や批判を聞くことに子どもたちが翻弄されてしまうことを言う。http://www.rgardner.com/refs/pas_intro.html 日本でもPASを「片親引き離し症候群」と呼び，「離婚後に，一方の親が子供を他方の親から引き離そうとして，他方の親に対する誹謗中傷を子供に吹き込み植え付ける（いわゆる洗脳）ことによって子供が片親との関係を喪失すること」（離婚と子供 TM & Co.,Ltd. http://www.atomicweb.co.jp/~icuspringor/），「PASとは，子供の身柄を預かっている親（通常，母親）が，そうでない親（通常，父親）に対して子供との面会拒絶や嫌がらせを繰り返したり，或いは子供に相手側の親に敵対的行動を取るように洗脳することを言い（中略）ただ単に，監護親が子供を洗脳することではない。PASとは，監護親の洗脳の結果，子供が「自発的に」非監護親を中傷するようになり，監護親の非監護親に対する中傷を支持するような行動を起こすことを意味する。（中略）これは子供の人間関係や精神的な成長を著しく害する行為」（CRNジャパン http://www.crnjapan.com/pas/ja/）と紹介されている。

第Ⅳ部　ケースに見る法と心理の協働の可能性

の面会・交流（面接交渉）については法律に明文化されておらず，また実施についての公的なデータも存在しないが，親権者でない親が子と面接することは，子の監護に関する処分（民法766条）として家事審判事項になるというのが定着した解釈である。従って，離婚調停に附帯して，もしくは離婚後に親権者にならなかった親からの申し立てにより，面接交渉の有無，内容，実施，停止について調停や審判が行われる。面接交渉権における法的論点については本書Ⅰ-1に詳細な記述があるのでそちらを参照されたい[2]。

　家庭裁判所は，面接交渉を求める申し立てがなされた場合，養育親側が面接交渉実施に対し消極的であっても，また，非養育親が裁判も辞さない覚悟で臨んでいても，面接の実施には双方の協力が必要であるため，できるだけ合意が成立することをめざす。その段階として，家庭裁判所内での試行面接を行って，子の様子を伺うこともある。面接交渉への取り組み方は各家庭裁判所によっても様々であるため，試行面接の方法も一概にはいえないが，ミラールームが設置され，非養育親と子とが交流している様子を養育親が隣室から見たり，調査官や調停委員が同席のもとで面会を行ったりということもある。その他，面接に関するビデオやリーフレットを用いた両親へのガイダンスを面接実施前に行うなどして，養育親の不安を軽減させ面接実施に協力できるよう，また家庭裁判所という非日常的な場所であっても，非養育親と子とがスムーズに面接できるような工夫もなされている。

　そういった家庭裁判所からの働きかけにより合意が得られれば，調停成立となる。その後は，両親間で日時や場所，何をするか，もしくは学校行事への参加などを子の意向を聞きつつ設定し，実施するのが通常である。面会に慣れるまでは，なるべく子の日常生活に近づけ，負担のないよう，非養育親が子と養育親の住む地域を訪れ面会を行うなど，子の生活スタイルや体調を尊重し，最初は養育親も同席した上での面会であっても（ファミリーレスト

2） 二宮（2005）309-356頁。家庭裁判所が介入した面接交渉実施事例を通して，その課題が挙げられ，別居親子が円満で継続的な交流をもち，親と子の絆を保つことが促進されるために，面接交渉を子の権利として，そして，その権利に対応する親の義務として記されている。

ランでの食事，公園で遊ぶなど)，回を重ねた後には両親は顔を合わさずに済む子どもの受け渡し方法を決めたり（例えば近所にある駐車場までそれぞれが車で向かい，子だけが養育親の車から非養育親の車へと自分で移動するなど)，定期的に面会がもてるようになれば，日時等のやりとりを子と非養育親が直接電話などで連絡を取り合って決めるなど，それぞれの家族に合わせた面会方法を取っていくようになる。特に子の成長に伴い，時間帯や行動範囲，友人関係などを含めた生活スタイルや考え方は変化するものであるため，柔軟に対応していくことが，継続して面会・交流を保つ秘訣ともいえる。

　自分たちで面会・交流を設定できない場合には，第三者の援助を得る方法もある。そのひとつが弁護士事務所での面会である。弁護士が面会のコーディネートや安全の確保を担い，実施することもあるが，このような協力を得られるのはまだ少数にとどまっている。他にも元家庭裁判所調査官による社団法人家庭問題情報センター（FPIC）や民間の支援団体など，離婚後の親子が子の成長に即した面会・交流を継続して行えるよう周囲で支えていく働きが組織されつつあり，筆者らも別居，離婚後に離れて暮らす親子の，子どものための面会・交流支援活動に取り組みはじめたところである[3]。

(3) 解決の限界と課題

　前述のように，調停が成立した場合でも，その後の動向（面接が実施され

---

3) 特定非営利活動法人FLC安心とつながりのコミュニティづくりネットワーク内に，Vi-Project（子どものための面会・交流サポートプロジェクト）を2004年に立ち上げた。親の離婚後，一方の親と離れて暮らす子どもの，気持ちや成育に添った，子どもと非養育親／家族との面会・交流をサポートすることを目的とした活動である。2005年度には離婚後の親子をとりまく現状，支援の可能性を当事者・専門家へのアンケートとインタビューによる調査を行い，先進的な活動実践の場である北米視察報告とともに報告書を発行している。プロジェクトへの依頼には，養育親，非養育親にかかわらず，面会実施を拒否されている側からの「相手方が面会するよう説得してほしい」というものが多いが，子どもにとって充実した面会を，どちらかが頑なに拒否しているもとで実施することは困難である。子どもの立場に立つ，第三者によるサポートとして「両親間に争点はあったとしても，子どもの養育においては協力しあう」ことを目指す，Co-Parenting（離婚後の共同子育て）プランを提供できるよう，プログラム整備中である。

ているかどうかやその内容）を調査官や調停員が知ることはないため，調停の場での合意が実行されるとは限らない。実施されていない場合には，履行勧告の申し立てを家庭裁判所に申し立てることができる。履行勧告には強制力はないが，家庭裁判所に係属することにより，調査官による再調査や養育親への働きかけを経て，履行されることもある。履行勧告にも従わない養育親に対しては，間接強制による強制執行を申し立てることが考えられるが，それでも従わない親に対しては，強制は困難である。また，子と非養育親との面会実施について，調停が成立しない場合は，審判に移行する。審判で面接交渉が認められたにもかかわらず従わない親に対しては，履行勧告に従うことも期待できないであろう。やはり，間接強制しか方法はなく，それ以上の強制は困難である。従って，できるだけ合意を形成するということがこの問題では非常に重要になってくるのである。

調停や審判，履行勧告，間接強制といった法的手段により解決しようとも，断固として従わない養育親に対してはなす術がなく，結果的に法的紛争が養育親の抵抗をさらに高め，面接交渉実施を疎隔させてしまうこともある。Stolberg（2002）は Amato（1993）や Wallerstein & Kelly（1980）の研究を引用し，離婚後も子が双方の親との交流を持つことは子の精神的福祉にとって有益だとしたうえで，予定された面会を養育親が拒否することは子にとって有害な可能性があること，また養育親が非養育親と子との面会を拒否する理由には，子の安全性を確保できない場合や精神病を患っている場合といった適切な理由の場合と，他方の親への怒りや敵意により面会を拒否するといった不適切な理由の場合があることを示し，それらは区別されるべきであると主張している[4]。

非養育（別居）親と子とが交流を持つことは，養育（同居）親にとって心身ともに負担であることが多い。パートナーとの間に相容れないゆえに離婚をした者にとって，可能な限り元パートナーとの関わりは持たずに過ごした

4）Stolberg（2002），ヴァージニア州最高裁により調査を依頼され研究された，Stolbergらヴァージニア州立大学の心理学者と，VolenikらリッチモンドＴＣウイリアムロースクールの法学者との共同研究論文。

いものであろう。コミュニケーションをうまく取り合うことができず，ちょっとした行き違いが怒りや悲しみを再噴させたり，信頼関係を損ねてしまうことになりやすい。離婚後，離れて暮らす親子が交流，接触を持つことについて，先述のStolberg（2002）らは，一方の親との接触が子を両親間に存在する敵意にさらしてしまうことや，問題と混乱を内面化させて罪悪感を経験する立場に子が置かれてしまう可能性もあるため，両親間の対立が低く，非養育親が適切に建設的な親子関係を維持するときにのみ有益であると報告している[5]。葛藤の高い両親の間でいくら面接交渉が行われたとしても，子は板ばさみを経験し，どちらの親への忠誠心も平等に分けることはできず，接触がさらに負担となってしまうこともある。

　養育親が同意していない場合に面接交渉を実施するためには，まずは，養育親が非養育親への怒りや不信感を親子の関係に持ち込むことのないよう，心情を理解しつつサポートし，夫婦間に根強くある葛藤を和らげることが必要であり，パートナーとしてはうまくいかなかったけれども子の親として，お互いを尊重し新たに関係を築いていけるような手助けが必要である。それを経て初めて，親子が落ち着いて関係を育むことができ，子が安心して成長できる大きな助けとなるだろう。

2　ケース 2

（1）　離婚から再婚まで

　松井健一郎（当時29歳）は1988年に恵子（当時24歳）と結婚し，2年後の1990年に彩が産まれたが，2000年に恵子と死別。以後，近くに住む健一郎の両親の手を借りながら子どもを育ててきた。

　山田由美子は離婚後，職場の取引先の松井健一郎と出会い，2003年12月より交際を始め，1年間の交際後，再婚を意識するようになり，由美子は休みの日に子どもを連れて健一郎と会い，動物園や映画，食事にでかけるように

5）　Stolberg（2002），同上 8 −14頁．

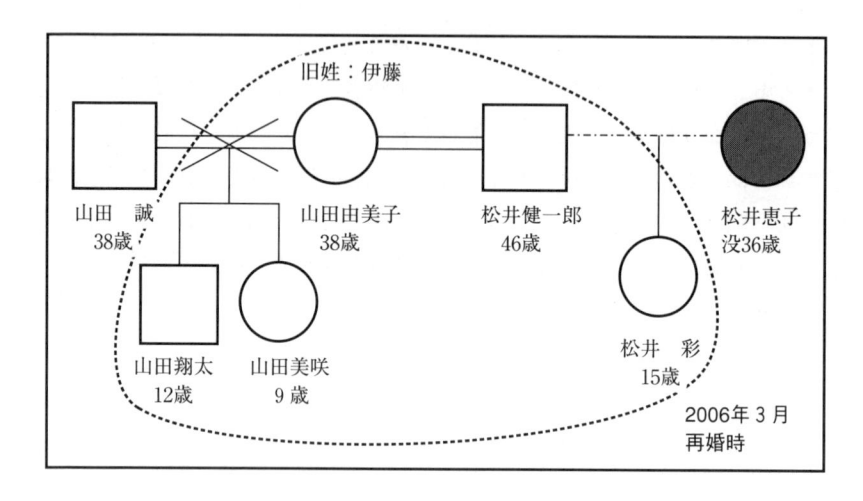

第Ⅳ部　ケースに見る法と心理の協働の可能性

```
旧姓：伊藤
山田 誠    山田由美子   松井健一郎         松井恵子
38歳       38歳         46歳               没36歳

      山田翔太  山田美咲              松井 彩
      12歳      9歳                   15歳

                                        2006年3月
                                        再婚時
```

なった。健一郎の子どもとは何度か顔を合わし，挨拶を交わす程度であった。お互い子どもを連れての再婚となるため，子どもたちへの影響，一緒に暮らしていく生活の不安，またそれぞれの両親からの反対もあったが，2005年に2人は再婚することを決心した。

　一方，翔太と美咲は離れて暮らす実父である誠との面会を家庭裁判所での試行面接後，1〜2カ月に1度の割合で定期的に継続して行っていた。子どもの予定に突然変更があったときなどには，なかなかスムーズに連絡をとりあうことができず，双方が苛立ってしまうこともあったが，比較的穏やかに離婚後の共同での子育てを実践することができ，母子，父子ともに親子関係が良好であった。

　ところが，ある面会の日，「日曜日に遊園地に行ったよ。ジェットコースターに乗って面白かった。」「僕は立って乗るやつに2回も乗った！」と，楽しそうに子どもたちが話していたので，誠が「すごいね〜。誰と行ったの？」と深く考えず聞くと，2人とも黙ってしまった。もしかして母親から口止めされているのかもしれないと，誠は，気を遣っている子どもたちが不憫に思われ，「よかったね。またお父さんと一緒に行こうね」と，なにげない風を装ってその話を終え「なんでも言っていいんだよ，お父さんとお母さんはもうケンカしないから」と，子どもたちに言った。2人を安心させてや

りたかった。

　その後，健一郎の存在は誠の知るところとなり，地域のクラブの試合やピアノ発表会には誠と健一郎の両方が揃うこともあった。とはいえ，3人とも並んで子どもを見るほどオープンな性格ではなかったため，なるべく顔を合わせることがないよう時間をずらしたり，家族ごとにお弁当を食べるような運動会のときなどは，前もって由美子が誠に連絡しておくよう気をつけるなどして調整し，由美子も「不便なこともあるけれど，祖父母を含めた子どもの周りにいる大人たちが，様々な場面で子どもの成長に関わりを持って見守っていてくれることはいいことだな」と，嬉しく感じていた。

　しかし，誠自身は，元妻が再婚し，新しい夫ができることを受け入れるのが思ったよりも難しく，健一郎の仕事の都合で引越しをする可能性があることや，翔太が健一郎の影響で野球に詳しくなっていく様子を見聞きすると，子どもを取られてしまうように感じ，怒りと不安でいっぱいになり，ふと気づくと「再婚などして子どもたちが不幸にならないか。父親面している（ようにみえる）のが気にくわない。父親は俺だ」と，いてもたってもいられない気持ちになることもあった。

　由美子は，健一郎との再婚話を進めるべく準備にとりかかっていたが，再婚後の面接交渉や子どもたちの姓をどうするかで悩んでいた。再婚後は由美子たち親子が，健一郎と彩の住む家に移ることになるため，学校のことを考え同居は3月の春休みに入ってからと決めた。由美子が健一郎と再婚し，健一郎の姓を夫婦の姓にすると，自分と子どもとの姓が違うことになる。自分と母親の姓が違うのに，母親と義姉が同じというのはきっと子どもたちも傷つくだろう。子どもたちは「転校するんだったら別に変わってもいい」と，姓の変更に抵抗はないようだが，結論を決めかねていたため，由美子は自治体の無料弁護士相談に予約をとり相談しにいった。そこで，健一郎と翔太，美咲が普通養子縁組をする方法を教えてもらい，養子縁組に伴って相続の権利や扶養義務といった法的な親子関係にも影響があることを聞いたが，由美子は，再婚前に健一郎に死後のことやお金のことを話すのは気が進まなかった。

第Ⅳ部　ケースに見る法と心理の協働の可能性

　ひとり，由美子が悩んでいる頃，健一郎は会社で再婚する報告をし，手続をとろうとしたところ，「妻の子」が自分の扶養親族にならないため所得税や住民税の扶養控除が年間100万円以上違ってくることがわかった。同時に，今は彩を受取人に指定している生命保険のことも気になり，由美子に相談することにした。その結果，健一郎と由美子のどちらもが継子と養子縁組をして家族になろうと，話し合うことができたが，誠にも再婚や養子縁組のことを話しておくべきだと思い，電話で話をしたが，誠は不快そうに電話を切ってしまった。

　由美子の再婚話にショックを受けていた誠は，さらに養子縁組を言い出され，怒りを覚えながらも途方にくれていた。仕事後，酒の場で友人にそのことを話してみても「離婚の時点で子どもは向こうにいってるんだから覚悟しておかないと」，「再婚したんだったら，養育費は払わなくてもよくなるんじゃないか？」と，埒が明かず，調停離婚時に，由美子との離婚も，子どもと離れて暮らすことにも納得していたつもりだったにもかかわらず，既に5年も経っている今，苛立ちが募ってくることに戸惑っていた。

　どうすればこの状況を解決できるのかわからないまま，誠はインターネットで「離婚，再婚，面接交渉」を検索してみた。すると，離婚した人のためのサイトや再婚家庭のためのサイトなどがヒットし，そこには自分と同じように離婚後，子どもと離れて暮らしている人，また逆に子どもを連れて離婚した人の心情が綴られており，インターネット上の掲示板で交流がもたれていた[6]。みな一様に，自分の離婚，再婚といった選択に迷いを持ちながらも，子どもの生活を守りたいと一生懸命な親の姿であった。

　誠自身，離婚後は子どもと会うことが自分と子どもを繋ぐ最後の砦のように思ってきたが，由美子が再婚し，子どもが養子縁組をして新しい家庭をもてば，父親としての自分の存在が消えそうで不安でたまらなくなった。けれ

6）　1990年代後半よりインターネット上に多数ウエブサイトが存在し，現行民法の改正（面接権の条文化と罰則規定の制定）と子どもの非同居親が交流できる場の提供，情報提供を行うことを目的とした「親子の絆ネットワークファーザーズウエブサイト」http://www.fatherswebsite.com/ などがある。

ども，他の人たちのケースを何十ケースも読み，自分も掲示板に書き込むなどして，自分だけが悩んでいるのではないことがわかると不思議と心が落ち着いた。

　怒りがなくなったわけではなく，他の人が子どもに会えずに嘆いている様子を見聞きすれば，自分と重ねて，元配偶者に対して腹が立つ。会社に行く途中，美咲と同じくらいの子どもがランドセルを背負っている姿を見ると，ふいに涙が出てくることもある。反対に，子どもとやっと会えて楽しかった様子を聞くと，自分のことのように嬉しくなり，自分もまた子どもたちに会えると希望を持ったり，「前回会ったときは遊園地に連れていくと喜んでいた息子が今回は，遊園地に行くのを嫌がり，映画にした」とのエピソードを読んで，普段，会っていないために子どもの成長がわからず，ともすると昔のイメージを重ねてしまいがちだが，自分もそうならないように気をつけようなど，離婚経験者たちとのやりとりからいろいろと考えさせられた。

　ある日，誠が掲示板上でよくやり取りしていた，離婚後10年経つ男性がカウンセリングに通っていることを書いていた。「カウンセリング」のことはなんとなく誠も知っていたが，面と向かって他の人に自分のことを話すのはとても緊張するし，話をしてどうなるのかと思っていたので，特に関心はなかったが，彼は誠と似た境遇で，共感することも多く，これまでもいろいろと教えてもらっていたので，誠もカウンセリングに興味がわき，彼にカウンセラーを紹介してもらうことにした。カウンセリングでは，由美子との結婚期間のことや由美子に対する気持ち，子どもと一緒に過ごした日々のこと，現在の毎日の様子など話すうちに，自分自身のなかで離婚を整理していくことができ，いつしか，「子どもが新しい家庭に馴染むのは，子どもにとって幸せなこと。たとえ，由美子が再婚して，子どもが養子縁組をしても，自分が父親であることまで消えるわけではない。これ以上，子どもたちを悲しませてはいけない。もしかしたら再婚自体がなにかしら気に食わない，その気持ちが影響しているのかもしれない。とにかく，子どもとはこれからも会えるように約束してもらおう。それが，最善の策だ」と，考えるようになった。その一方で，由美子の希望に従うことは，彼女の思い通りになるようで癪に

障る部分もあり，誠はまだ結論を出せずにいた。

（2） 再婚と（普通）養子縁組

　子どもを連れての再婚の場合は子の氏をどうするかで実際悩むことが多いであろう。15歳未満の子の氏の変更について事例に沿うと，由美子が健一郎との婚姻届を出し法的に夫婦となっても，翔太と美咲は当然には健一郎の戸籍に入らないため，氏が異なることとなる。法制度上はなんら問題はないが，日常生活上親子が違う氏では学校や病院等，証明の際に不便なこともある。婚姻時，カップルの約96％が夫の姓を選択しているが，再婚カップルにおいては妻の姓を選ぶカップルや，子の氏の変更を求めないがゆえに事実婚を選ぶカップルもあり，子の氏を母親と一緒にするために，再婚相手との養子縁組をすることも多いのである。子の氏の変更方法としては養子縁組のほか，子の氏変更許可を家庭裁判所に申し立てて同居実親と同じ氏に変更させる方法がある。つまり，①由美子と健一郎の再婚と同時にあるいはその後に，健一郎が翔太と美咲と（普通）養子縁組をする（民法810条）方法と，②「子の氏変更許可申立書」を家庭裁判所に提出し，子の氏を母親と同じ氏に変更する許可を得る審判の申立てを行い，審判で山田から松井へと許可されたところで，松井健一郎を戸籍筆頭者とする戸籍への入籍届をする（民法791条1項，家事審判法9条1項，戸籍法98条1項），2通りである。

　①のように，養子縁組をした場合は，2人の親権は実母である由美子と養親の健一郎の共同親権になる（民法818条3項）。②の場合は，氏の変更のみであるため，全員の氏は松井となるが，翔太と美咲の親権は実母である由美子のみが持ち，翔太／美咲と，健一郎との間に法的親子関係は存在しない。したがって，相続権，扶養義務は発生しない。また，住民票には「妻の子」と記載される。②の手段は現実的に，あまり生活に即した方法とはいえず選択されることは少ないが，お互いの子と縁組を成立させ，法的親子になることだけが再婚家庭のあり方ではない。どちらの手段にせよ，再婚相手と子との関係性，子の意思や年齢，双方の家族関係なども考慮して，慎重に判断されるべきである。

3 今後の課題

　本章では「有子離婚」と「離れて暮らす実親子の面接交渉」「子連れ再婚家族」に焦点をあて，そのようなライフイベントを辿る親子，家族への支援，また課題を事例とともに検討することを試みた。家族機能は時代や文化，環境，個々の性質により大きく変化しているため，家族観やその人にとって最善の家族像というのは家族の数だけ，人間の数だけバラエティに富み，存在するともいえる。そのそれぞれに異なった複数メンバーで1つの家族をつくり，それぞれの家族の背景も異なる家族内に起こるトラブルに対して，常に一定の解決法，サポートを提供することは不可能である。

　離婚について相談できる専門家には夫婦関係・離婚を専門とするカウンセラーや弁護士，相談料を支払うことが経済的に不可能な場合には，地域の女性センターや自治体福祉課の家庭相談，母子相談が相当するが，相談を受ける側の主観や主義主張によりそのサポート内容が異なることは否めない。頻出トラブル，共通の問題をカテゴリー分けして解決にあたることも部分的には可能である。しかし，眼前にある問題を一元的に取り上げるだけでは解決とはならない。具体的事案を絞ると同時に，家族を構成するメンバーがこれまでどのようなかかわりを持ち合って家庭を運営してきたのか，その心情，その家庭が意識的，無意識的にかかわらず築いてきたルール，パターンがどのようなものだったのかなどを知り，あらゆるものが複合的に重なりあうがゆえ，家庭内にトラブル・紛争が起きていることを認識しておく必要があるだろう。離婚後の親子に関して検討されるべき課題を以下に4点挙げる。

（1）当事者間における「協議」の不備

　我が国の離婚は協議離婚が離婚総数の約90％を占めている。しかし，離婚に直面している当事者夫婦が，充実したコミュニケーションをとって，離婚後の生活について，また過去の婚姻の清算を決定していくことは至難の業である。協議とは，夫婦間で話し合って結論を出すことである。協議はそのプロセスにおいて，夫婦間の力関係が如実に表れてくる仕組みでもあり，1分

1秒でも早く「離婚」という結果を得るために十分な話し合い，検討がなされぬまま婚姻関係を終了させてしまい，後から勃発するトラブルに本人達が対応しきれず困難を抱えてしまうこともある。

それを回避するために家庭裁判所があり，調停・審判・裁判を通して結論に達することができる。けれども，日常生活に裁判所の存在がなじみあるものでもなく，どのように手続が進行していくのかを知らずに，利用に不安があったり，家庭内のデリケートな内容が事務的に扱われるのではないか，と抵抗をおぼえるなど，「わざわざ家庭裁判所までいかなくても……」と，第三者の介入を躊躇する夫婦がいることも事実である。より気軽に駆け込み，男女のどちらもが相談できる場所があれば，教育されたスタッフのもと，修復不可能になる前に夫婦関係を落ち着かせ，お互いが向き合って話し合える機会となる。離婚は，離婚自体への同意だけでなく，離婚に伴う夫婦財産の清算，離婚後の扶養，損害賠償といった財産分与や養育費，面接交渉といった子の監護など，夫婦間で話し合っておくべき事柄があるため，こうした話し合いができる場の設定は，それらの重要事項を冷静に検討できる機会となるのではないだろうか。

特に，離婚にまつわる家族間での紛争は，親権者の決定，変更や養育費，面接交渉といった法的な問題としての形をとりながら，内実，それはお互いの感情のぶつかりであることも多い。そのため家庭裁判所や弁護士を介しての協議などで，解決が図られたとしても，それは一面的な解決でしかなく，心理的には解決できておらず，後々に起こる変化をきっかけにトラブルが再燃してしまうことも少なくない。今後，そういった面でも正しく対応できる専門家の充実が必要となってくるであろう。

（2） 離婚後の子育て──共同親権と面接交渉

諸外国では既に離婚後の共同親権が法律上確かなものとなっているが，日本でも有子離婚において共同で子の養育にあたっていくことが，法律でも明文化され，「夫婦が離婚しても，子の父親，母親であることにかわりはない」との考えが浸透していくことが，子の健全な成長にとっても有益であると考

える。

既に指摘されているように，現在45州が共同監護の立法が行われている米国において，父母の対立が共同監護により解消したとはいえず（棚村2005）[7]，さらに場合によってはDVや虐待，精神異常や薬物依存などの問題を抱えている親など，親子の交流が子にとってダイレクトに有効であると判断できないことが明らかなケースもあり，慎重に扱わなくてはいけない事柄である。しかし，子が受け止めざるを得ない両親の離婚は，すなわちその時点で両親が愛し合っていないことを表している。子は，「二人が愛しあった，必要に思い合ったからこそ自分が誕生した」という自分自身の生命の根底を揺るがされ，いがみあっている両方の親をそれぞれ自分と同化して感じ，どちらもの親に忠誠を感じ胸を痛めている。子にとってどちらの親も自分のルーツであり，親が子のことを守り導き愛する大切な存在であることを伝え，子が関わりを持ちたいと望んだときにいつでも交流を取れる関係で居続けることは，たとえ離婚しても，子にとって安定した家族を備えることができる。

そのためにも，離婚に至るまでの夫婦の葛藤を和らげ，夫婦に対して中立の立場から，子にとって最善となるよう働きかける第三者が，別居親子間の面会・交流のコーディネートを提供していくことが求められる。これによって，父母それぞれが子との関係を築いていく助けとなり，さらに，援助者がコーディネートを通して子の代弁者として離婚夫婦に関わり，どのように離婚後子を養育していけばよいのか，どのような関わりをもっていけばよいのかを伝え，教育していく役割をも担うことができるのではないだろうか。

Wallerstein（2000＝2001，1989＝1997）は，1971年より25年にわたり親の離婚を経験した子へのインタビューを行い，離婚が子に与える長期的な影響について追跡調査をしている。これによれば，離婚当初，激しい反応を示していた子が，その危機に対処し回復していくために救いとなった一因に，親が

---

7) 棚村（2005）55，57頁。米国における離婚後の子の監護については，棚村（2005）で詳細に論じられ，同氏（1995）においては，離婚後，父母が子のニーズを把握する能力を高め，共同で養育していくためのプランの立て方などに有効な父母教育プログラムが紹介されている。

第Ⅳ部　ケースに見る法と心理の協働の可能性

離婚してもなお，子がどちらの親とも良好な関係を維持することを挙げている一方，共同監護が子に与える不利益をも挙げている[8]。つまり，離婚後も親子の関わりが子の成長に有益だとはいえ，子の気持ちを慮ることなく，定められた監護権，面接交渉権に沿って義務的に子との関わりを維持することが，結果的に子にとって負担となることを示している。年間約30万人もの子（未成年かつ未婚）が親の離婚を経験している現在，彼らが離婚を正しく捉え，経験した喪失を乗り越え，得たものへ肯定的な感情を持ち，生きる力を身につけていくケアプログラムが今後確実に必要となるであろう。

（3）　ステップファミリー（子連れ再婚家庭）へのサポート

離婚の増加に伴い，ひとり親家庭，さらにはステップファミリーと呼ばれる，古くから日本に存在していたものの，特に目立った存在ではなかった子連れ再婚により誕生する複合家族が増加している。正確に把握する統計資料はまだないが，前述の通り有子離婚の増加（総離婚数の約60％），再婚の増加などいくつかの統計から推測することが可能である。厚生労働省発表の人口動態統計によると，2004年度に婚姻届を提出した夫婦のどちらか，もしくは両方が再婚という夫婦の数は17万8742組であり，これは同年の婚姻総数（72万417組）の約25％に相当し，この値は年々増加している。その実態やニーズが把握されていないにもかかわらず，既に相当数のステップファミリーが存在していることが推測される。

ステップファミリーは一見，子と父親，母親のふた親が揃っていることから，一般的な核家族のように見え，社会的にも目立ちにくいものであるが，家族類型としてはマイノリティであるという二面性を持つ[9]。異なる歴史を

8）　Wallerstein（2000＝2001）268－283，313－326頁，Wallerstein（1989＝1997）219－225，285－290頁。25年にわたる追跡調査は Wallerstein（2000＝2001）にまとめられてあるが，同調査の中途経過は，Wallerstein J & Kelly J（1980）: Surviving The Breakup: How Children and Parents Cope With Divorce.Basic Books や ,Wallerstein（1989＝1997）で紹介され，追跡調査結果をふまえたうえで親の離婚を経験する子に関する著作 Wallerstein J & Blakeslee S（2003）: What About the Kids? Raising Your Children Before, During, and After Divorce.Hyperion がある。

持つ親子とパートナーがひとつの家族となっていくプロセスとその日常生活は，初婚家族とは異なる難しさ，課題を含み，ステップファミリー特有の問題を抱えている。前婚が離別であれ死別であれ，再婚当事者と子のどちらもが喪失を経験し，再婚後，夫婦の関係を築く以前に，密接な親子関係が存在している，この複雑な家族構成であるステップファミリーへの社会的支援も今後必要である[10]。

そして，継親子関係を築く難しさとともに，継子に離れて暮らす実親がいる場合には，その面会・交流を継続して行うことも，非常に複雑かつ困難なことである。継親にとっては，自分のパートナーの元パートナーという，ともすると一番存在を意識したくない相手との関わりを，継子を通して持ち続け，継子のために配慮しなくてはいけないのであるから，ストレスフルな状況である。継子と別居実親が交流をもつことが，「前の婚姻」を引きずるように感じられ，継親にとって，それが，「現在の家族」を運営する障害のように思えることもある。

本ケースでは，再婚直前までを扱い，誠が自分と同じ立場の人たちと交流を持ち，経験を語り合い，情報を得るなかで，「ひとりではない」と孤独感と不安が軽減されていく経過と，カウンセリングを受け，気持ちと過去の整理がつけられていくに従って，直面している問題を，自分自身の感情の問題と，親として，子のために解決してやらなくてはいけない問題の区別がわかり，採るべき方向を少しずつ見出していくケースを紹介した。前述のとおり，

---

9) ステップファミリーの概念，特有性については，野沢慎司・茨木尚子・早野俊明・SAJ編著（2006）『Q&Aステップファミリーの基礎知識　子連れ再婚家族と支援者のために』明石書店，野沢慎司（2005）「離婚・再婚とステップファミリー」（吉田あけみ他編著『ネットワークとしての家族』ミネルヴァ書房151-157），Visher E & Visher J (1991) How to Win as a Stepfamily, Second Edition Brunner/Mazel（=春名ひろこ（監修）高橋朋子(訳)(2001)『ステップファミリー』WAVE出版），桑田道子（2005）「現代的日本版ステップファミリーの誕生」(『月刊少年育成591号』　8-15）を参照されたい。

10) ステップファミリー支援組織として，SAJ（ステップファミリー・アソシエーション・オブ・ジャパン）が2001年に発足し，ステップファミリーに関する情報提供やセルフヘルプサポートグループ運営などを行っている。http://www.saj-stepfamily.org/

第Ⅳ部　ケースに見る法と心理の協働の可能性

　離婚・再婚後に，親権や監護権，養育費の負担など，子の監護に関して争っている場合にも，その背景には，清算できずにきた夫婦関係や，元配偶者に対する怒りや不信から，子を挟んで勝敗を決めるように捉えてしまい，解決が得られないことも多い。その糸口を掴むためにも，法と心理の異なる側面からのサポートにより，離婚・再婚に伴うトラブルから回復できるよう，働きかけることも有益である。

　また，再婚後，由美子と健一郎が誠と連携をとるにあたり，大人たちが自らの問題解決能力を生かして，いかに敵対関係とならずに子のニーズや利益に焦点をあて養育環境を整えていくことができるか注意が必要であり，そのための手助けとなる支援が構築されていかねばならない。

（4）子どもへのサポート

　本章では，父母自身が離婚後，お互いとの接触に葛藤をおぼえながらも，できる限り子どもの気持ちを汲もうと努力しているケースを取り上げた。筆者がこれまで出会ってきた多くの離婚経験者の親たちも，ケースで触れたように，一様に，離婚による子どもの傷つきが最小限に留められるよう気にかけ，配慮しつつ，子どもが笑顔でいられるよう，その方法を模索しながらも，自分の人生を大切にし，真面目に子育てをしている方たちであった。しかし，実際には，子どもの存在を全く無視した身勝手な離婚や，子どもを自分と同一化して「こうすることが子どもにとって幸せだ」と，子どもの人格を尊重することなく，養育環境を決定する離婚があることも事実である。

　父母が夫婦としてうまくやっていくことができず争い，離婚という家族の崩壊を経験することは，子どもたちが安定した人間関係を築く障害となりうることもある。親の離婚が自分の責任だと感じる子ども，あるいはうまくいかないことを全てまわりの責任にして自分自身を省みることができなくなってしまう子ども，どちらにしても不幸である。けれども，離婚がすなわち子どもを不幸にしてしまう要因なのではない。子どもが新たに人と人との絆に自信をもつことができるようになるためには，離婚後もなお，子どもの成長に親として，また他の大人が，子どもをとりまく社会の一員として，愛情を

注ぎ，手を差し伸べていくことが必要なのではないだろうか。

　子どもにとっては「自分の家族」が自分の生きている世界の中心であり，基準であり，全てである。その世界観の狭さは，まだ社会を知るには時間も経験も不足している子どもゆえのものであるが，そのなかでの崩壊は自分自身のアイデンティティにつながることも多い。自分のまわりの友達の家庭を見渡してみると，親が離婚しているところもあるけれど，離婚していない親もいる。自分の親は離婚している。それは子どもの人生において常に出発点であり，帰着点となり，人生のあらゆる岐路でその事実に触れ，咀嚼し，受け止めていかなくてはいけないものである。家族にはいろいろなかたちがあって，外からは見えなくてもそれぞれの家族が，様々な苦しみや喜びを経験していることを，子どもたちが知るようになるにも時間がかかる。

　前述の Wallerstein（2000＝2001）は，子どもが親の離婚の影響を15年，25年と引きずり続ける可能性についても言及しているが，それを「ウォーラースタインは非常に悲観的な表現を用いて，離婚家庭の子どもたちは深刻な問題を永続的に抱えることを余儀なくされ，それは年を追うごとに深刻さを増して，成人してからの生活に暗い影を落とすことになると主張した」として，同じく親の離婚を経験した子どもの追跡調査を行った Ahrons（2004＝2006）は反論している。Ahrons は，1999年から2000年にかけて，1979年に行った調査の対象者（親の離婚を経験した子ども）に再度，「20年以上前に両親の離婚を経験して成人した子」として173人へインタビューを行い，当時の子どもたちが両親の離婚を乗り越えただけではなく，大多数が，両親の離婚に直面したときのストレスや環境の大きな変化を克服して立派に成長している，と結論づけている[11]。

　どちらにしても，離婚が子どもに与える影響を一概に述べることは難しく，離婚までの親子関係や，子どもの年齢，離婚後の父母それぞれの関わりにより，子どもにとっての「離婚」は多種多様な捉え方となっているが，過去の離婚が最善の選択だったと，親の辛い経験に気持ちを寄り添わせ，さらに思

11）　Ahrons（2004＝2006）9－13頁。

第Ⅳ部　ケースに見る法と心理の協働の可能性

いやりをもった関係を築いていけるためにも，子どもの成長過程において様々な経験をし，学んでいく際に，子どもたちがないがしろにされていない経験，大事な存在として育てられてきた経験が，非常に重要である。そのためにも，家族の多様性を認め合い，離婚後も，子どものために，多くの大人が子どもの成長に関わることができ，コミュニティのネットワークが強固な環境を備えてあげられるような社会を作り上げていくことが，より良い家族支援の一端となっていくのではないだろうか。

● 参考文献

Amato, P. R.（1993），Children's adjustment to divorce-Theories, hypotheses, and empirical support. Journal of Marriage and the Family 55.

Ahrons, C.（2004），We're Still Family. HarperCollins ＝寺西のぶ子（監訳）（2006）『離婚は家族を壊すか』（バベル・プレス）．

二宮周平（2005）「面接交渉の義務性－別居・離婚後の親子・家族の交流の保障―」立命館法学第298号

野沢慎司・茨木尚子・早野俊明・SAJ編著（2006）『Q＆Aステップファミリーの基礎知識　子連れ再婚家族と支援者のために』（明石書店）

Stolberg, A 他（2002），Denied Visitation, Its Impact on Children's Psychological Adjustment, and a Nationwide Review of State Code.Journal of Divorce & Remarriage, Vol. 36（3/4）．

棚村政行（2005）「アメリカにおける子の監護事件処理の実情」判例タイムズ1176号

棚村政行（1995）「子の監護調停における父母教育プログラム」ケース研究243号

Wallerstein, J., Lewis, J. & Blakeslee, S.（2000），The Unexpected Legacy of Divorce.Hyperion ＝早野依子（訳）（2001）『それでも僕らは生きていく　離婚・親の愛を失った25年間の軌跡』（PHP）

Wallerstein, J.& Blakeslee, S.（1989），Second Chances.Houghton Mifflin ＝高橋早苗（訳）（1997）『セカンドチャンス　離婚後の人生』（草思社）．

Wallerstein, J.& Kelly, J.（1980），Surviving The Breakup-How Children and Parents Cope With Divorce.Basic Books.

（桑田道子）

Ⅳ-3　ドメスティック・バイオレンス

1　ケース

　大学卒業後，商社勤務をしていた優子は，友人の紹介で出会った製造業の会社員秋男と付き合うようになった。付き合って半年後に妊娠が判明したため，優子は，年度末に会社を退社し，秋男と婚姻した。夏には長男寛太が産まれ，現在，婚姻して4年目で，秋男35歳，優子30歳，寛太3歳である。

　秋男は，交際中や婚姻初期は優しくふるまっていたが，優子が長男寛太を出産して子どもにかかりっきりになると，次第に不満を募らせるようになり，暴言を吐いたり，些細な理由で，暴力をふるうようになった。最初は，物を投げたり，1回叩いたりする程度の暴力であったが，次第にエスカレートし，半年くらいしてからは，殴る，蹴る，突き飛ばす，髪を引っ張る，物を投げつける，物を使って殴る等の暴力をふるうようになった。秋男は，子どもに暴力をふるうことはなかったものの，優子の顔や腕，足などにアザができることはしょっちゅうのことであった。

　しかし，優子は，治療するほどの怪我ではないと思い，病院に行ったことはなかった。暴力後は決まって，秋男の態度は一変し，涙を流さんばかりに平謝りし，二度と暴力をふるわないことを誓って，優子の許しを請うのであった。秋男は，その後しばらくは穏やかな態度で過ごすものの，長くは続かず，次第にいらいらが募り，些細なことで優子に対して暴力をふるう，という繰り返しであった。さらに，秋男は，優子が友人と会うことや電話をすることを極端に嫌がり，優子の外出中は頻繁にメールや電話をして来るので，優子はだんだん友人と会いづらくなっていった。

　秋男は，会社の上司・同僚や優子の実家・親族，近所の住人や友人の前では外面がいいため，優子が実家の両親に秋男の暴力について相談しても，「秋男を怒らせる原因を作っているのは優子だ」，「秋男の束縛は愛情だ」などと言われ，優子自身も自分に非があるから，暴力をふるわれるのだと考え

るようになった。優子は，常に秋男の顔色を窺って過ごすようになり，秋男が帰宅する時間帯になると怖くて心臓がドキドキしたり，気分が悪くなる有様であった。寛太も父親の顔を窺うようになり，突然泣き出したり，夜中に吐いたりするなど情緒不安定になった。優子は，寛太を連れて実家に帰ったこともあったが，実家の両親の説得や実家に迎えに来た秋男の殊勝な態度に心を動かされて，やり直すつもりで秋男の元に戻ってしまった。家に戻ると，秋男は，いっそう優子の行動を制限するようになったため，優子は次第に鬱状態になっていった。

　そんなある日，秋男が仕事で出かけているときに，優子が音信不通気味になったことを心配した高校時代の友人が家を訪ねてきた。友人は，優子の憔悴した様子に驚き，話を聞いて，優子がDVを受けていると気づいたが，優子自身には自分がDVを受けているという認識はなかった。友人は，「あなたが受けている暴力はDVであり，あなたが悪いから秋男が暴力をふるっているのではない。あなたは悪くない。今のままの生活を続けるのはあなたや子どものために良くない。一度弁護士に今後のことを相談してみると良い」と言って，知り合いの弁護士の所に連れて行くことを約束してくれた。優子は，その後，図書館でDVについての本を読んだり，女性トイレで見つけたDVホットラインに連絡するなどして，しばらく逡巡していたが，その後も秋男からたびたび暴力をうけたので，耐え切れなくなって，離婚を考えるようになり，友人に連絡して弁護士事務所に連れて行ってもらった。

　弁護士は，優子に「もうこれ以上無理しなくていい，離婚は恥ずかしいことではない」などと親身に相談に乗ってくれた上に，配偶者暴力支援センターの相談を受けることや，保護命令の手続き，離婚手続きなどについて説明してくれた。また，後日，配偶者相談支援センターに相談に行くと，そこでは，家を出た場合の一時保護の制度や，母子家庭への支援制度などの情報を提供してくれた。その後，優子は，弁護士の助言により，暴力を受けた日付や態様を後からメモしたり，写真に撮るようにし，怪我をしたときは病院に行き診断書を発行してもらう，実家や近所にも事情を話して徐々に荷物を預かってもらうなど，家を出る準備を慎重に進めた。

優子は，ある日，秋男の外出時を見計らって，貴重品と身の回り品だけ持って，寛太を連れて家を出て，一時保護所に身を寄せた。優子がいなくなったのを知った秋男は，優子の実家や親族，友人に問い合わせるなどして，優子らの行方を執拗に探索していたが，次第に，「優子に連絡を入れさせるよう伝えろ」，「優子の居所を言わないとお前の所に行って暴れるぞ」，「俺の子を返せ」などと脅迫するようになった。秋男には離婚の意思はなく，寛太さえ連れ戻せば，優子も帰ってくると思っているようであった。優子は，これからの生活も心配だし，自分たちの居る所が秋男に見つかるのではないかと不安で仕方がない。

2　DVの定義とDV防止法

(1)　DVの定義

　ドメスティック・バイオレンスとは，広義には，家庭の中でふるわれる暴力，すなわち，暴力がふるわれる場が家庭内であること，加害者及び被害者の関係が家族であることに着目し，配偶者間で行われる暴力だけでなく，未成年者による対親暴力（parent abuse），児童虐待（child abuse），対老親暴力（elder abuse）をも含む概念であるが，本稿では，現在もしくは過去に配偶者及び恋人関係（親密な関係）にあるパートナーから受ける暴力を指す。一般に，DVは，男性から女性に対して暴力がふるわれることが多く，女性が被害者になることが多い。

　DVの暴力には，実際に殴る・蹴る・物をぶつけるなどの身体的なもの，罵る・脅す，土下座させる，大事にしている物を壊す，職場や学校に繰り返し電話をかけるなどの心理的なもの，仕事に就かせない・生活費を渡さないなどの経済的なもの，望まない性行為や中絶を強要するなどの性的なもの，交際相手や行動範囲を監視・制限するなどの社会活動を制限するものなど，様々な形態がある。これらの暴力は，被害者を支配し，自分の意のままに従わせることを目的としており，加害者は，その支配に実効性を持たせるために身体的な暴力をふるうので，身体的な暴力がないからと言ってDVではな

いとは限らない。身体的な暴力をふるわずとも，何らかの行為によって被害者が加害者に服従させられているならばDVにあたり，何種類かの暴力が重なってふるわれることが多い。

一般に，暴力を受けたのが女性であれば，女性が子どもを養育している場合や，女性自身に収入がない場合は，男性から暴力を受けたからと言って，簡単に男性から逃れようとは思わず，そこに留まる傾向にある。したがって，DVは，被害者が暴力を受け続け，加害者の支配を受けながらもそこに居続けることが特徴の1つであり，様々な形態の暴力が複合的に組み合わされて加えられることが多い。

DVには一定のサイクルがあると言われている。夫に鬱憤やストレスがたまり（緊張蓄積期），何かのきっかけで妻に対して暴力をふるう（爆発期）。その後，我に返った夫は低姿勢で妻に謝り，許しを乞い，二度と暴力をふるわないことを誓い，しばらくは優しくふるまう（ハネムーン期）。そして，しばらくは何事もなく円満な生活が送られるが，段々夫に鬱憤やストレスが溜まっていく（緊張蓄積期）。このように，このサイクルは，妻が夫の元から逃れない限り，連鎖して回り続けるものであり，ひと回転ごとに暴力はエスカレートし，その周期は短くなり，暴力の頻度は増していく。

DV被害者は，夫が暴力をふるうのは自分のせいである，夫の暴力を第三者に打ち明けることは家庭の恥をさらすことである，自分1人が我慢すれば丸く収まる，などと考えがちであることから，暴力に耐えかねて，被害の実情を身内や友人，警察官等の司法関係者といった第三者に打ち明ける段階では，すでに，このサイクルを何度か回転した後であり，加害者は，「二度と暴力はふるわない」と言う誓いを何度も破っていることになる。そのため，被害者が加害者からの暴力に耐えかねて，家を飛び出したとしても，時間的経過や加害者の謝罪，周囲の説得等の事情で加害者の元に戻ってしまうと，加害者は，前の程度の暴力までは許されたと確信し，更にエスカレートした暴力をふるうようになるのである。このような暴力は，親密な関係にある者から，家庭と言う閉鎖性の高い場所で繰り返してふるわれるため，被害者に及ぼす精神的ダメージは甚大である（長谷川2005, p. 20-25）。

（2） DV 防止法の制定

　これまで，DV は「親密な関係」という私的領域での問題であるがゆえに，家庭内のいざこざや夫婦間の揉め事であるとして，「法は家庭に入らず」とされてきたが，DV が社会問題化するにつれ，様々な取組みがなされるようになった[1]。2001年にいわゆる DV 防止法（配偶者からの暴力及び被害者の保護等に関する法律）が制定され，さらに2004年5月には改正がなされ（2004年12月施行），配偶者からの暴力を防止し，被害者を保護するための施策として，配偶者からの暴力に係る通報，相談，保護，自立支援等の体制の整備がなされた。この改正の大きな柱としては，保護命令制度の拡充と配偶者暴力相談支援センターの機能の拡大，自立支援の明確化があげられる。

　保護命令制度は，裁判所が，被害者からの申立てにより，被害者の生命及び身体の安全を確保するため，加害者に対して，接近禁止命令又は住居からの退去命令を発令し，命令違反者に対しては刑罰（1年以下の懲役又は100万円以下の罰金）を科すと言う法制度である。配偶者暴力相談支援センター等に関する規定は，売春防止法に基づき都道府県が設置している婦人相談所が事実上行ってきた DV 被害者の一時保護・相談等の業務について，法的位置づけを与え，国としての予算措置を講ずるものである。

　ここで，「配偶者からの暴力」とは，配偶者（婚姻の届出をしていないが，事実上婚姻関係と同様の事情にある者を含む）からの身体に対する暴力（身体に対する不法な攻撃であって生命又は身体に危害を及ぼすものをいう）又はこれに準ずる心身に有害な影響を及ぼす言動（以下，「身体に対する暴力等」と総称する）をいい，「被害者」とは，配偶者からの身体に対する暴力を受けた者（配偶者からの暴力を受けた後，婚姻を解消した者であって，当該配偶者であった

1） DV が社会問題化したことを鑑みて，社会の監視機能を強化し，家庭内の問題に介入していくという意識の変革が求められるようになり，この動きを後押ししたのが，女性差別撤廃条約や1993年に国連において採択された「女性に対する暴力撤廃宣言」，1995年の世界女性会議における「北京宣言」等の国際的潮流である。日本においても，「女性に対する暴力は，女性の基本的人権の享受を妨げ自由を制約するものであり，あらゆる面において，被害を受けた女性や社会に対して深刻な影響を及ぼすものである」とされた。男女共同参画推進本部「男女共同参画2000年プラン」（1996年12月）参照。

第Ⅳ部　ケースに見る法と心理の協働の可能性

者から引き続き生命又は身体に危害を受けるおそれがある者を含む）をいう（1条1項）。改正DV防止法においては，暴力の定義の拡大がなされ，身体的暴力に限らず，性的暴力・心理的暴力も含まれるようになったが，保護命令の申立てには従来通り，身体に対する暴力が必要となる（10条1項）。保護命令の申立てができる者は，配偶者（事実上婚姻関係と同様の事情にある者を含む）および元配偶者にまで広げられている[2]。

　従前の保護命令制度では，被害者本人のみを接近禁止命令の対象としていたが，子どもを介して被害者に接近し，被害者の生命又は身体に危害を加えるおそれがあることを考慮し，子への接近禁止命令に関する規定が創設されている（10条2項）。接近禁止命令の期間は6カ月であり，再度の申立て手続が簡易化された。退去命令の期間については，2週間から2カ月間に拡大されている（10条1項2号）。相手方の居住の自由や財産権の行使に関して著しい損害を及ぼすおそれがあることに配慮して2週間と設定されていたが，被害者と子の安全及び平穏な生活を確保するためにはあまりにも短い期間であるとして批判されていた[3]。このほかにも，退去命令には，被害者と共に生活の本拠としている住居からの退去に加え，住居付近の徘徊禁止が含まれている（10条1項2号）。従前のDV防止法では，この点が含まれていなかったため，加害者は，住居付近を徘徊し，被害者の転居先を突き止めることも可能であった。

　さらに，改正DV防止法では，市町村も，配偶者暴力相談支援センターとしての機能を果たすことができるようになり（3条2項），生活保護の受給

---

[2]　ただし，DV防止法は，DV関係のすべてに適用されるわけではなく，現在及び過去の交際相手からの暴力，いわゆるデートDVについては，刑法等の一般法の規制のほか，ストーカー規制法で対処するしかないのが現状である。

[3]　退去命令の期間については米国のプロテクション・オーダー（PO）と比較されることが多い。米国の場合，POの有効期間は6カ月もしくは1年とされており，退去命令の趣旨は，被害者が生活の本拠地を離れなくてすむように，加害者に退去を命じ，被害者とその子が共に従来通りの生活をできるようにして，被害者の身の安全を平穏な生活を確保することにある。悪いことをした者が出て行って当然だと言う価値判断が前提になっているのであるが，日本の場合，退去命令の趣旨は，被害者が生活の本拠からの転居を完了するための期間であり，退去命令の制度趣旨が異なっているといえる。

や住居の確保などの実施主体である市町村との連携が可能となった。関係機関の連携協力も明記され，被害者の保護及び自立支援に，被害者保護活動を行う民間団体や福祉事務所，市町村，都道府県警察等の機関が連携して協力するよう努めるものとすると規定されている（3条5項，8条の3，9条）。

(3) 事例の検討及び被害者支援の現状
(a) 事例の検討

本件事例は，夫が，妻に対して身体的・心理的・経済的暴力をふるっている典型的な DV の事例である。たとえ暴力をふるわれていないときがあったとしても，夫の顔色を窺って生活すること自体が，暴力に支配された生活であるといえる。なお，2004年の改正児童虐待防止法2条4項によれば，同居する父母間の暴力を目撃すること自体が子どもに対する心理的虐待を構成する[4]。このことは，児童の権利条約の前文にも規定されており，子どもは，「その人格の完全なかつ調和のとれた発達のため，家庭環境の下で幸福，愛情及び理解のある雰囲気で成長すべきである」とされている。子どもは，DV の目撃者であるだけではなく，直接の被害者である場合も多く，さらには DV 被害者による虐待の被害者ともなりうるので，DV が子どもに与える深刻な影響を十分考慮する必要がある。

本件事例において，秋男は，優子及びその親族らの私生活の平穏を著しく害するような探索行為を執拗に続け，優子らへの接近を図ろうとしている。秋男の行為は，自己の欲求を遂げるためには手段を問わず，妻子に対して一方的な暴力をふるう意図，あるいは，優子からの離婚の申し出を封じるために寛太を奪取しようとの意図のもとになされたものであると考えられるから，優子らの生活の平穏を不当かつ著しく侵害するものであり，寛太の権利を著しく侵害する行為にほかならないといえる。また，秋男の探索・連れ戻し行為を放置し，優子らが秋男の元に連れ戻されるのを座視すれば，DV に関す

---

4) 保護者がその監護する児童に対して「著しい暴言又は著しく拒絶的な対応，児童が同居する家庭における配偶者に対する暴力，その他の児童に著しい心理的外傷を与える言動を行うこと」が禁止されている。

第Ⅳ部　ケースに見る法と心理の協働の可能性

る過去の事例に照らしても，不測の事態に至り，優子らに現実の危害が及ぶ危険がきわめて高く切迫していると考えられる。

　したがって，本件事例においては，秋男の探索・連れ戻し行為を放置することは，優子や子どもらの生活の平穏を害し，また，優子の身体に危害が及ぶ危険性がきわめて高いといえ，接近禁止命令や退去命令の申立てを行うのが適当であろう。接近禁止命令の内容としては，優子らの住居・勤務先を探索したり，優子らの住居・勤務先・子どもの保育園・学校等の建物に立ち入ったり，付近を徘徊したり，佇んだり，架電したり，面会を求めるなど，優子らに対する一切の接近行為をしてはならない，ということが考えられる。

(b)　被害者支援の流れ

　DV防止法では，被害者自身がなんらかの行動を起こして初めて支援の対象となる。まず，被害者が，都道府県や市町村の相談窓口，配偶者暴力相談支援センター（DVセンター），警察などに相談することによって，支援がスタートする。次に，被害者の保護の必要性が高い場合は，公営シェルターのような緊急一時保護施設あるいは一時保護委託先としての民間シェルター等に入ることになる（原則として2週間）。シェルターにいる間は，安全のために，仕事に行くことも通学することもできない。その後，母子生活支援施設，婦人保護施設等への入所を経て，公営住宅もしくはアパートへの入居，就労あるいは帰宅，という流れをたどる。

　配偶者暴力相談支援センターでは，①被害者に関する問題についての相談，②被害者の心身の健康を回復させるための医学的・心理的指導（カウンセリング），③被害者およびその同伴する家族の一時保護，④被害者の自立支援を促進するための就業促進，住宅確保，援護等に関する制度の利用についての情報提供その他の援助，⑤保護命令制度の利用についての情報提供その他の援助，⑥被害者を居住させ保護する施設の利用についての情報提供，その他の援助という業務を行い（3条3項），暴力被害者の相談，保護，生活再建に重要な役割を担っている。

　被害者が保護命令を利用する場合，配偶者暴力相談支援センターは，保護命令の情報を提供するばかりでなく，センターへの相談が保護命令の申立て

要件の1つになっているため，裁判所から相談記録の照会先となる。

(c) **支援者のとるべき対応**

　被害女性が，法的支援を求めて配偶者暴力相談支援センターに保護を求めてきた場合，まず必要となるのは被害者の安全の確保である。加害者の元を去るときの被害者の心境は，加害者に連れ戻され，さらにひどい暴力をふるわれるかもしれないという恐怖や不安で一杯であるから，支援者は，被害者に対して，今後起こりうる事態と対処方法を説明し，今後の生活再建過程について展望を示すことで，加害者の報復に対する恐怖感や先行き不透明な生活に対する心配等を少しでも取り除くよう努めなければならない。

　支援者の対応として重要なのは，被害者が話をしやすい環境を作ること，被害者が話をしてくれたことに敬意を表すること，被害者の話に共感すること，被害者が感じる自責感を和らげることなどがあげられる。逆に，被害者の意思を尊重せずに支援者個人の価値観を押し付ける，被害者の側に落ち度があると責める，加害者の表面上の優しさだけを見て被害者の行動の軽率さを非難する，子どもから父親を取り上げる行為であると責める，興味本位で性的暴力の内容を詳しく聞く，安易な励ましや気休めを言うなど，被害者を傷つける発言をしてはならない。支援者による二次被害が起こらないように，関係諸機関の職員はDVの構造を学び，支援者としての対応について定期的に訓練・研修を受けることが必要である。

　そして，支援者としては，当然のことながら，最終的な意思決定をするのは被害女性であり，決定するのは支援者ではないということを自覚する必要がある。時間の経過とともに，「夫には私が居ないとダメ」などと被害者が途中で心変わりをすることは起こりうることであるが，だからと言って，被害女性を責めたり，非難してはならない。夫の元に戻ることが暴力の再発につながることもあるので，支援者は，戻った場合の危険についても情報提供をし，安全確保の方法や本人からの連絡方法を決めておくなど，援助を求めやすくしておく工夫も必要となってくる。そして，支援者は，被害者の希望や必要なことを聞きだし，そのために必要な情報を被害者が理解するまで伝えることも重要である（鈴木2004，221-234頁）。

第Ⅳ部　ケースに見る法と心理の協働の可能性

　また，子どもの父親に対して法的措置までは取りたくないと考えている被害女性もいる。支援者が良かれと思っても，その方策を被害女性に押し付けてはならない。被害女性の意思や自己決定を尊重することが大事である。

3　DV の被害者支援に対する取り組みと今後の課題

（1）　暴力についての相談窓口の設置および関係者への訓練

　今後の課題としては，DV のように家庭内でふるわれることが多い暴力はその関係性から潜在化しやすいことから，夫婦という関係性に配慮しつつも，関係諸規定の厳正かつ適正な運用を図ることが望まれる。そのためには，被害女性が相談や申告しやすい環境や体制を整備することが重要であり，家庭に対する支援・指導体制の充実を図るとともに，必要に応じて適切な施設への通告，収容等を行うなど，被害者の保護・救済のための取り組みが行われている。

　まず，都道府県警においては，暴力を受けた女性が相談しやすいよう，女性に対する暴力事案担当の女性警察官による専門捜査官を養成する，相談窓口に女性警察官を配置する，担当職員に女性の人権擁護や DV についての研修を受けさせるなどの動きが見られる。被害女性を救済し，女性の基本的人権を実現するためには，医療や教育機関，地域社会との連携が重要となってくるであろう。

　しかし，一般的に，被害女性は被害を公的機関に相談することや捜査機関に申告することについて抵抗感を持つ人も少なくない。そのことが，事案の潜在化を招き，加害者の適正な処罰が果たされず，女性の保護・救済に支障を来たしかねないことがある。さらに，暴力をふるわれた段階では，女性は精神的ショックを受けており，公的機関への被害申告や捜査機関での事情聴取・証人喚問などの際に，もう一度自己の体験を振り返ることや相談者の理解ない対応で，さらに二次被害を受けてしまうことがある[5]。

5）　裁判所や婦人相談員などによるジェンダーバイアスも根深い問題であるが，特に裁判官のジェンダーバイアスについては，本書Ⅲ-1，124頁を参照。

そこで，被害女性に対する聴取りについて，研修等を通じて関係職員に暴力の特性を十分に理解させる，留意点を徹底するなど，被害女性の心理的側面を考慮した対策が必要となる[6]。DVは継続して行われる傾向にある上に，加害者からの報復も考えられるため，被害者の安全確保に対する支援は非常に重要である。地方公共団体やNGOが運営するシェルターとの連携を強めるとともに，警察官による街頭パトロールや，被害者を訪問し防犯指導を行うなど，被害者の安全確保策の充実が望まれる。

（2） 住民票及び健康保険制度の改善，住居の問題

住民票や国民健康保険といった既存の制度についての不備も問題である。

住民票は，異動した場合，新たな住所が旧住民票に記載され，あるいは住民票の除票が作成されるため，加害者によって現住所の探索目的で閲覧される危険性が高く，実際には転居していたとしても，住民票を異動できない被害者も少なくない。住民票については，請求事由さえ示せば誰でも閲覧ができ，交付申請もできるが，加害者からの探索に悪用されることを防ぐため，保護命令を得ているDV被害者から申請があった場合，住民票閲覧及び交付を制限することができるとする通達が総務省から出されている。1999年の改正で，住民基本台帳法が規定する交付や閲覧を制限できる「不当な目的」にDVが入れられたのである（住民基本台帳法11条3項，12条5項）。

そして，住民票を現住所に異動していない場合，新たに国民健康保険に加入することができないし，家を出る際に夫名義の健康保険証を持ち出したとしても，保険を利用すれば，利用履歴から現住所を夫に知られてしまうことになる。被害女性にとって，国民健康保険を利用する場面は多く，制度の改善が求められているため，健康保険証の取扱いについても変更がなされた。

6） 警察における事情聴取に当たっては，被害女性の精神的状態に十分に配慮するとともに，公判段階においては，非公開措置を取る，被害女性の証言に影響を及ぼしかねない特定傍聴人や被告人の退廷等の措置を裁判所に申請するなどの措置が講じられ，被害女性が証言しやすい環境を整えるとともに，不適切な質問に対する異議申立てを行うなど，被害者の保護が図られている。昨今では，出廷せずにビデオリンク方式で証言する，法廷内で証人の周りを衝立等で覆うといった措置も取られている。

第Ⅳ部　ケースに見る法と心理の協働の可能性

　DV被害者は，被保険者と生計維持関係がない場合，被害を受けている旨の証明をもって保険者に申し出ることで，被扶養者または組合員の世帯から外れ，配偶者とは別の世帯として，国民健康保険に加入することができるようになったのである。行政は，妻をはじめ関係者から事情を聴いて，扶養関係消滅の事実関係を認定し，職権で被扶養者の認定を取消すことができるようになった[7]。被害を受けている旨の証明書は婦人相談所が発行してくれ，同伴する子どもにも証明書が発行される。なお，厚生労働省によって，2001年4月から健康保険証の個人単位への移行方針を定められているが，被保険者証の更新時期，保険者の財政状況を考慮して，当分の間，現行様式との並存が認められているため，実施率が低いという（2004年12月2日内閣府・法務省など告示第1号）。
　公営住宅の入居問題についても，これまでは母子家庭が優先入居できるに過ぎなかったが，DV被害者についても優先入居できるように，国土交通省から通達が出されている。
　この点について，たとえば，兵庫県では，DV被害者の住宅確保策として，2004年10月から，県営住宅の全団地を対象に，高齢者や障害者らと同じ三割の優先枠の対象に加えている。従来は，離婚者でなければ，公営住宅の入居についても優先枠には入らないとされていたが，今回の制度では，家庭裁判所から接近禁止命令が出ていること，もしくは県立の女性相談センターや福祉事務所で相談し，各機関から被害の証明が得られる女性を対象とし，現住所を加害者に探索されないよう，元の住民票のままでも入居手続を認めたり，住民名簿を公開しないなどプライバシーにも配慮している[8]。
　またこのほかにも，民間住宅の賃貸借契約時の家賃等について一部助成を行っている市もあり，政令に定めるDV被害世帯の女性に対して，女性相談支援センター等の証明書提出を要件として，市の公営住宅に優先的に入居できる取組みを行っている市は多数ある。たとえば，千葉県野田市では，市内

7）　厚生労働省の「健康保険法の解釈と手引き」（2003年改訂版）を参照。
8）　神戸新聞2004年10月3日付け。

に一年以上居住し，住民登録をしている者で，市内・市外の緊急一時保護施設（DVシェルター）などに入所していること，著しく生活に困っていて，福祉事務所長が保護を要する状態になるおそれがあると認めたこと，入居する住宅が市内・市外の民間賃貸住宅であること，の要件を満たしている場合，1か月分の前家賃と不動産店への仲介手数料（1カ月分の家賃相当額を限度）を合算した額で，家賃，仲介手数料のいずれも6万5,000円（総額13万円程度）を限度に助成する取り組みを行っている[9]。

（3） 今後の課題

このように徐々に被害者の保護が充実してきているとは言えるが，緊急保護命令制度の創設や，暴力の定義の拡大，保護命令を申立てできる者の範囲の拡大，接近禁止命令の対象者の範囲の拡大，接近禁止命令により禁止される行為の範囲の拡大，加害者更正の施策，恋人からの暴力についての対応など，さまざまな課題が残されている。

DV被害者の保護がなされた後のアフターケアも忘れてはならない。改正DV防止法3条3項4号に例示された，就業促進，住宅の確保，援護，及び健康保険，同伴する子どもの修学，住民基本台帳の閲覧等の制限が，自立支援に関する項目として挙げられているが，心理的支援についてなんら言及されていない。すなわち，心の傷を負ったDV被害者の心理的ケアを考える必要があるのだが，これは法律だけでは対応できず，カウンセリング体制や精神医療の支援が必要である。さらに，DV被害者に対してだけでなく，加害男性に対してもケアが必要である。具体的には，加害男性に加害者再教育プログラムを受けさせることで，暴力をふるう側に問題があり改善すべき点があるという認識を加害者にも持たせる必要がある。女性に対する暴力については，人権擁護機関・捜査機関・公的又は私的な女性支援センター・医療機関等の関係諸機関との連携を通じて，予防から事後的救済までの方策を総合的に検討する必要があるだろう。

---

[9] 千葉県野田市HPより，平成17年度野田市報4月15日号を参照。http://www.city.noda.chiba.jp/shihou/shihou_17/sihou050415-4.html

第Ⅳ部　ケースに見る法と心理の協働の可能性

　また，公的機関と民間団体との連携は，理想ではあるが，実践面では難しいようである。公的機関が，相談者に，特定の民間団体を紹介するのは公平性・中立性を欠くとして消極的な面もある。公的機関と民間団体との連携については，地域によって格差が大きい。いまや，民間団体によるシェルターやNPOなどの社会資源が多数あり，民間団体のネットワークをいかにうまく活用していくかが，今後の課題であるといえる。

● 参考文献

戒能民江（2002）『ドメスティック・バイオレンス』（信山社）
戒能民江（2006）『DV防止とこれからの被害者支援』（ミネルヴァ書房）
鈴木隆文・麻鳥澄江（2004）『ドメスティック・バイオレンス　改訂版～援助とは何か，援助者はどう考え行動すべきか～』（教育資料出版会）
堂本暁子（2003）『堂本暁子のDV施策最前線』（新水社）
内閣府男女共同参画局編（2004）『配偶者からの暴力に関する取組状況調査報告書』
内閣府男女共同参画局編（2005）『配偶者からの暴力相談の手引き　改訂版』
南野知恵子他監修（2004）『詳解改正DV防止法』（ぎょうせい）
長谷川京子他（2005）『弁護士が説くDV解決マニュアル』（日本DV防止・情報センター）

（松村歌子）

Ⅳ-4　セクシュアル・ハラスメント

1　ケース

　山川聡子（女性・23歳・独身）は，学習参考書の販売を業務とするＡＢＣ社で，2002年4月より正社員として勤務していた。
　2004年8月，彼女の所属する部署では新規顧客開拓のため，二人一組となり社外での営業を行っていた。聡子は課長である辻圭一（男性・42歳・既婚）と一緒に市内の大手書店を回っていた。9月初めに仕事がひと段落したころ，圭一より聡子に対して，打ち上げに食事に行こうとの誘いがあり，日頃，圭一の仕事ぶりに敬意を抱いていた聡子は快く了解した。
　9月15日，聡子と圭一は市内のビアホールで食事をした。この時の会話から聡子は，圭一について「家族思い」「夫婦円満」との印象を持った。食事が終わり，聡子が帰宅用意をしていると，圭一から「行きつけの店で飲みなおそう」との誘いがあった。彼女は11時を過ぎていたため一旦断ったが，「君が話していた新企画について検討しよう」と言われ，圭一の勧める創作料理店についていった。
　店に入り，聡子は圭一に勧められるままカウンター端の壁側の席に座った。その席は他の客から死角になっていたことや，会話中に圭一が必要以上に肩をたたいたり，手のひらに触れたり，肩を抱くなどの行動を取り始めたため，聡子は不安になり，新しい企画の話を持ち出そうとしたが，「男女の席で堅い話はやめよう」と制された。その直後，トイレに立とうとした際に，圭一は聡子を壁際まで押しやり，無理やり抱きしめようとしたり，キスを迫ろうとした。耐え切れなくなった彼女は「やめてください！」と言い捨てて，その場を走り去った。
　聡子は，これから圭一に対してどのような態度で接すればいいのか，不安な思いで翌日出勤したが，圭一は何事もなかったかのように，普段どおりの態度で聡子に接してきた。聡子も，これから会社で働いていくためには，酒

第Ⅳ部　ケースに見る法と心理の協働の可能性

の席でのことと割り切り，これまで通り仕事をしなければならないだろうとは思ったが，全く悪びれない圭一を見ていると，次第に不信感や腹立たしさ，悔しさが沸き起こるようになった。その一方で，セクハラ行為を受け流せない自分に嫌悪感を抱きもした。ぼんやりと全てにやる気が失せたり，就寝中，夢の中でセクハラを再体験して飛び起きたり，よく眠れない状態もあった。

　そのようなところ，同年12月初めに同期の定例飲み会があり，社内で最も親しい由利子，真理，健太郎の4人で話す機会があった。そこで4人の上司である圭一のことが話題にのぼり，何も知らない同期らが圭一をほめる言葉を聞いているうちに，聡子は，吐き気を感じたり冷や汗が出るなどしてきた。そして「具合悪いの？」と聞く由利子たちを前にたまらなくなり，先日の圭一から受けたセクハラ行為について打ち明けた。

　翌日，由利子らに勧められ，聡子はセクハラ対策室を訪れた。そこでは，カウンセラーとして雇われた女性から，被害について説明を求められた。社内のセクハラについては，すでにマニュアル化されているらしく，「こちらで対処を検討し，連絡します」とだけ言われ，その日は1時間ほどで帰された。その後，聡子は，相談に行ったことがよかったのかどうか悩み続けていた。聡子の沈む様子を見て，由利子らが元気づけてくれたり，食事に誘ってくれたりしたが，水面下で会社がどのように動いているのか，誰が自分のセクハラ被害について知っているのか……と，ただただ怯えるような気持ちでいた。

　1週間後の昼休み，聡子は突然会議室に呼ばれた。そこには，対策室の委員らと圭一，さらに圭一の直接の上司である山田部長もいた。山田部長は，圭一に謝罪をするよう促し，圭一は「申し訳ありませんでした」と頭を下げた。その上で，山田部長は，「このような機会をもったのだから，このことはこれで解決だ！」と言い，さらに「セクハラされること自体，女としては名誉だと思って胸を張っていいんだよ……」と笑いながら言ったりした。圭一は，山田部長にも笑顔を向けて頭を下げたが，聡子は，形式上謝罪する圭一に嫌悪感を覚え，また聡子の苦しみを全く理解していない山田部長にも怒

りを覚えた。そして何よりも，この謝罪をもって事を丸く収めようとする対策室のやり方に納得できなかった。

　その後，聡子の不眠や極度の不安感，起床がつらいなどの症状はひどくなり，遅刻や欠勤が多くなった。また，圭一は，聡子の欠勤中に開かれた送別会で，「ちょっと山川さんを誘ってやったら，セクハラだって謝罪させられたよ。まったく自意識過剰だから，やられたなぁ」などと，軽々しくセクハラ行為について飲み会のネタにしているようだった。その後も，圭一の聡子を中傷する言動はさらにエスカレートし，事実に基づかない噂まで立てていることを耳にしたため，聡子は，翌年3月，直接山田部長やさらに専務らに相談し，なんとかしてほしいと救済を求めたが，会社としては対処済みであり，これ以上は2人の間の問題だとして，よく話し合うよう諭されるにとどまった。

　しかしながら，その後3カ月以上たっても遅刻や欠勤が続いたり，仕事中急に涙ぐんだりする聡子の状態や，会議中にまで聡子の悪口を言い出す圭一の態度を問題視した上司らは，同年7月，双方を呼び出すことを決めた。初めに呼び出された聡子に対し，山田部長らは勤務中に2人の間で話し合いの機会を持ち，それで問題を解決できないのであれば，君はまだ若いし能力も高いのだからＡＢＣ社を辞め，別の仕事を探す方がいいと促した。「だいたい，このような状態でここには居られないでしょう」との発言もあった。この翌日，聡子は退社の意を表明した。

　退社後，聡子は自身で辞表を提出したものの，納得のいかない思いに悶々とし，「なぜ自分が……」と思うと怒りでいっぱいになった。しかし同時に，「自分は何てダメな人間なんだ……」と自己否定感にも苛まれ，不眠や不安はますます強くなった。心配した真理が聡子のもとを訪ね，精神科にいくことを勧めた。後日精神科では抑うつ状態と診断された。「あなたは何も悪くないんだから，こうなったら課長を訴えるべきよ！」と真理から強く言われ，数ヵ月後，聡子は弁護士事務所に相談に行く決心をした。

第Ⅳ部　ケースに見る法と心理の協働の可能性

2　セクシュアル・ハラスメントとは

(1)　セクシュアル・ハラスメントの実態

　セクシュアル・ハラスメント（以下，セクハラとする）とは，受け手が不快に感じ嫌がる性的な言動を指す[1]。被害者の多くは女性であり，典型的には，性的言動が従業員等の雇用条件に影響を与える「対価」型と，性的言動が職場環境を悪化させ被害者の就業意欲を減退させる「環境」型の２つのタイプに分類されてきた。わが国においては，1980年代半ば頃から広く認識されるようになり，福岡セクハラ事件（福岡地裁平４〔1992〕・４・16判決・判例時報1426号49頁）以降，これまでに数多くの訴訟が提起されてきた。

　そして，労働省（現厚生労働省）は1998年に「事業主が職場における性的な言動に起因する問題に関して雇用管理上配慮すべき事項についての指針」を発表し，また，事業主に対してセクハラがない雇用環境を整える配慮義務を規定した改正男女雇用機会均等法（1999年４月１日施行）21条が制定されたことは，すでに広く知られている。これらの動きを受け，企業や大学などで就業規則や研修，ガイドライン，マニュアル作りが進められているが，事例のようなセクハラ被害はなお後を絶たない。

　男女共同参画白書によると，都道府県労働局雇用均等室に寄せられた職場におけるセクハラの相談件数は，1999年以降2003年までの５年間において，毎年7000件を越えている[2]。また，読売ウィークリーによる20代以上の働く女性約１万人を対象とした調査を参照すると，男女雇用機会均等法の効果としてセクハラ行為の減少が挙げられているものの，なお35.6％の女性がセクハラの「被害に遭った」と答えている現状がある。その内容は，「性的な冗談や，からかいを受ける」が最も多く64.4％，それに続き「ボディータッチ（身体への不必要な接触）」が59.7％となっている[3]。

---

1)　セクハラについては，さまざまな言葉で定義されているが，それらに共通するのは，受け手が「不快感を感じ」「望まない」という点である。
2)　2003年度の7403件の相談件数中，女性労働者等からの相談が5924件（80.0％）となっている。内閣府（2005）81頁。

本ケースでは，上司である圭一が，部下である聡子を，仕事の打ち上げおよび聡子の提案する企画の検討という名目で食事に誘っている。明確な「対価」を示していないものの，上司は企画の受け入れや評価を行う立場にあるのが通常であり，その上司からの誘いを拒絶することは，それに付随する負の「対価」（＝不利益・報復）が予想される。あるいは，上司からの誘いを受け，期待に沿う行動を取ることによるプラスの「対価」（＝報酬）も考えられる。したがって，聡子にとって上司である圭一からの誘いを断ることは容易ではなく，このような条件のもと行われたセクハラ行為は「対価」型セクハラとして位置づけられる。また，その後の会社における圭一の言動は，聡子の職場環境を害し，就業意欲を削ぐ，いわゆる「環境」型セクハラである。このように，セクハラ被害は必ずしも「対価」型・「環境」型と割り切れるものばかりではなく，「対価」型セクハラと「環境」型セクハラが混在するケースが多く存在する。

（2）　セクハラ被害の及ぼす影響

　セクハラの被害者は，権力関係に基づく恐怖や圧力をもとに，性的な嫌がらせ，性的関係の強要，無視，事実の歪曲，恥辱を与えるなどの行為が加害者から繰り返されることにより，性的自己決定権や人格権を侵害される。このような深刻な人権侵害によって，抑うつ状態や不眠，頭痛や吐き気などの身体症状をはじめ，恐怖や無気力，価値観の混乱など，さまざまな症状が報告されている。自然災害やハイジャック，レイプなどのケースと同様に，セクハラの被害により PTSD（Post-Traumatic Stress Disorder―心的外傷後ストレス障害）と診断され，治療が必要になるケースも多い。PTSD の典型的な症状としては，原因となるトラウマ的な出来事を再体験するなどの侵入，トラウマ的な出来事と関連するものに対する回避や感情の麻痺，不眠や怒り・警戒・驚愕などの過剰な反応を示す過覚醒などがあり，これらの症状が組み合わさって

3）　個別の記述からは「胸を触られる」「食事に行ったらホテルに連れ込まれた」など，犯罪行為さながらの事例も見られる。京極理恵（2005）22頁。

1カ月以上続く場合にPTSDと診断される。

　また，1度限りの誰からも明らかな被害であって本人には責任がないというような自然災害や事故，犯罪による本人や近親者への深刻な脅威の体験，つまり死の危険やレイプなどの自己の統合性を脅かされる体験と違い，日常的に繰り返し行われるセクハラの場合には，国際的なPTSDの診断基準に照らすと，その被害体験がPTSDの前提となるトラウマ体験の定義にあてはまらない場合もあり，診断やケアはさらに困難を極める場合があるとの指摘もある[4]。いずれにせよ，セクハラ被害に対しては，法的な問題解決だけでは心身の完全な回復は難しいことも多く，法的な対応とともに心のケアの重要性を深く認識する必要がある。

3　現状での対応

（1）　訴訟における法的構成
(a)　**加害者への責任追及**

①　民事責任　　本ケースでは，裁判における法的構成として，聡子は加害者である圭一に対して不法行為に基づく損害賠償の請求を行うことが考えられる。セクハラ行為が①加害者の故意・過失によるものであり，②加害行為が権利侵害に該当し（違法性があり），③損害の発生と行為との因果関係が存在する場合，加害者は民法709条の不法行為に基づく損害賠償責任を負う。セクハラのケースでの被侵害利益は，「女性としての尊厳や性的平等につながる人格権（福岡セクハラ事件）」，「性的自由ないし性的自己決定権等の人格権（金沢セクハラ事件――名古屋高裁金沢支部平8〔1996〕・10・30判決・判例タイムズ950号193頁）」であり，不法行為法上の保護法益は「働きやすい職場環

4）　PTSDの症状のなかでも，発症のきっかけとなる心理的体験によって治り方には差がある。また，PTSDと判断される場合でも，PTSDという診断にあてはまらない場合でも，セクシュアル・ハラスメントによって引き起こされる抑うつ状態や頭痛などの身体症状，ならびに無気力や価値観の混乱などの心理的変化は，治療が難しいことが指摘される。小西（2004）774頁以下。

境のなかで働く利益（福岡セクハラ事件）」などとされている[5]。

　不法行為の成立要件である①②③のうち，セクハラのケースで裁判上争点となるのは，主に②の加害行為の違法性である。相手の意に反する性的な言動が違法と判断されるためには，行為の態様，加害者の職務上の地位と被害者との関係，年齢，性的言動の行われた場所，反復・継続性，被害者の対応などが総合的に判断されるが，なかでも，セクハラは相手方の主観的な受け止め方が出発点であり，違法性の判断に際して，当事者の関係や被害者の対応，加害行為の態様について重点的に問われることになる[6]。本ケースのように身体に接触したという場合，加害者は「勘違いである」「冗談だった」などと抗弁することが予想されるが，判例では，身体に接触する行為について，特段の事情がない限り違法性を認めている。

　②　**刑事責任**　セクハラ行為に対して，加害者に刑事責任を問うことも可能である。特に本ケースのように身体的接触を伴う場合には，強制わいせつ罪（刑法176条）などの性犯罪として，あるいは強要罪（同223条）などの成否が問題とされる。しかしながら，セクハラは上司など職場の関係者や職場に通じる人間関係の中で起こる行為であるため，「意に反する」あるいは「同意のない」性交や性的接触であったことを立証し，犯罪の構成要件を満たすことを証明するのは極めて困難である。また，強制わいせつ罪はその構成要件として，暴行や脅迫を用いてわいせつ行為があったことを求めているが，本ケースのように被害者と加害者が食事に出かけ，レストランという公の場で明白な暴行や脅迫の上セクハラ行為が起こることはまれであることからも，これまでセクハラ行為に対して刑事罰が有効に機能してきたとは言いがたい[7]。

(b)　使用者への責任追及

　本ケースでは，ＡＢＣ社は加害者である圭一を雇用している立場にあるた

---

[5]　林（2002）72頁。
[6]　小島・水谷（2004）272頁。
[7]　但し，近年では性犯罪の暴行又は脅迫の判断基準は緩和されつつある。小島・水谷（2004）267頁以下。

め，圭一がＡＢＣ社の事業の執行中に聡子に損害を与えたと認められる場合には，ＡＢＣ社も損害賠償の責任を負うことになる。セクハラ事件において企業側の責任が認められた裁判例の中で，最も一般的なのは，民法715条の使用者責任の法律構成である。条文に照らすと，ある事業のために「他人を使用する者（本ケースではＡＢＣ社）」は，「被用者（本ケースでは圭一）」が，その事業の執行について「第三者（本ケースでは聡子）」に損害を加えた場合に，使用者として損害賠償の責任を負うとするものである。

民法715条により使用者責任を追及する場合，最も問題になるのは，「事業の執行につきなされたといえるかどうか」という点である。セクハラ行為の性質に鑑みて，加害者と被害者の間に権力関係（支配従属性）があり，加害者がその地位を利用した行為であったのか，またセクハラ行為の内容や態様，セクハラの行われた場所・時間と事業との関連性はどの程度あったのか，などが争点となる。本ケースにおいても，飲食店における性的言動とその後の会社内での中傷などの言動について，事業との関連性が問題になる。聡子と圭一の社内での地位関係や上下関係の有無，職務上の地位の利用の有無，事業との関連性の有無や程度などが総合的に問われることとなる。

また，改正均等法21条において事業主の「配慮義務」について規定されたことから，裁判所は使用者の民法709条に基づく不法行為責任についても認めている。これは，企業や大学は，事前に自らの責任においてセクハラという違法な行為を防止し，これが発生した場合には適切な措置を執るべきであるという認識を前提として，このような注意義務を怠った場合に，「過失」があるものとして企業や大学自身に組織的責任を問うものである。本ケースでは，圭一の飲食店における性的言動や，その後の社内における中傷や噂を流すなどの言動に対して，会社が適切な防止や事後の救済措置をとったといえるかについて，会社自体の過失が問われるであろう。

このほか，使用者の法的責任についての構成としては，民法415条の債務不履行責任が問われることもある。これは，職場内でセクハラ行為が行われた場合，使用者には良好な職場環境を整える配慮義務を尽くしたのかどうかが問われ，この義務に違反していたと認められる場合には，使用者に債務不

履行が成立するというものである。本ケースでは，特に会社の事後の対応について，職場環境調整義務違反が問題になるだろう。

(2) 訴訟外の解決

　セクハラ行為に対する解決として，訴訟による解決ばかりが注目されがちであるが，実際には示談や和解，調停，仲裁といった訴訟以外の解決も利用されている。訴訟においては，法廷で第三者が裁判を傍聴することもあり，プライバシーが守れないこともある。その点，訴訟外の解決を選択することは，示談では当事者間で交渉が行われるため，また調停や仲裁では裁判所の個室で話が進められるため，プライバシーは守られる。セクハラはその行為により被害者の尊厳を深く傷つけるだけでなく，裁判に踏み切った場合でも裁判過程でさらに心に大きな傷を受けることもあり，被害者の真の問題解決は常に判決とともにもたらされるわけではない。また，時間や費用，被害者の精神的な負担などの面からも，このような訴訟以外の手続が有効であることも多い。

　たとえば示談は，加害者やその使用者と被害者の間（または代理人の間）で示談交渉を進め，合意ができれば示談書を作成し，民法上の和解契約として締結される。もちろん示談には判決のような強制力はなく，和解，仲裁，調停に比べても強制力は弱い。実際，東京セクハラ（M商事）事件（東京地裁平11〔1999〕・3・12判決・労働判例760号23頁）では，被害者と加害者の間で「事件について他言しない」旨の内容が示談書にあったにもかかわらず，加害者は示談締結後わずか17日でこれを破っている。しかしながら，裁判所を通さない形で示談を成立させることは，安価で比較的簡便かつ迅速でもあり，プライバシーも守られる。さらに示談の内容が破られた段階で，あらたに訴訟に踏み切ることも可能である。また，示談交渉の中身は金銭賠償に限らないので，例えば，勤務を続ける前提での，職場環境の整備や配置転換の申し入れなども可能である。本ケースでも，聡子が相談した弁護士を代理人に立てて，圭一と会社に対して損害賠償請求の交渉をすることが可能である。

　このほか，労働者個人と企業側のトラブルの解決法として，個別労働紛争

解決促進法（2001年10月施行）により，各都道府県の労働局長による助言・指導及び紛争調整委員会によるあっせん等の個別労働紛争解決制度がスタートしている。近年，職場におけるセクハラ被害の解決についてもこの制度の利用が増えている[8]。費用は無料であり相談件数は伸びているが，企業側が話し合いを拒否するとあっせんは打ち切られる。現在，相談件数の約半数は打ち切りに終わっている。

また，2006年4月からは労働審判制度がスタートした。原則3回以内の審理（3，4ヵ月）で，裁判官1人と民間から選ばれた審員2人が当事者双方の言い分を聞き，原則として，調停により解決するか又は労働審判を行うものとされる。労働審判制度では，呼び出しに応じなければ過料が取られるという強制力を備えている。手数料が一般の民事訴訟の半額であるうえ，異議申立てがあれば解決案に効力はなくなるものの，自動的に民事訴訟手続きが開始され，異議申立てで逃げられることはない。また当事者から労働審判手続の申立てがあった場合には，相手方の意向にかかわらず手続を進行させることができる。労働者間の紛争は原則として労働審判の対象にならないと解されるが，使用者である個人事業者が労働者にセクハラを行った場合や，労働者の行ったセクハラについて企業側に使用者責任を問う場合などは，労働審判制度の対象になると考えられている。

4　解決の限界と今後の課題

（1）　裁判過程で被害者の抱える困難

セクハラに関する訴訟では民事責任を問うことが多いが，民事裁判では，被害者自身が準備書面を初めとするさまざまな書類の作成に関わらなくてはならない。そのためには，思い出したくない不快な行為について思い出し弁護士に話さなければならず，フラッシュバックが起こったり，怒りや不安の

8）　2005年度のセクハラケースでの利用は，労働局長による助言・指導の申出のうち1.0%（約60件），紛争調整委員会によるあっせん申請のうち4.1%（約280件）にあたる。（2006年5月25日厚生労働省発表「平成17年度個別労働紛争解決制度施行状況」による）

気持ちに再び陥ることもある。また，法廷での証人尋問の際にも，自身の代理人の尋問のみならず，相手方の代理人である弁護士や裁判官からの尋問にも答えなくてはならない。その際被害者は，通常なじみのない裁判官と面と向かった形で，さらに加害者と顔を合わせながら自身の言葉で質問に応じなくてはならない。さらに，仕事を続けながら上司や同僚を訴えるケースでは，職場で共に働く人が加害者側の証人となることもある[9]。代理人である弁護士は，こういった被害者の精神的な負担や被害者の置かれている心理状態について，臨床心理士を初めとするさまざまな専門家と連携することによって理解を深め，また時には被害者自身がカウンセリング等を受けながら訴訟に臨むことも有用である。

　身体的損傷を伴わないことが多いセクハラのケースでは，検察側が性犯罪を立証することはきわめて難しく，そのことはひいては被害者の証言の負担に関わり，精神的に傷ついた被害者の心に追い討ちをかける可能性も否めない。また，立証が難しいことを覚悟で刑事告訴する場合には，セクハラ被害の中でも非常に深刻なケースであることが予想される。近時，刑事司法の新しい動向として犯罪被害者への支援が注目されているが，一連の犯罪被害者への支援に関する法改正の一環として，2000年に刑事訴訟法が改正された（「刑事訴訟法及び検察審査会法の一部を改正する法律」による）。これにより，公判における被害者の証人尋問の際の負担が軽減された。

　以下，セクハラ裁判に関連すると思われるものについて一部紹介すると，強制わいせつ罪や強姦罪として告訴し起訴された場合，被害者は証人として出廷を求められることがあるが，証言の際，家族や心理カウンセラーなどが被害者に付き添うことができるようになった（刑事訴訟法157条の2）。証人台に上り自分の被害について証言することは，傷ついた被害者にとって大きな精神的負担となる。利害関係のない味方がそばにいてくれることは，何よりの支援となろう。そのほかにも，裁判所の判断で証人尋問の際，ついたて

9）沼崎（2005a, b）は，裁判過程に応じた精神的負担について，被害者の視点で丁寧に解説する。

第Ⅳ部　ケースに見る法と心理の協働の可能性

等で証人の遮へい措置をとったり（刑事訴訟法157条の3），法廷外に証人を在席させ被告らのいる法廷とカメラで結んで証言させるビデオリンク方式を希望することもできる（刑事訴訟法157条の4）。

　慣れない訴訟のなかで，被害者にとって，被害告白の苦しさ，そして「なぜわかってもらえないのか，認められないのか」という焦燥感や腹立たしさ，ひいては無力感を感じる場面は多い。また代理人となる弁護士にとっても，被害者の心理状態がつかめず，円滑に訴訟を進められない苛立たしさを覚えることもあろう。このような課題を前に，セクハラは女性の人権・尊厳を傷つける行為であるという理解を出発点とし，被害者の問題解決の一つの可能性として法的解決が存在するという認識，また女性のエンパワーメントに関わる様々な機関との連携のなかで，セクハラ被害からの回復をめざす体制が追及されるべきであろう。

（2）　セクハラの事実証明の困難さ

　前述のように，現在ではセクハラ裁判での法的構成は，ほぼ確立しているといってよい。しかしながら，法的争点に関しては事実の証明が前提であり，その証明には困難な点が多い。セクハラ行為が，支配従属性のある人間関係の中でその地位の濫用によって起こった場合には，被害者が明確に拒絶していないことも多く，「密室」の中での行為につき事実認定が難しいケースが多い。事実認定では，第1に事実として性的接触や性的関係が存在したのか，第2に，性的接触や性的関係があった場合，それが「意に反する」セクハラ行為であったのか，という2点が問題となる[10]。身体に触れる性的接触（必要以上に触れる・抱きしめる・キスをしようと迫り触れるなど）が存在したのかをめぐっては，最終的には加害者と被害者の供述内容のどちらに信頼性が高いかが決め手になる。また，被害者の供述どおりに性的接触が認められた場合，「意に反する（合意に基づかない）」接触であったのかどうかについても，被害者の拒絶があったのか，その証明は難しい。本ケースでも，上司・圭一

---

10)　小島・水谷（2004）258頁。

からの誘いを受けた段階で被害者の聡子は彼に嫌悪感を持っておらず，2人で会うことを拒否していない。セクハラ行為の後の聡子の言動が，拒絶を示したのかどうかなどについて争われることになろう。その場合，聡子が同期に相談したことや，体調を崩して病院へ行った場合の診断書などは資料になる。

(3) 企業のセクハラ防止の対応と新しい取組み

1998年に労働省（現厚生労働省）より出された「事業主が職場における性的な言動に起因する問題に関して雇用管理上配慮すべき事項についての指針」では，職場におけるセクハラを防止するため，事業主が雇用管理上配慮すべき事項として3事項が挙げられている。「事業主の方針の明確化及びその周知・啓発」，「相談・苦情への対応」，「職場におけるセクシュアルハラスメントが生じた場合における事後の迅速かつ適切な対応」である。

具体的には，使用者はセクハラを未然に防ぐために，どのような行為がセクハラに該当するのかについて定め，それらの行為に対する制裁規定を作成することが求められる。また，それに伴い，セクハラに関するパンフレットなどを従業員に配布したり公示すること，そのほかにも定期的な研修，セクハラ行為に対する対処手続きの整備などが必要である。また，事前の防止策とともに，特に裁判上法的に問われるのは，使用者の事後の対応である。迅速な事実調査，公平性やプライバシーの確保などが重要であり，セクハラに対する適切な調査を行うことは，使用者の職場環境配慮義務の一内容である。また，本ケースで見られるように，使用者がセクハラの申立を行った被害者に対して退職勧奨や解雇などの扱いをすることがあるが，このような行為は被害者にとって一方的な被害の拡大を意味しており，使用者は本来そのような被害拡大を回避する義務を有している。

今後はこれらの事前・事後の対応のマニュアル化以外にも，被害者の心情を重んじ，相談におけるヒアリングのあり方や事実の調査方法，プライバシー保持について，一層の配慮が必要とされよう。そのためには高度な専門知識が求められることが多い。新しい取組みの1つとして以下のEAPの採

第Ⅳ部　ケースに見る法と心理の協働の可能性

用が参考になろう。

　企業が利用する新しいメンタルヘルスの形としてEmployee Assistance Program（従業員援助プログラム，以下EAPとする）が，わが国においても近年広まってきている。これは，EAPプログラムを専門に行う外部機関に，企業が業務委託する形で従業員のメンタルヘルスの対応を行うというものである。国際EAP学会ではEAPについて，①職場組織が生産性に関連する問題を提議する，②社員であるクライアントが健康，結婚，家族，家計，アルコール，ドラッグ，法律，情緒，ストレス等の仕事上のパフォーマンスに影響を与えうる個人的問題を見つけ，解決する，という2点を援助するために作られた職場を基盤としたプログラムであると説明している[11]。これは1970年代にアメリカで発祥したプログラムで，アルコール・薬物などの依存者への対応の一つの形であるとされ，現在では，アメリカにおける多くの企業がこのEAPのプログラムを取り入れている。

　職場でのメンタルヘルスが重視されうつ病などの精神障害に対する労災認定の基準も見直されつつある現代において，従業員がカウンセリングなどを通じ外部の専門的な相談窓口を積極的に活用することは，職場や家庭で起こる問題に早い段階で適切に精神的なケアや関連機関への紹介を受けることができ，それが精神的な疾患への予防にもつながる[12]。また，セクハラなどの社内で打ち明けにくい問題を外部機関に相談する機会を得ることも，相談やカウンセリングへのアクセスの負担を軽減する。また，企業側にとっても，従業員が心身ともに健康を保ち，労働力を提供することができる状態を維持

---

11)　日本EAP協会HP http://plaza.umin.ac.jp/~eapaj/index.html による。
12)　1999年，労働省（現厚生労働省）では，精神障害等の労災請求事案を迅速・適正に処理するための判断のよりどころとして指針を発表し，精神障害等の労災認定基準を緩和する方向性を示している（『精神障害等の労災認定に係る専門検討会報告の概要』）。その説明によるとセクハラを受けることはストレス強度Ⅱとされ，職場でのセクハラ行為が精神障害を引き起こす可能性があることを示している。（ストレス強度Ⅰは日常的に経験するストレスで一般的に問題とならない程度のストレス，ストレス強度Ⅲは人生の中で希に経験することもある強いストレス，ストレス強度Ⅱはその中間に位置するストレスとされる）

することで，人的リスクを軽減させるメリットがある。セクハラが職場に関連するハラスメントである以上，このような企業の新しいメンタルヘルスへの取組みは，セクハラ被害による影響を早い段階で軽減していく一つの可能性として注目される。

セクハラ問題への対応は，被害の実状が認知され，防止のためのマニュアル作りや裁判における法的解決の構成がほぼ確立した現在，次のステージに入っている。今後は，企業側の対応が次第にマニュアル化されるのに伴い，本ケースのように，当事者の意図が汲まれないまま，画一的な解決のレールが設定されたり，また企業の福利厚生の一環として外部機関にセクハラの問題が委託されることで，企業側の利益に沿った解決が行われることのないよう注視することが必要であろう。

以上のように，セクハラ被害者が抱える困難は複雑である。セクハラ問題の解決には，セクハラ行為が及ぼす被害の特性を認識する努力が必須であり，法的紛争に終始しない心理面への理解やサポートこそ，被害者の真の回復につながる。セクハラ被害の防止についても，このような被害者支援の視点を踏まえることが必要であることは言うまでもない。

● 参考文献

京極理恵・奥田祥子（2005）「働く女性1万人の怒りを聞け」読売ウィークリー11月6日号12頁（読売新聞社）

小島妙子・水谷英夫（2004）『ジェンダーと法』（信山社）

小西聖子（2004）「セクシュアル・ハラスメント被害の精神的影響」『科学』74巻6号774頁

内閣府男女共同参画局（2005）『男女共同参画白書（平成17年版）』

沼崎一郎（2005a）「セクハラ加害者を訴える（その1）裁判はどのように進むのか」『科学』75巻4号515頁

沼崎一郎（2005b）「セクハラ加害者を訴える（その2）裁判でできること，できないこと」『科学』75巻5号620頁

林弘子（2002）「セクシュアル・ハラスメント―福岡セクシュアル・ハラスメント事件」別冊ジュリスト165号70頁

（立石直子）

おわりに

　女性や家族の紛争解決における法と心理のコラボレーションを模索する私たちの旅も，ようやく幕を閉じようとしている。思い返せば，2004年，立命館大学法科大学院・リーガルクリニック開設にさいして，応用人間科学研究科との連携をはかるということで，「司法臨床」協働開講の話が持ち上がった。ちょうどその年，私は，立命館大学でコミュニティ心理学会第七回大会を開催する役目を引き受けており，「暴力被害者を支える多領域の協働をさぐる～メンタルヘルス・司法・教育・NPOなど」のシンポジウムを企画していた。シンポジウムには，本書にも登場するボストンVOVのディレクター・メアリー・ハーベイ氏と，VOVのコンサルタントも勤める弁護士オリバー・フォークス氏をお招きし，事例とともに，法と心理のコラボレーションの必要性を検討した。

　印象に残っている話であるが，フォークス氏は，大学教育に携わっていた頃，法学部4年生をメンタルヘルスの現場で研修させるプログラムを実施していた。ロースクールに入る前に，被害者のアドボケイトになって欲しいという思いからだったが，プログラム終了5年後，学生の半分がアドボケイトとしてメンタルヘルス・ケアに関わっていた。そして，さらに2年後，その経験を経て，司法の世界に入る方が，メンタルヘルスの問題に取り組むうえでも有効な力を及ぼすことができると考えるようになり，ロースクールに行くようになったという。被害者の援助をめぐる法と心理の協働は，このように，行きつ戻りつしながら行われるものなのだと妙に納得したものだ。

　シンポジウムの後，法科大学院の松本克美先生より，「リーガルクリニック・女性と人権」の設立準備のための米国視察を行うが，法と心理の協働の可能性を探るために同行しないかというお声かけを頂いた。大喜びでお受けしたのが，私にとっての始まりだった。2005年2月の視察調査に向けて，私たちは何度かミーティングを持ち，事前準備を行った。何しろ私は，法については土素人，リーガルクリニックというもの自体をよく知らなかったので，「十分に役割が果たせるのかしら？」と不安もあり，緊張もしていたと思う。調査の旅は，準備も実施も予想以上にハードで，何度も意気消沈させられたが，今となっては，すべて懐かしい思い出である。

　その後，私たちが学ばせて頂いたことを，少しでも多くの人たちに伝え，還元しなければとの使命感から，調査報告や学会報告，それぞれが，さまざまな機会

おわりに

　に原稿を書くなどしてきたが，せっかくだから，一冊の本としてまとめようということになった。法と心理のコラボレーションに関する本は，少しずつ現れ始めている。でも，現段階では，どちらかと言えば，法寄りの心理，心理寄りの法，もしくは，法と心理のパッチワークという印象が否めない。訪問したワシントン・カレッジでは，これをコラボレーションとは呼ばなかった。コラボレーションのためには，もっと融合が必要なのだと思った。そして，私たちは，何とかそれを目指したいと考えた。

　パッチワークではなく，コラボレーションをと考えて，第四部の事例検討を加えた。具体的な事例のなかで，いかに，コラボレーションが必要で，可能なのか，皆で検討を重ねた。正直なところ，まだ不十分であることは否めないが，その心意気を少しでも感じてもらえれば幸いである。今年は第2回目の「司法臨床」を実施したが，段林和江先生が「昨年よりは少し融合が可能になりましたね！」とおっしゃった。本当にそうだと思う。法と心理の専門家たちが，単なる役割分担ではなく，時間を共有し，事例を共有し，議論しあい，一緒に仕事をすることのなかから，法と心理のコラボレーションが生まれてくるのだろう。その意味で，今回の私たちの旅は，まだ，序章でしかない。まだまだ不十分で心残りはあるが，完全なものを求めれば，一生かけても何も表せないことになるので，本書は，問題提起ということでお許し頂けたらと思う。今後，読者のみなさまからの批判やご指摘を頂きながら，新たな旅路を模索していきたい。

　日頃の臨床から，今後，法と心理のコラボレーションがますます求められる時代になりつつあることを実感している。私たちの学びが，女性や家族をめぐる紛争に苦しむ方々の援助に生かされることがあれば幸いである。最後になりましたが，米国視察でお世話になりました先生方，みなさま方と信山社，不磨書房稲葉文子さんに感謝いたします。また，この場を借りてこのような貴重な学びの機会を与えてくださいました二宮周平先生を初めとする立命館大学法科大学院の先生方，一緒に同行してくださった若手研究者のみなさんへの感謝の気持ちを表しておきたいと思います。乾杯！

　　　2006年11月8日　　　　　　　　　　　　　　　　　村 本 邦 子

事項索引

あ行

アクティブ・リスニング（傾聴）………153
アドボカシー………………………………83
アドボカシーサービス……………………79
アドボカシー・サポート・チーム………83
アドボカシープログラム…………………78
アドボケイト…………………………79, 83, 83
慰安婦問題…………………………………34
育児支援家庭訪問事業……………………183
意向調査……………………………………8
慰謝料………………………………………27
ADR………………………………………2, 47

か行

外傷性逆転移………………………………161
外傷性転移…………………………………161
回復と法手続………………………………150
解　離………………………………………18
解離障害……………………………………145
カウンセリング……………………………116
加害行為の抑止……………………………28
家庭問題情報センター（FPIC）……12, 191
関係調整的機能……………………………28
間接強制……………………………………5
偽記憶………………………………………19
偽記憶症候群財団…………………………19
偽記憶論争…………………………………18
逆転移………………………………………161
共同親権……………………………………200
金銭賠償主義………………………………25

クライエント中心主義…………………87, 88
公営住宅の入居問題………………………218
交通事故訴訟………………………………35
合同面接……………………………………8
コートクリニック…………………………85
国際女性の人権クリニック………………56
子ども虐待対応の手引き…………………176
子ども支援センター………………………178
子どもへのサポート………………………204
コミュニケーション・スキル……………152

さ行

サービス提供型……………………………45
再　婚………………………………………198
再被害化……………………………………148
CPO（民事保護命令）……………………70
シェルター…………………………………214
ジェンダーバイアス………………………113
時　効………………………………………31
試行的面接交渉……………………………7
自己理解……………………………………164
児童虐待……………………………………175
児童相談所…………………………………182
司法臨床……………………………………105
従業員援助プログラム……………………234
修復的司法…………………………………29
住民票及び健康保険制度の改善…………217
守秘義務……………………………………96
シュミレーション授業……………………48
ジョージタウン・カレッジ………………54
女性と人権クリニック……………………52

事 項 索 引

女性のためのアジア平和国民基金………34
除斥期間……………………………………31
心的現実……………………………………17
ステップファミリー………………………202
制裁的慰謝料………………………………28
精神的暴力…………………………………111
性的被害……………………………………37
セカンド・トラウマ………………………96
セクシュアル・ハラスメント…37, 113, 130
　　──裁判…………………………132
　　──の刑事責任………………227
　　──の裁判過程………………230
　　──の実態………………………224
　　──の使用者への責任追及 ……227
　　──の訴訟外の解決………………229
　　──の民事責任………………226
　　──被害の及ぼす影響………225
　　──への企業の防止対応………233
接近禁止命令………………………………211
戦後補償訴訟…………………………24, 30
「戦争と女性への暴力」ネットワーク…34
専門家証言…………………………………88
ソーシャルワーカー教員…………………63
損害賠償……………………………………28

た 行

退去命令……………………………………211
代償性トラウマ……………………162, 163
長期反復型トラウマ………………………22
調査命令……………………………………8
懲罰的損害賠償……………………………28
DCCADV(D.C. コアリション・アゲイン
　スト・ドメスティックバイオレンス)…73
TPO（一時保護命令）…………………70, 73
DV ……………………39, 109, 113, 121, 209

　　──のサイクル………………210
　　──の裁判……………………127
DV インテークセンター…………………71
DV 受付センター（DV Intake Center）…79
DV クリニック………………………52, 54
DV コート…………………………………68
DV センター………………………………214
DV 被害……………………………………38
DV 防止法（配偶者からの暴力防止法）
　………………………………110, 121, 211
DV ユニット………………………………68
転　移………………………………………161
転移・逆転移………………………………161
ドイツの強制連行被害者への補償基金…33
同席調停……………………………………8
閉じられた質問（クローズド・クエス
　チョン）…………………………………157
トラウマ……………………………………14

な 行

二次受傷……………………………………88
二次的外傷性ストレス……………………162
二次被害……………14, 26, 136, 140, 141, 215
ネグレクト……………………………175, 177

は 行

バーンアウト………………………………162
配偶者暴力相談支援センター(DV セン
　ター)……………………………………214
PTSD……………18, 35, 37, 38, 127, 141, 225
被害者支援………………………………214
被害者の回復……………………………149
Vi-Project(子どものための面会・交流
　サポートプロジェクト)………………12, 191
開かれた質問（オープン・クエスチョ

ン)·····································157
ファミリー・アドボカシー・クリニッ
　ク····································56
複雑性 PTSD ·····························39
プロテクション・オーダー ················212
法心理学 ···························137, 138
法制度改革型····························45
法曹倫理·······························47
法廷活動·······························45
暴力についての相談窓口 ···················216
保護命令 ···························127, 211
ボストン・カレッジ·······················58

ま　行

民事訴訟クリニック·······················59
民事保護命令（CPO）······················70

面接交渉···························10, 190
メンタルヘルス ·························234

や　行

養子縁組 ·····························198

り　行

リーガル・カウンセリング ············114, 152
リーガル・クリニック····················44
履行勧告 ·························5, 192
離婚後の子育て·······················200
労働審判制度·························230

わ　行

ワシントン・カレッジ·····················50
ワンストップショッピング·················72

二宮周平・村本邦子 編

[著者紹介]

二宮 周平（にのみや しゅうへい）　立命館大学法科大学院教授

松本 克美（まつもと かつみ）　立命館大学法科大学院教授

段林 和江（だんばやし かずえ）　立命館大学法科大学院教授，弁護士

村本 邦子（むらもと くにこ）　立命館大学大学院応用人間科学科教授，臨床心理士，女性ライフサイクル研究所

杉山 暁子（すぎやま あきこ）　京都市子ども支援センター職員

桑田 道子（くわた みちこ）　立命館大学大学院応用人間科学研究科研修生，女性ライフサイクル研究所

松村 歌子（まつむら うたこ）　関西福祉科学大学講師

立石 直子（たていし なおこ）　立命館大学法学部講師

法と心理の協働
女性と家族をめぐる紛争解決に向けて

2006年11月30日　第1版第1刷発行

編者　二宮周平
　　　村本邦子

発行　不磨書房
〒113-0033 東京都文京区本郷6-2-9-302
TEL 03-3813-7199／FAX 03-3813-7104

発売　㈱信山社
〒113-0033 東京都文京区本郷6-2-9-102
TEL 03-3818-1019／FAX 03-3818-0344

©著者 2006, Printed in Japan　　印刷・製本／松澤印刷

ISBN-4-7972-9137-0 C3332

日本の人権／世界の人権　横田洋三著　■ 1,600円（税別）

導入対話による 国際法講義【第2版】
廣部和也（成蹊大学）／荒木教夫（白鷗大学）共著　■本体 3,200円（税別）

みぢかな 国際法入門　松田幹夫編　■本体 2,400円（税別）

講義国際組織入門　家 正治編　■本体 2,900円（税別）

国際法　◇ファンダメンタル法学講座　水上千之／臼杵知史／吉井淳編著　■本体 2,800円（税別）

◆はじめて学ぶひとのための　法律入門シリーズ◆　［学部・LS 未修者に］

プライマリー 法学憲法　石川明・永井博史・皆川治廣 編
■本体 2,900円（税別）

プライマリー 民事訴訟法　石川明・三上威彦・三木浩一 編

プライマリー 刑事訴訟法　椎橋隆幸（中央大学教授）編
■本体 2,900円（税別）

早川吉尚・山田 文・濱野 亮 編

ADRの基本的視座
根底から問い直す "裁判外紛争処理の本質"

1　紛争処理システムの権力性と ADR における手続きの柔軟化
　　　（早川吉尚・立教大学）
2　ADR のルール化の意義と変容アメリカの消費者紛争 ADR を例として
　　　（山田 文・京都大学）
3　日本型紛争管理システムと ADR 論議（濱野亮・立教大学）
4　国による ADR の促進（垣内秀介・東京大学）
5　借地借家調停と法律家　日本における調停制度導入の一側面
　　　（髙橋 裕・神戸大学）
6　民間型 ADR の可能性（長谷部由起子・学習院大学）
7　現代における紛争処理ニーズの特質と ADR の機能理
　　　（和田仁孝・早稲田大学）
8　和解・国際商事仲裁におけるディレンマ
　　　（谷口安平・東京経済大学／弁護士）
9　制度契約としての仲裁契約　仲裁制度合理化・実効化のための試論
　　　（小島武司・中央大学）
10　ADR 法立法論議と自律的紛争処理志向（中村芳彦・弁護士）

A5判　336頁　定価 3,780円（本体 3,600円）

不磨書房

不磨書房

■導入対話シリーズ■

導入対話による民法講義（総則）【第3版】　■ 2,900円（税別）
橋本恭宏（中京大学）／松井宏興（関西学院大学）／清水千尋（立正大学）
鈴木清貴（帝塚山大学）／渡邊力（関西学院大学）

導入対話による民法講義（物権法）【第2版】　■ 2,900円（税別）
松井宏興（関西学院大学）／鳥谷部茂（広島大学）／橋本恭宏（中京大学）
遠藤研一郎（獨協大学）／太矢一彦（東洋大学）

導入対話による民法講義（債権総論）　■ 2,600円（税別）
今西康人（関西大学）／清水千尋（立正大学）／橋本恭宏（中京大学）
油納健一（山口大学）／木村義和（大阪学院大学）

導入対話による刑法講義（総論）【第3版】　■ 2,800円（税別）
新倉 修（青山学院大学）／酒井安行（青山学院大学）／髙橋則夫（早稲田大学）／中空壽雅（獨協大学）
武藤眞朗（東洋大学）／林美月子（立教大学）／只木 誠（中央大学）

導入対話による刑法講義（各論）　★近刊 予価 2,800円（税別）
新倉 修（青山学院大学）／酒井安行（青山学院大学）／大塚裕史（岡山大学）／中空壽雅（獨協大学）
信太秀一（流通経済大学）／武藤眞朗（東洋大学）／宮崎英生（拓殖大学）
勝亦藤彦（佐賀大学）／安藤泰子（青山学院大学）／石井徹哉（千葉大学）

導入対話による商法講義（総則・商行為法）【第3版】　■ 2,800円（税別）
中島史雄（高岡法科大学）／神吉正三（流通経済大学）／村上 裕（金沢大学）
伊勢田道仁（関西学院大学）／鈴木隆元（岡山大学）／武知政芳（専修大学）

導入対話による国際法講義【第2版】　■ 3,200円（税別）
廣部和也（成蹊大学）／荒木教夫（白鷗大学）共著

導入対話による医事法講義　■ 2,700円（税別）
佐藤 司（元亜細亜大学）／田中圭二（香川大学）／池田良彦（東海大学）／佐瀬一男（創価大学）
転法輪慎治（順天堂医療短大）／佐々木みさ（前大蔵省印刷局東京病院）

導入対話によるジェンダー法学【第2版】　■ 2,400円（税別）
浅倉むつ子（早稲田大学）／相澤美智子（一橋大学）／山崎久民（税理士）／林瑞枝（元駿河台大学）
戒能民江（お茶の水女子大学）／阿部浩己（神奈川大学）／武田万里子（金城学院大学）
宮園久栄（東洋学園大学）／堀口悦子（明治大学）

導入対話によるスポーツ法学　■ 2,900円（税別）
井上洋一（奈良女子大学）／小笠原正（東亞大学）／川井圭司（同志社大学）／齋藤健司（筑波大学）
諏訪伸夫（筑波大学）／濱野吉生（早稲田大学）／森浩寿（大東文化大学）

刑事訴訟法講義【第3版】　渡辺咲子 著
◇法科大学院未修者　基礎と実務を具体的に学ぶ　　定価：本体 3,400 円（税別）

◆既刊・新刊のご案内◆

gender law books

ジェンダーと法
辻村みよ子 著（東北大学教授）　■本体 3,400円（税別）

導入対話による
ジェンダー法学【第2版】
監修：浅倉むつ子（早稲田大学教授）／阿部浩己／林瑞枝／相澤美智子
山崎久民／戒能民江／武田万里子／宮園久栄／堀口悦子　■本体 2,400円（税別）

比較判例ジェンダー法
浅倉むつ子・角田由紀子 編著
相澤美智子／小竹聡／今井雅子／松本克巳／齋藤笑美子／谷田川知恵／
岡田久美子／中里見博／申ヘボン／糠塚康江／大西祥世　［近刊］

パリテの論理
男女共同参画へのフランスの挑戦
糠塚康江 著（関東学院大学教授）
待望の1作　■本体 3,200円（税別）

ドメスティック・バイオレンス
戒能民江 著（お茶の水女子大学教授）　A5変判・上製　■本体 3,200円（税別）

キャサリン・マッキノンと語る
ポルノグラフィと買売春
角田由紀子（弁護士）
ポルノ・買売春問題研究会
9064-1　四六判　■本体 1,500円（税別）

法と心理の協働
二宮周平・村本邦子 編著
松本克美／段林和江／立石直子／桑田道子／杉山暁子／松村歌子　■本体 2,600円（税別）

オリヴィエ・ブラン 著・辻村みよ子 監訳
オランプ・ドゥ・グージュ
──フランス革命と女性の権利宣言──

フランス革命期を
毅然と生き
ギロチンの露と消えた
女流作家の生涯

【共訳／解説】辻村みよ子／太原孝英／高瀬智子　（協力：木村玉絵）
「女性の権利宣言」を書き、黒人奴隷制を批判したヒューマニスト　■本体 3,500円（税別）

発行：不磨書房　TEL 03(3813)7199／FAX 03(3813)7104　Email：hensyu@apricot.ocn.ne.jp
発売：信山社　TEL 03(3818)1019　FAX 03(3818)0344　Email:order@shinzansha.co.jp